TOURISME INTERNATIONAL ET RÉINVENTION DE LA MENDICITÉ

PORTRAITS DE MENDICITÉS « PÉDOCENTRÉES » À BANGKOK ET BOMBAY

Terrains sensibles

Collection dirigée par Hervé Cellier

Les terrains sensibles sont ceux que les institutions repèrent et ciblent avec des actions publiques. Ce sont aussi des espaces qui sont sensibles au sens médical du terme du fait des crises qui s'y déroulent. Enfin, les terrains sensibles sont ceux où la difficulté quotidienne amène les acteurs à faire preuve à la fois de sensibilité et d'innovation. Ces terrains relèvent de domaines variés : social, pédagogique, sanitaire, politique, culturel, esthétique…
Terrains sensibles est une collection consacrée à la publication d'études, d'enquêtes, de travaux de recherche qui décrivent ces différents domaines et en abordent les enjeux par des méthodologies multiples, elles aussi innovantes.
La collection *Terrains sensibles* veut contribuer à l'information, et à la réflexion sur les questions majeures qui affectent les territoires à différentes échelles, du local au global.

Dans la même collection

Alain Vulbeau, *L'âge sécuritaire*, 2014

Hervé Cellier, Ali Kouadria, Abdallah Loucif, avec la participation de Michel Autric, *Démarche qualité dans l'enseignement supérieur : notions, processus, mise en œuvre*, 2013

Stéphane Tessier, *Éducations, santé et précarités, la pédagogie de l'interstice*, 2013

Abla Rouag-Djenini, Hervé Cellier, *Les jeunes face à l'exclusion : des stratégies d'intégration aux stratégies marginales*, 2013

Charles Calamel, *Insiders. Le jazz pour apprendre*, 2012

Hervé Cellier, Pourtier P., *Réussite éducative : une expérimentation sociale à Romans-sur-Isère*, 2012

Olivier BRITO

TOURISME INTERNATIONAL ET RÉINVENTION DE LA MENDICITÉ

PORTRAITS DE MENDICITÉS « PÉDOCENTRÉES » À BANGKOK ET BOMBAY

L'Harmattan

Du même auteur

Brito, O. (2014). *Aspects of Urban Poverty in India. Experiences from Mumbai.* Jaipur: Rawat. (en collaboration avec Aditya Singh)

5-7, rue de l'École-Polytechnique, 75005 Paris

http://www.harmattan.fr
diffusion.harmattan@wanadoo.fr
harmattan1@wanadoo.fr

ISBN : 978-2-343-03959-6
EAN : 9782343039596

Introduction

Cet ouvrage qui est issu d'une thèse de sciences de l'éducation soutenue en 2013 porte sur les interactions entre les enfants mendiants et les touristes internationaux dans les villes de Bangkok et de Bombay. Il est focalisé sur des communautés de mendiants qui exercent exclusivement auprès de touristes internationaux. La rencontre entre le mendiant et le touriste international nous paraît intéressante à plus d'un titre. Elle est tout d'abord symbolique sur le plan de la mondialisation. Cette interaction représente une séparation entre deux mondes. D'un côté, le touriste incarne une élite cosmopolite pour qui les distances géographiques ne sont pas un frein à la mobilité. Le mendiant va quant à lui incarner l'exclusion sociale et une frange de la population physiquement et socialement immobile et assignée à une vie de rue monotone (Bauman, 1998). Dans cette configuration particulière, le mendiant est souvent perçu comme une gêne au tourisme. Cette rencontre entre touriste et mendiant a ainsi pu être qualifiée de « visage hédoniste du néocolonialisme » (Crick, 1989).

Il convient cependant d'aller au-delà de telles affirmations en analysant la relation entre le tourisme et la pauvreté dans toute sa complexité. En effet, dans certains cas de figure, la découverte de la pauvreté et des vulnérabilités peuvent constituer un atout pour le tourisme (Meschkank, 2011). C'est particulièrement le cas lorsque les touristes souhaitent découvrir la diversité de la destination touristique (Rolfes, 2010). Il paraît donc important de ne pas réduire la mondialisation à un simple processus hégémonique. Nous nous détacherons ainsi d'une vision binaire focalisée sur les dominations et subordinations (Appadurai, 1990). Les mendiants ne seront donc pas réduits à des victimes passives d'une configuration sociale et économique qui leur est défavorable, mais ils seront perçus comme des agents actifs capables de mettre en œuvre des stratégies pouvant tirer profit de cette ressource touristique particulière. Nous nous intéresserons plus particulièrement à la mendicité des enfants en nous engageant dans une démarche comparative. Nous comparerons deux terrains caractérisés par la présence importante de mendiants et de touristes internationaux. Le premier terrain nommé « Gateway of India » se trouve en Inde. Gateway of India peut être considérée comme la principale attraction touristique de la ville de Bombay. Notre deuxième terrain qui se trouve à Bangkok (Thaïlande) correspond au plus grand centre prostitutionnel du pays connu sous le nom de « Nana ».

Depuis ces 20 dernières années, on constate que la mendicité suscite un grand intérêt aussi bien dans les débats publics que dans les sphères académiques. Cet intérêt pour la mendicité est en partie alimenté par un certain nombre de controverses qu'elle suscite. La mendicité est perçue par certains comme une activité économique gênante et condamnable (Blomley, 2010; Kumar Sherma, 2004; Nielsen, 2004), alors que pour d'autres, elle constitue une liberté fondamentale méritant d'être défendue au titre de la liberté d'expression (Hershkoff & Cohen, 1991 ; Moon, 2000). Cette dichotomie se retrouve chez les chercheurs. La mendicité des enfants peut par exemple être perçue comme une forme d'exploitation parentale (Ballet, Bhukuth, Rakotonirinjanahary, & Rakotonirinjanahary, 2010) ou au contraire comme une voie d'émancipation permettant d'aller vers le progrès (Swanson, 2010a, 2010 b).

Notre thématique de recherche est inédite : les interactions entre les touristes internationaux et les enfants mendiants ont jusqu'à présent été peu étudiées. Notre approche nous paraît également intéressante, car la rencontre entre ces deux protagonistes déroge à plus d'un titre à la configuration classique de mendicité. En effet, la mendicité est souvent décrite comme une activité humiliante, car les passants, qui sont le plus souvent familiers avec leur environnement, se montrent indifférents à l'égard des mendiants (Lankenau, 1999a). Cette indifférence qui se joue sur l'espace public est identifiée par Simmel comme une attitude de blasé (1971). Goffman (1963a) qualifiera cette indifférence de traitement de « non-personne ». En réponse à ce désintéressement, il est fréquent que les mendiants cherchent à nouer des relations privilégiées avec certains passants qui deviennent progressivement une source de soutien régulier, tant sur le plan matériel que psychologique (Lankenau, 1999b). Dans notre configuration touristique, la donne est différente. En effet, les touristes internationaux ne se trouvant pas dans leur sphère habituelle tendent à prêter beaucoup d'attention à leur environnement immédiat. Le touriste se trouve plutôt dans un état d'éveil que dans un état d'indifférence ; en reprenant la terminologie de Simmel, on pourrait considérer que le touriste n'est pas blasé. Dans la configuration urbaine habituelle, le passant engagé dans sa routine quotidienne est peu enclin à dépenser de l'argent de manière imprévue. Les touristes se trouvent quant à eux dans un état psychologique dans lequel ils sont prêts à dépenser de l'argent (Goyal, 2005). Les capacités de mise en scène et de dramatisation des mendiants (Lankenau, 1999b) seront donc fortement influencées par cette configuration particulière. Il s'agira pour nous d'étudier les répertoires de mendicité dans lesquels les mendiants vont tenter de gagner la sympathie des touristes en se jouant de leurs stéréotypes, ou en s'y conformant (Clark, 1997 ; Swanson, 2010a). Nous faisons ici l'hypothèse que les mendicités des enfants sont construites afin de répondre aux représentations que les touristes se font d'une mendicité légitime. Il s'agira donc de nous focaliser sur les registres de mendicités articulées autour de l'image de l'enfance vulnérable (Panter-Brick & Smith, 2000).

CHAPITRE 1
L'enfant mendiant, un objet de recherche volatile

COMPARER L'INCOMPARABLE

La première des difficultés auxquelles nous nous confrontons dans la présente recherche revient à « comparer l'incomparable ». En effet, si dans nos deux terrains nous nous retrouvons bien dans une situation dans laquelle les enfants mendient auprès des touristes internationaux, les configurations sociales, géographiques, historiques et humaines sont très hétérogènes.

Dans notre terrain indien, nous nous focaliserons sur une communauté de mendiants que nous identifierons comme « la communauté de Solapour ». Nous avons fait le choix d'avoir recours à cette terminologie, car les mendiants eux-mêmes s'identifient à Solapour qui est l'un des quatre districts de l'État du Maharashtra. La présence à Bombay de cette communauté composée d'une cinquantaine d'individus date des années 60. Ces individus ont migré à Bombay pour s'installer au pied du célèbre Palace « Taj Mahal » qui se trouve au cœur du quartier de Gateway of India. Les individus sont associés à cette localité, car sur leurs certificats de naissances, c'est l'Hôtel Taj Mahal qui est indiqué comme lieu de naissance. Les individus de la communauté sont originaires d'un même village du Solapour. Ils conservent de forts liens avec ce village dans lequel vivent un nombre important de membres de leurs familles. L'ensemble des individus de la communauté se rend une fois par an au village afin de célébrer des processions religieuses. Les personnes âgées vont généralement terminer leurs jours au village. Cette communauté est composée d'environ 50 personnes qui appartiennent à huit différentes familles ; la majorité des individus ont moins de 20 ans.

Les individus de la communauté n'occupent pas d'emplois formels, leurs revenus sont générés par la mendicité et la vente ambulante. La mendicité est exclusivement exercée par des femmes et des enfants qui ne sont pas scolarisés. Le taux de mortalité des hommes est particulièrement élevé au sein de la communauté, les enfants orphelins de père sont nombreux. Une autre particularité de cette communauté réside dans l'acceptation de la polygamie ce qui n'est pas courant en Inde.

Les individus de cette communauté parlent le marathi, langue parlée dans l'ensemble du Maharashtra, ainsi que le kannada, qui est parlée dans le sud de l'état. Malgré leurs 50 années de présence sur place, les individus de la communauté de Solapour sont sans-abris. Ils vivent, dorment et meurent sur l'espace public. Les membres de la communauté ont jusqu'à présent refusé les offres de logements qui leur ont été faites dans les bidonvilles se trouvant dans les parties moins centrales de Bombay. Dans ces bidonvilles, ils pourraient plus facilement scolariser leurs enfants et trouver un emploi dans le secteur informel ou dans les activités de service. Cependant, ils préfèrent rester au pied de l'hôtel Taj Mahal, car ils disposent d'un savoir-faire mendiant qui leur permet de prétendre à des revenus supérieurs à ceux des habitants des bidonvilles. La vie à Gateway of India entraîne de nombreuses dépenses, car les individus, qui ne bénéficient d'aucune infrastructure, doivent dépenser de l'argent pour accéder à un certain nombre de besoins primaires (eau potable, eau pour se laver, nourriture…). En faisant le choix de rester sur place, les individus de cette communauté font donc le choix de dépenser plus pour gagner plus. Ils font également le choix de converser une certaine liberté de vie, car leurs activités garantissent une certaine autonomie financière. C'est notamment le cas pour les femmes, qui en contribuant largement aux charges financières du ménage, disposent d'une autonomie financière et d'une liberté de mouvement totale qu'elles perdraient en allant vivre dans le bidonville.

Les parents n'hésitent pas à mettre en avant le bien-être des enfants afin de justifier ce refus du bidonville. Celui-ci est perçu comme un endroit particulièrement dangereux pour les enfants qui seraient plus susceptibles de se tourner vers la délinquance et la consommation de produits psychotropes illicites. Garima, 28 ans, mère de trois enfants et née à Gateway nous dira ainsi :

« Moi je pourrais vivre à Mankhurd (bidonville de Bombay). Tous les gens d'ici pourraient vivre là-bas, on nous a promis des appartements dans les grands immeubles. Certains ont accepté en continuant à venir ici tous les jours. La plupart sont restés ici. Pour nous, là-bas il n'y a rien, on ne peut pas vivre notre vie là-bas. Pour ceux qui sont là-bas, la vie est difficile. C'est le cas de ma belle-sœur qui vit là-bas avec ces enfants. Aujourd'hui, elle ne parvient pas à gagner de l'argent. Elle me demande toujours de lui prêter de l'argent, elle en fait de même avec toutes les femmes d'ici. Elle avait moins de problèmes quand elle vivait ici. Mais ce qui est le plus dangereux dans les bidonvilles, ce sont les mauvaises influences. Si tu as un métier, et que tu vis une vie simple, le bidonville c'est bien. Mais nous, les gens comme nous on ne peut pas aller chercher un travail de balayeur ou demander à faire du ménage chez les gens. Pour les gens comme nous qui n'ont pas de métier, la tentation de vivre des activités malhonnêtes est grande. Les gens de Solapour qui vivent à Mankhurd ne vivent que de ça. Là-bas, si tu es de Solapour, des personnes chercheront à t'embaucher pour faire ce type de travail. C'est ce qui est arrivé aux enfants de ma belle-sœur. Ils ont grandi ici avec mes enfants. Quand ils sont partis vivre là-bas, ils ont été inscrits à l'école. On disait que pour eux l'école allait être plus facile que les écoles d'ici. En fait, tout est pire. Aujourd'hui, j'ai bien peur qu'ils finissent en prison ou bien dans la drogue ».

Bien que les enfants ne soient pas scolarisés, l'importance de l'école semble être reconnue au sein de la communauté. De nombreux enfants ont eu une expérience scolaire, pour certains de quelques jours, pour d'autres de quelques mois. D'après les dires de la population locale, les enfants de la communauté se rendraient à l'école lors de la journée de rentrée afin de pouvoir revendre les livres, les fournitures scolaires et le cartable offerts par l'école. Nous nous sommes aperçus lors de nos observations que les livres scolaires étaient de temps à autre ressortis par les enfants. En les interrogeant, ils nous ont affirmé prendre soin des leurs affaires scolaires qu'ils cachent soigneusement sur le toit des toilettes publiques faisant office d'armoire à ciel ouvert. Lorsqu'on interroge les parents sur l'absence de scolarisation des enfants, c'est le décalage entre l'École et leur mode de vie qui est mis en avant. Les parents considèrent que les enfants de la communauté n'ont pas réellement les mêmes chances que les autres enfants ; en d'autres termes, leur pauvreté et leur vie de sans-abri seraient une entrave majeure à la réussite scolaire. Il est vrai que l'école de secteur à laquelle sont rattachés les élèves a la particularité de se trouver dans un des quartiers les plus riches de la ville. Les enfants qui la fréquentent sont issus de familles riches, certains enfants sont déposés à l'école par des chauffeurs particuliers. Après la fin de l'école, la grande majorité des enfants se rendent dans des écoles du soir privées. Les enfants interrogés tiennent des discours différents quant à leur rapport à la scolarité. D'après ces derniers, l'école serait avant tout une source d'humiliation et de discrimination. La première des discriminations serait d'ordre vestimentaire. Bien que tous les enfants portent le même uniforme, il est facile de faire la distinction entre un enfant issu d'une famille aisée portant une chemise d'un blanc éclatant, des socquettes en laine remontant jusqu'aux genoux et des chaussures noires cirées, et un enfant portant une chemise sale, ayant des tatouages sur le bras et parfois sur le visage, et se rendant à l'école pieds nus. D'après les dires des enfants, ils seraient victimes de moqueries de la part des autres élèves. Ils seraient également peu pris en considération par les enseignants qui n'apprécieraient guère leurs faibles compétences scolaires. Pritam, âgé de 14 ans et scolarisé pendant 3 années, nous dira à propos de l'école :

« Je ne sais pas pourquoi, mais rien ne rentre dans ma tête. Je suis incapable d'apprendre à l'école. J'ai passé trois ans à l'école et je n'ai rien appris. La maîtresse me disait des choses un jour, le lendemain elle m'interrogeait, et j'avais tout oublié. Je ne comprends pas vraiment pourquoi, mais c'est comme si rien ne voulait rentrer dans ma tête. Moi, je préfère oublier l'école, pour moi ce ne sont pas de bons souvenirs. J'allais à l'école habillé comme ça (il se montre du doigt), ma chemise était délavée et parfois sale, et je ne mettais pas de chaussures. Je me sentais différent des autres enfants et ils me faisaient comprendre que je n'étais pas comme eux. Quand j'étais à l'école, je ne pensais qu'à une chose : la fin de la journée. »

Il nous paraît également important de préciser que les enfants de la communauté de Solapour ne sont pas tous touchés par la pauvreté de manière identique. Si tous sont sans-abris et habitent le même parvis, un certain nombre d'éléments semblent avoir une influence sur la qualité de vie et le degré de pauvreté : décès du père, remariage de la mère, profession des parents, âge des parents, famille polygame, taille de la fratrie, état de santé des parents. Ces différences dans la pauvreté sont visibles à l'œil nu au regard de la tenue vestimentaire et de l'apparence physique (signes physiques de malnutrition, propreté...).

Au-delà de ces descriptions du mode de vie, il nous semble primordial de rappeler que les individus de la communauté de Solapour appartiennent à une caste des mendiants. En d'autres termes, les individus de cette communauté vivent de la mendicité depuis plusieurs centaines, voire plusieurs milliers d'années. En Inde, les castes de mendiants sont nombreuses et varient fortement d'une localité à une autre. Nous n'avons pas été en mesure de trouver de la littérature traitant de cette caste particulière et n'avons pas réellement pu mener un travail anthropologique sur l'origine et l'histoire de cette caste. Néanmoins, nous avons pu trouver des archives historiques décrivant des castes de mendiants du district de Solapour. Dans le recensement de 1841, les officiels Britanniques ont pu décrire les mendiants de Solapour de la manière suivante :

« Les Da'saris sont grands et ont une peau très mate. Leur langue maternelle est le kannada, mais ils s'expriment en marathi avec les personnes extérieures à la communauté. Ils vivent à l'extérieur des villages, ils vivent sous des abris de fortune. Ils se déplacent constamment, ils ont rarement leurs propres maisons… Ils sont malhonnêtes et colériques, ils sont généralement surveillés de près par la police. Ils sont mendiants, musiciens et danseurs, ils prostituent également leurs femmes. Lorsqu'ils mendient, ils portent des cloches aux pieds et portent deux cymbales dans leurs mains. »

« Les Kolhatis ou Domba'ris, sont des danseurs et des acrobates… Leur langue maternelle est un mélange de marathi et de gujarati. Ils sont très actifs et sont généralement très mats de peau. Ils vagabondent en dansant et en faisant des acrobaties. Ils ont un mauvais caractère : leurs femmes se prostituent et lorsque l'occasion se présente, ils volent et kidnappent les filles. Ils sont donc fortement surveillés par la police. Ils n'envoient pas leurs garçons à l'école, ils sont une classe en décadence. »

La situation que nous venons de décrire en Inde diffère à plus d'un égard de la configuration thaïlandaise que nous allons désormais évoquer. La première différence réside dans le fait que la communauté de mendiants sur laquelle nous nous sommes focalisés à Bangkok est une communauté de migrants. Nous nous sommes penchés sur une communauté issue du Cambodge ayant fait le choix de migrer à Bangkok afin de mendier. Les enfants que nous avons observés sont nés au Cambodge ce qui indique une émigration récente. L'émigration clandestine khmère est très courante à Bangkok. Il existe de véritables réseaux de migration clandestine pouvant prendre en charge le voyage jusqu'à Bangkok, mais également l'hébergement une fois sur place. Ce système migratoire, qui est

---

[1] Gazetteers of the Bombay Presidency, Sholapur District, Volume XX, 1884

assez répandu dans les communautés cambodgiennes de Bangkok, est identifié comme « Me Kyhol ».

La communauté que nous avons étudiée est composée d'environ 50 personnes. Nous avons exclusivement pu observer des femmes et d'enfants âgés de moins de 13 ans. Les activités exercées par ces dernières sont exclusivement tournées autour de la mendicité qui peut être directe ou au contraire déguisée. Les hommes de la communauté qui exercent des activités salariées dans le secteur informel ne fréquentent pas le terrain de Nana. Contrairement à ce que nous avons pu constater en Inde, cette communauté cambodgienne n'est pas sans-abri. Les individus habitent un bidonville de Bangkok se trouvant à une demi-heure de leur lieu de mendicité. Ils ont donc accès à un certain nombre de biens et d'infrastructures permettant de facilement remplir des besoins primaires : ils ont accès à l'électricité, à l'eau courante, à une source de feu pour préparer des repas. Sur le plan des conditions de vie, ces individus se trouvent donc dans une situation moins vulnérable que les mendiants que nous avons étudiés en Inde. Les enfants ne portent pas les traces physiques d'une malnutrition ni d'une pauvreté accentuée. On ne pourrait pas pour autant conclure que les mendiants cambodgiens se trouvent dans une situation plus enviable. Les conditions dans lesquelles ils exercent la mendicité sont marquées par une certaine pénibilité. La mendicité va commencer vers 18 heures pour s'achever vers 7 heures du matin, ce qui contraste avec les enfants indiens qui mendient essentiellement en fin d'après-midi. Cette mendicité nocturne et peu respectueuse des rythmes chronobiologiques des enfants. Les enfants ont également la particularité d'exercer la mendicité dans des espaces qui sont théoriquement réservés aux adultes. Ces espaces sont essentiellement tournés vers des activités de nature sexuelle, les enfants sont constamment exposés à une sexualité tarifée qui s'exhibe sur l'espace public. Cette question de l'omniprésence de la sexualité mériterait de faire l'objet d'une étude clinique approfondie. Dans le cadre de cet ouvrage, nous ne sommes pas réellement en mesure de nous pencher de manière précise sur cette question. Cependant, au cours de notre phase d'observation ethnographique, nous avons pu recueillir un certain nombre de dessins qui semblent indiquer que la question de la sexualité est omniprésente chez les enfants. Sans avoir la prétention de nous engager dans une quelconque analyse de ces dessins, nous pensons qu'il peut être intéressant d'illustrer nos propos par quelques exemples de dessins réalisés par des filles âgées de 6 à 8 ans.

Figure 1 Dessins d'enfants à connotation sexuelle

Dans notre terrain indien, un certain nombre d'enfants ont pu avoir une expérience scolaire. La question de la scolarisation ne se pose même pas dans notre cas de figure thaïlandais, car les enfants se trouvent dans une situation irrégulière et ne peuvent pas prétendre à une quelconque scolarisation ou quelconque aide de l'État.

Nos deux terrains présentent donc des singularités qui rendent la comparaison difficile. Il s'agira ainsi pour nous de dépasser le cadre de la comparaison simpliste qui serait une juxtaposition de monographies. Notre objectif sera d'expliquer et de comprendre ces différences.

L'ENFANT MENDIANT, ENTRE UNIVERSALISME ET RELATIVISME

On pourrait sans trop de difficultés considérer la mendicité comme une activité inappropriée pour des enfants. L'enfant mendiant peut facilement être appréhendé comme un enfant ne se trouvant pas à sa place. La mendicité se réalise le plus souvent sur un espace public auquel on associe un certain nombre de dangers. L'image de l'enfant mendiant se trouve aux antipodes de celle de l'enfant scolarisé. L'école est perçue comme un lieu particulièrement adapté pour les enfants. L'enfant mendiant non scolarisé qui passe son temps sur l'espace public se trouve en conséquence dans un état de déviance par rapport aux normes que l'on peut se faire de l'enfance. Ce rapport à la norme est imbriqué dans la question de l'universalité de l'enfance. Il s'agira donc dans cette partie d'interroger l'universalité de l'enfance en se demandant s'il existe un modèle universel, ou tout du moins un socle minimal, pouvant être considéré comme un idéal à suivre.

Universalisme et relativisme : une opposition traditionnelle

L'universalisme peut être défini comme le fait de se référer à des normes objectives, simples et indépendantes de la culture, pour interroger des questions relevant de la morale ou de l'épistémologie (Foldvary, 2008).

Au sens large, l'universalisme s'applique à l'ensemble des êtres humains. Lorsque l'universalisme repose sur l'éthique, on parlera d'universalisme moral. Cette éthique morale, qui se veut indépendante de toute culture, croyance ou de toute généralisation issue du terrain, a pour vocation de s'appliquer à l'ensemble des actions humaines, y compris lorsqu'elles concernant les animaux. La notion d'un universalisme n'est pas le propre de nos sociétés contemporaines. On retrouve l'idée d'une « loi morale naturelle universelle » chez les platoniciens et stoïciens de la Grèce Antique. On retrouve également ce principe chez le philosophe allemand Emmanuel Kant qui posa les bases d'une philosophie morale universelle. L'idée de droits universels naturels est particulièrement présente chez John Locke. Dans *Les deux Traités du gouvernement civil* (1690), il pose les prémisses d'une loi naturelle d'après laquelle tous les hommes sont égaux et indépendants. L'universalisme n'est pas l'apanage de la philosophie. Pour les économistes, des axiomes économiques tels que l'utilité marginale décroissante, ou encore la maximisation des avantages et la minimisation des coûts auraient une portée universelle.

Sur le plan épistémologique, l'universalisme est associé à une posture objectiviste voulant que l'homme puisse accéder à des connaissances objectives qui peuvent expliquer la réalité (Foldvary, 2008). Cette approche s'oppose aux démarches subjectives, relativistes, interprétatives et constructivistes qui affirment que l'homme délimite lui-même la cognition et l'interprétation des observations. On oppose ainsi universalisme et relativisme. Dans une posture relativiste, les connaissances humaines ne sont plus considérées comme des réalités passives dont l'homme peut simplement se saisir. Les connaissances sont au contraire perçues comme étant imbriquées dans la société et intrinsèquement influencées par l'arbitraire de l'homme. Dans les sciences sociales, il est fréquent de se référer au relativisme culturel qui est une extension de ce relativisme épistémologique et moral. On réfute alors l'existence de toute vérité universelle (Kelly, 2008). Le raisonnement relativiste est mis en avant depuis plus d'un siècle par les recherches ethnographiques et anthropologiques qui s'attardent à démontrer que les comportements sont culturellement enracinés. Les débats opposant le relativisme culturel et l'universalisme sont au cœur de l'Histoire des idées. C'est Johann Gottfried von Herder, qui peut être considéré comme le père du relativisme culturel. Cet élève de Kant, qui s'opposa à la philosophie universaliste de ce dernier, fut un des premiers à formuler de vives critiques à l'égard des thèses des philosophes des Lumières sur le sens de l'Histoire. Il s'oppose notamment à l'idée d'une supériorité de la civilisation européenne en contestant les approches historiques reposant sur l'idée du progrès. Il invite au contraire à considérer chaque culture comme étant sa propre finalité. Le relativisme de von Herder est également visible dans sa théorie sur l'origine du langage dans laquelle le langage n'est plus considéré comme un don de dieu, mais au contraire comme une construction humaine et sociale. Les théories de von Herder ont pu avoir une influence sur des disciplines telles que l'anthropologie ou la géographie.

L'opposition entre universalisme et relativisme a pu être au cœur de débats de société. Dans les États-Unis de l'après-guerre, Ruth Benedicte (1946), étudiante de Franz Boas, invite la société américaine à reconnaître la relativité des valeurs fondatrices de leur société. Pour ce faire, elle démontrera que des droits perçus aux États-Unis comme émanant directement de Dieu (ex. : le droit de l'individu à la poursuite du bonheur) sont culturellement enracinés. Elle invite ainsi les pouvoirs publics à se doter d'une « conscience culturelle » ce qui ne doit pas pour autant se traduire par un relativisme sur le plan politique ou moral. Les débats sur la relativité culturelle ont pu avoir une grande influence sur l'essor des sciences sociales modernes. Pour l'ethnographie et l'anthropologie, le relativisme culturel est considéré comme un fait indiscutable, ce qui n'est pas pour toutes les disciplines. En psychologie, la démarche interculturelle qui examine les processus psychologiques dans leur contexte culturel est minoritaire et sera considérée comme une approche spécialisée. En sociologie, en économie, et dans les sciences politiques, le relativisme culturel se place en contradiction avec les principes de généralisation des résultats de recherche. Nous allons désormais nous intéresser à cette opposition sur le plan éducatif, en montrant que l'éducation présente la particularité de pouvoir dépasser la dichotomie entre relativisme et universalisme.

Universalisme et éducation : pour une éducation et une scolarisation universelle

La tension entre universalisme et relativisme peut être perçue comme un mouvement pendulaire qui traverse à la fois la recherche et l'intervention sociale (Dembour, 2001). Cette tension se trouve au cœur de cet ouvrage. Sur le plan éducatif, ce mouvement pendulaire oscille entre deux extrémités. D'un côté, on affirme au titre du respect de la différence que toutes les cultures se valent. On se méfie alors de toutes les prétentions universalistes. Dans la posture inverse, on affirme que l'éducation est porteuse de valeurs universelles qui transcendent la dimension culturelle. Il n'est pas aisé de se situer sur ce spectre. Le chercheur souhaitant expliciter sa posture peut dans un premier temps essayer de sortir de la binarité en affirmant que l'universel ne préexiste pas à l'Éducation, mais au contraire que c'est l'Éducation qui permet de construire l'universalité. Cependant, une telle posture nous paraît insuffisante, car elle ne permet pas réellement de mettre en avant la substance universelle de l'Éducation ce qui nous semble essentiel. Pour ce faire, nous souhaitons nous référer à la posture de Meirieu pour qui une éducation qui renoncerait à une frange de la population serait étrange, car « elle ruinerait la possibilité même de continuer à éduquer, bornerait artificiellement un processus qu'elle aurait engagé, décrit très artificiellement que certains sont exclus de ce qu'elle aurait pourtant désigné comme une nécessité. Le projet d'éduquer est pour cette raison, et constitutivement, projet d'universalité, d'humanité rayonnante et galopante où le processus de transmission dépasse de loin, dans sa dynamique, la réussite de la chose transmise. » (2012, p 57). On peut alors considérer que lorsque l'éducation ne concerne pas tous les individus, elle perd sa vocation d'émancipation et se place à un niveau d'aliénation. L'existence d'une population exclue de l'éducation discrédite le projet éducatif, car celui-ci devient une forme d'organisation qui soutient les rapports de domination entre les hommes. Il nous semble donc important de nous situer explicitement en faveur d'une éducation universelle pouvant être considérée comme un droit fondamental ayant une portée universelle. Nous soutenons la vision défendue dans la Déclaration mondiale sur l'éducation pour tous adoptée par UNESCO en 1990 à Jomtien. Cette éducation universelle est indissociable d'une scolarisation universelle. Celle-ci a tout d'abord des implications philosophiques que l'on retrouve résumées chez Meirieu de la manière suivante : « Ouvrir l'École à tous n'est pas un choix parmi d'autres : c'est la vocation même de cette institution (...) Une école qui exclut n'est pas une école : c'est une officine de formation, un club de développement personnel, un centre d'entraînement pour réussir des concours, un organisme pourvoyeur de main-d'œuvre ou une colonie de vacances réservées à une élite sociale. L'École, elle, est une institution ouverte à tous les enfants, une institution qui porte le souci de n'en écarter aucun, de faire partager les savoirs qu'elle doit enseigner à tous. Sans aucune réserve. » (2011, p 43). Meirieu justifie également la pertinence de la scolarisation universelle par le caractère exhaustif, obligatoire et progressif des apprentissages proposés. À l'image du pédagogue tchèque Comenius de la fin du XVIIème siècle, il considère que les apprentissages s'effectuent de manière trop aléatoire dans le « milieu naturel ». La scolarisation permet ainsi tout d'abord de rendre les apprentissages exhaustifs, car l'éducation proposée ne repose plus uniquement sur ce qui est proposé, de manière très inégalitaire, par l'entourage immédiat. La scolarisation systématise les apprentissages et émancipe les enfants des apprentissages aléatoires liées aux rencontres individuelles plus ou moins favorables. C'est également le caractère obligatoire des apprentissages qui justifie la scolarisation obligatoire. En effet, les individus ont tendance, dans leurs comportements quotidiens, à mettre en place des stratégies d'évitement leur permettant de contourner les apprentissages. La scolarisation rend les apprentissages obligatoires et oblige les individus à se confronter à un nombre important d'apprentissages diversifiés. L'école permet également d'offrir des apprentissages progressifs ce qui n'est pas le cas dans la vie quotidienne dans laquelle les problèmes se posent aux individus en désordre et de manière complexe. Sur le plan pratique, c'est sur la scolarisation primaire universelle que se focalise l'attention de toutes les organisations internationales. Bien que les enfants que nous avons étudiés ne soient pas scolarisés, nous tenons à préciser que l'école primaire universelle est à nos yeux une source de progrès. L'enjeu éducatif d'une telle scolarisation concerne tout d'abord les apprentissages fondamentaux que sont la lecture, l'écriture et le calcul. Il s'agit de permettre aux enfants d'acquérir l'ensemble des compétences nécessaires pour s'intégrer dans la société. Mais il s'agit également de donner à tous les enfants les moyens de comprendre et de participer au monde dans lequel ils vivent en leur apportant l'ensemble des facultés psychologiques, intellectuelles et sociales leur permettant de penser par eux-mêmes et d'endosser leur rôle de citoyen. À cette éducation primaire universelle se rajoute l'exigence d'une éducation de qualité pour tous (Forum Mondial sur l'Éducation de Dakar, 2000). Il s'agit ici de veiller à la maîtrise des compétences visées par l'école en s'assurant que les apprenants soient capables de mobiliser de façon pertinente les savoirs et les savoir-faire en situation. Cette exigence de qualité concerne également l'égalité, car l'objectif est d'éviter qu'il ne se creuse un fossé entre les différentes élèves.

Cette éducation obligatoire, qui passe le plus souvent par une scolarisation obligatoire, paraît donc difficilement compatible avec une enfance dans laquelle des individus passent la plus grande partie de leur temps sur l'espace public à mendier. Si dans certains cas de figure, la rue a pu être qualifiée d'espace propice à la socialisation, à l'émancipation, au bien-être physique et psychologique, elle paraît difficilement compatible avec l'éducation (points qui seront évoqués dans les parties suivantes). Dans cette tension entre l'universalisme et le relativisme, l'éducation occupe une place particulière. Elle permet de sortir de cette opposition binaire lorsqu'on considère que l'éducation peut construire l'universel. Cependant, lorsqu'on reconnaît la dimension universelle de l'éducation et de l'école, un certain nombre de précautions s'imposent aux prétentions universalistes.

Universalisme abusif contre universel modeste, réel, compréhensif

L'intervention sociale ou éducative ayant une prétention universelle est particulièrement complexe. Les actions s'inscrivant dans cette perspective doivent veiller à ne pas se transformer en imposition aveugle de l'universel. Meirieu (2012) propose ainsi d'utiliser le terme « quête » universelle et non pas « prétention », car le mot quête, bien qu'ayant des connotations religieuses, se révèle être plus modeste. D'après lui, ces quêtes universelles ne sont légitimes que si elles font preuve de modestie. Il existerait ainsi une sorte de bienséance empêchant de contraindre à l'universel. Meirieu considère que l'universel, pour « avoir quelque chance de ne pas générer la contrainte et la violence, de ne pas se laisser enfermer dans le cycle infernal du diktat et de la révolte, doit savoir se faire modeste, ce qui ne veut pas dire renoncer à sa contagion, mais ce qui impose de soumettre celle-ci à l'acceptation d'un autre que la peine de convaincre avec toutes les forces de l'imagination dont on est capable ». Cet universalisme, qui n'est pas figé, se construit en permanence par l'interpellation de la liberté d'autrui.

Si Meirieu évoque un universalisme modeste, pour d'autres il est important de distinguer un universalisme abusif d'un universalisme compréhensif (Meyer-Bisch, 2009). On parlera d'universalisme abusif, lorsqu'on généralise aveuglément à partir de cas et de faits particuliers. Quand les particularismes reposent sur la culture, on évoquera l'ethnocentrisme. L'universalisme sera qualifié de « compréhensif » lorsqu'il résulte d'une nécessité logique pouvant s'imposer, quelles que soient les diversités locales.

Pour certains, il est important de distinguer entre le vrai et le faux universalisme (Hiscock-Lageot, 2000). Les actions faussement universelles sont celles qui s'imposent par la force en rejetant toutes les opinions divergentes. Cet universalisme dogmatique, qui est caractérisé par sa nature artificielle, ne peut être durable dans le temps. À l'inverse, on considéra comme authentiquement universel ce qui est construit autour d'une synthèse et d'un regroupement de dénominateurs en commun. Cet universel véritable est voué à demeurer, car il exprime une conciliation.

Cette question de l'universalisme se trouve au cœur des débats concernant les enfants vivant en situation vulnérable. Nous verrons dans les paragraphes suivants que ces enfants sont souvent appréhender sous l'angle de ce que l'on pourrait considérer être un universalisme abusif. Il nous semble donc important de nous détacher d'une telle approche de l'enfance vulnérable et de situer notre recherche dans une approche critique par rapport à cet universalisme excessif.

L'ENFANT MENDIANT : UNE INSULTE À L'ENFANCE OCCIDENTALE IDÉALE

D'après certains chercheurs, le modèle occidental de l'enfance constitue un idéal universel que tous souhaiteraient atteindre (Lieten 2005, cité dans Bourdillon, 2009 ; Stegeman, 2004). Lorsque les enfances diffèrent de ce modèle occidental, on considère alors que cet écart réside dans un manque d'opportunités et un contexte particulièrement défavorable et non pas dans une culture particulière. La vision occidentale de l'enfance s'est imposée comme « un concept normatif universel » dans l'intervention sociale et éducative internationale (Bourdillon, 2006). Les interventions éducatives internationales s'ancrent en effet dans des approches principalement focalisées sur l'individu, ce qui correspond à une conception très occidentale de l'enfance (R. Myers, 1992; Penn & Molteno, 1997)

Cette enfance idéale occidentale pourrait être définie comme une enfance insouciante et sécurisée, dans laquelle l'enfant mène une existence heureuse (Sommerville, 1982). L'enfant est idéalement élevé par un adulte aimant et responsable. On considère que le développement de l'enfant ne peut se faire sans cette prise en charge particulière de l'adulte référent. Sans adultes, il est impossible pour l'enfant de se construire sainement. L'enfant est ainsi perçu comme un être ayant besoin d'une protection permanente, mais également comme un être qui a besoin d'être en permanence guidé (Ennew, 1995; Holland, 1992). Il est de la responsabilité des parents d'offrir cette enfance idéale et lorsque les parents échouent, cette mission revient à la société. Cette enfance se déroule idéalement dans des lieux privés et fermés tels que le domicile ou l'école et non pas dans la rue ou dans une autre institution. L'enfance idéale occidentale est donc une enfance domestique (Ennew, 1995). Cette enfance peut se définir de manière négative, car il s'agit de se focaliser sur l'absence d'expériences négatives et non pas sur la somme d'expériences positives (Hecht, 1998). Cette enfance est également magnifiée, il s'agit « d'un monde à part : celui de l'innocence » (Bonnet, 2006). Dans nos sociétés occidentales, l'enfant a progressivement été éloigné de la production. L'enfant ne représente plus une valeur économique. Les enfants exclus de la sphère économique intègrent la sphère du sacré. L'enfance est associée à un certain nombre de valeurs morales ; elle est une période d'insouciance, d'apprentissage et d'absence de contraintes (Leroy, 2009). L'enfant se trouve à l'abri du besoin et du monde du travail adulte (Stegeman, 2004), les enfants qui se rapprocheraient trop du monde des adultes seraient considérés comme dangereux, car ils sont des délinquants potentiels (Ruddick, 2003).

Les prétentions universalistes de ce modèle reposent sur un certain nombre de preuves scientifiques (Ennew & et coll., 2005) apportées par la psychologie du développement américaine qui s'inscrit dans des approches piagétiennes. La diffusion à grande échelle d'une telle conception de l'enfance dans les interventions sociales et éducatives internationales peut être liée à la mainmise américaine sur les politiques internationales de développement et d'éducation (Dahlberg, Moss, & Pence, 1999). Cette empreinte de la psychologie du développement américaine est perçue par certains comme le signe d'une diffusion d'une pensée unique occidentale (Burman, 1994 ; Escobar, 2012 ; Stephens, 1995). Le concept de développement, qu'il soit psychologique ou économique et social, est alors appréhendé comme un modèle universel de progrès (Dahlberg et coll., 1999) ; sa diffusion repose sur une rationalité scientifique (Cahoone, 2003). Le développement de l'enfant devient un phénomène linéaire, prédéterminé, séquentiel et universel. L'hégémonie de cette conception du développement repose donc à la fois sur des dimensions économiques, culturelles et scientifiques. Ces différents niveaux d'autorité permettent de légitimer des discours normalisateurs qui dictent les bonnes conduites à adapter et façonnent des indicateurs de qualité ; on parle de configurations éducatives propices au développement (Dahlberg et coll., 1999). Les préoccupations de développement général et de développement de l'enfant ont ainsi pu se rejoindre au sein d'activités internationales faisant la promotion du concept de « Développement de la Petite Enfance (DPE) ». La notion de développement est centrale dans le droit international relatif aux enfants (Woodhead, 2005). On la retrouve aussi bien dans la Déclaration des droits de l'enfant adoptée par la Société des Nations à Genève en 1924 que dans la Déclaration des Nations

Unies des droits de l'enfant de 1959. La Convention internationale des droits de l'enfant de 1989 confirme cette tendance. Cette convention insiste sur le droit au développement que l'on retrouve indirectement dans les articles 5, 18, 24, 28, 29, 31 et 32 (Woodhead, 2005). Ce droit est expressément formulé dans l'article 6 de la Convention qui dispose que « les États partis assurent dans toute la mesure du possible la survie et le développement de l'enfant ». Bien que la notion de développement soit centrale, elle ne fait pas l'objet d'une définition juridique ou scientifique. Il est cependant possible de dessiner les contours de cette notion occidentale du développement de l'enfant à partir des idées philosophiques des XVIIe et XVIIIe siècles. D'après Woodhead (2005), cette notion de développement peut se résumer autour de quatre différents points :

- ✓ Les enfants sont naturellement sauvages : le développement s'articule alors autour de la socialisation des enfants. Le développement doit permettre aux enfants de s'insérer dans la société. Une telle conception du développement est visible dans la pensée de Thomas Hobbes (1588-1679).
- ✓ Les enfants sont naturellement innocents : le développement consiste alors à fournir une protection aux enfants innocents en leur donnant la possibilité de jouer librement et d'apprendre par eux-mêmes. Une telle conception du développement est visible dans les travaux de Jean-Jacques Rousseau (1712-1778).
- ✓ Les enfants sont des « pages blanches » : le développement consiste alors à fournir aux enfants les conditions leur permettant de se construire et de développer tout leur potentiel. Une telle conception du développement est visible dans les travaux de John Locke (1632-1704).
- ✓ Les enfants sont formés par la nature et l'expérience : le développement se trouve alors à l'interaction du potentiel de l'enfant et de ses expériences personnelles. Une telle

conception du développement est visible dans les travaux d'Emmanuel Kant (1724-1804).

Ce modèle se voulant unique et universel place les enfances différentes dans une situation de déviance. Les enfants ne cadrant pas avec le modèle occidental seront perçus comme des enfants qui se situent « en dehors de l'enfance » (M. Connolly & Ennew, 1996). Cette conception de l'enfance idéale est en réalité paradoxale, car statistiquement, les enfants courent plus de dangers dans la sphère privée et domestique que dans la rue et dans l'espace public (Valentine, 1996). Cette situation est d'autant plus paradoxale que les États-Unis n'ont pas réellement de leçons à donner en matière de politique éducative (Dahlberg et coll., 1999). Ces modèles universalistes réducteurs sont aujourd'hui fortement remis en question. Dans un monde de plus en plus globalisé, la centralisation, l'autoritarisme et l'homogénéisation sont des processus en perte de légitimité. Ainsi le réductionnisme et la pensée linéaire doivent céder la place à des approches ouvertes qui reconnaissent la diversité et la pluralité dans l'intervention (Chambers, 1997). Nous pouvons donc considérer qu'une telle conception de l'enfance qui cadre une grande partie des interventions sociales et éducatives à vocation internationale repose sur un universalisme « prétentieux ». En tant que chercheur, nous ne pouvons que prendre de la distance avec une telle approche. La « modestie » de l'universel que nous avons précédemment évoqué nous mène à analyser la mendicité de ces enfants en sortant de tout diktat qui serait imposé par un modèle. Il ne s'agit pas de renoncer à la portée universelle des interventions éducatives et sociales, mais il s'agit de réinterroger le contenu de cette universalité. Nous allons dans les paragraphes qui suivent tenter d'avancer un certain nombre d'arguments juridiques, épistémologiques, psychologiques et anthropologiques pouvant contribuer à la redéfinition d'un universalisme éducatif plus modeste.

Une modestie sur le plan juridique

La convention internationale des droits de l'enfant

Au cours de ces 25 dernières années, l'enfance est devenue une préoccupation centrale des organisations internationales. De nombreuses mesures visant à réduire les injustices dont sont victimes les enfants les plus vulnérables ont vu le jour. Une grande partie de ces mesures sont de nature juridique : la communauté internationale souhaite protéger les enfants les plus vulnérables en leur attribuant des droits. Au regard du droit international, est considéré comme enfant, toute personne âgée de moins de 18 ans. La Convention internationale des droits de l'enfant de 1989 prévoit ainsi un certain nombre de droits universels. Cette convention correspond au traité sur les droits de l'Homme ayant fait l'objet de la plus importante ratification. Les pays signataires s'engagent à appliquer dans leur droit national les différents principes défendus par la Convention, on peut en théorie parler d'une convention à portée universelle. Cette convention a fait l'objet de nombreuses critiques (Montgomery, 2009 ; Pupavac, 2001 ; Wallace, 2001). C'est tout d'abord la dimension normative du droit international qui est questionnée. Les enfants ne cadrant pas avec cette conception universelle de l'enfance se trouvent « en dehors de l'enfance » (O Nieuwenhuys, 1998 ; Panter-Brick & Smith, 2000a ; Pupavac, 2001 ; B. White, 2003 ; S. C. White, 2002). Une telle approche contribue au développement d'un discours de victimisation autour de nouvelles catégories d'enfants déviants tels que les enfants des rues ou les enfants travailleurs (Grahn-Farley, 2008). La Convention internationale des droits de l'enfant repose donc sur l'idée que l'enfant en situation de vulnérabilité est avant tout une victime passive et non pas un enfant luttant pour sa survie (J Boyden, 1990). La convention est ambitieuse, car elle défend une multitude de droits dont l'étendue est considérable. Cependant, cet universalisme pose problème sur le plan juridique. Les pays signataires peuvent facilement s'accommoder de la convention sans réellement apporter des modifications à leur droit national et craindre des sanctions en cas de non-respect (B. White, 2003). On peut ainsi malheureusement constater que dans les faits la Convention internationale des droits de l'enfant s'est rarement traduite par une augmentation des budgets alloués à l'enfance ou des réformes institutionnelles permettant d'atteindre les différents objectifs de la Convention (Hammad, 1999; Kawewe & Dibie, 1999; Temba & De Waal, 2002). Sur le plan juridique, cet universalisme va également poser problème, car il va donner lieu à une multitude d'interprétations. On assiste à un éclatement des notions et des concepts défendus par la Convention (Langlois, 2002). La notion d'exploitation sexuelle permet d'illustrer cette complexité à défendre des droits universels. Cette notion est en effet aujourd'hui devenue polysémique à travers le monde et de nombreux pays sont réticents à adopter une définition universelle afin d'éviter de modifier leurs lois nationales sur l'homosexualité (A. Jordan, 2002).

Finalement, la Convention est parfois remise en question, car elle serait marquée par un héritage colonial. Ce n'est pas tant la Convention en elle-même qui est perçue comme néocoloniale, car lors du processus d'élaboration la diversité a bel et bien été respectée. C'est plus particulièrement le processus de ratification qui est mis en cause. L'analyse des objections formulées par les différents pays lors des ratifications permet de mettre à jour le fait que les pays européens se positionnent en tant que gardiens du droit international contre leurs ex-colonies qui sont perçues comme des pays dissidents (Grahn-Farley, 2008).

Aujourd'hui, cette approche universaliste semble être nuancée sur le plan juridique ; on assiste notamment au passage d'une approche en termes de droit vers une approche en termes d'objectifs (Marcus, Wilkinson, & Marshali, 2002).

Le travail des enfants

Comme nous venons de le voir, il existe des mesures juridiques à portée générale et universelle qui ont pour objectif de protéger les enfants. Il existe également des mesures plus ciblées, c'est notamment le cas pour le travail des enfants. Le droit international réglemente le travail des enfants ; ces mesures sont le plus souvent issues de l'OIT (Organisation internationale du travail) qui est l'institution des Nations Unies chargée d'élaborer et de superviser les normes internationales du travail. Cette institution abrite le « Programme international pour l'abolition du travail des enfants » (IPEC). Les mesures juridiques de l'OIT de référence sont la Convention 182 sur les pires formes de travail des enfants ainsi que la Convention 138 sur l'âge minimum d'admission à l'emploi et au travail. Cette protection juridique qui est supposée s'appliquer de façon universelle est loin de faire l'unanimité. On reproche à ces mesures juridiques d'être basées sur un modèle occidental d'enfance idéale et de ne pas tenir compte de l'existence d'enfances différentes. Ce droit international destiné aux enfants associe l'enfance à l'innocence et discrédite par là même le travail qui devient une activité à abolir. Une telle posture est critiquée, car toutes les formes de travail ne sont pas nuisibles à l'enfant (Edmonds & Pavcnik, 2005). Sur le plan macro-économique, on considère souvent que le travail des enfants est nuisible, car il condamne à une pauvreté généralisée en poussant les salaires des adultes à la baisse et appauvrit le capital humain et la productivité.

Ces postulats sont remis en question par des chercheurs qui considèrent que les analyses macro-économiques ne permettent pas réellement de dresser un portrait préjudiciable du travail des enfants (Lieten, 2010). La volonté juridique d'abolir le travail des enfants est donc perçue comme une forme d'ethnocentrisme qui impose aux pays du Sud des solutions originaires de l'hémisphère nord (W. Myers, 1999). Cette justification juridique est d'autant plus contestée, car elle semble contraire au principe de justice : « la loi du marché peut être une menace pour les enfants lorsqu'elle place l'économie des adultes et les intérêts politiques devant les intérêts des enfants » (W. Myers, 1999). De plus, dans la majorité des cas, le travail des enfants est parfaitement compatible avec la scolarisation (Bourdillon, 2006).

C'est en Amérique latine que le travail des enfants est le plus vigoureusement défendu, on le considère comme une activité culturellement acceptée (Invernizzi, 2003). Sur ce continent, deux mouvements s'opposent. D'un côté, les « erradicacionistas » préconisent l'abolition du travail des enfants alors que pour les « regulacionistas », les restrictions du travail des enfants doivent uniquement se limiter aux pires formes du travail. Pour les « regulacionistas », les mesures prises par l'OIT sont critiquables, car elles vont d'une part faire abstraction des différences culturelles locales, et d'autre part, elles vont considérer les enfants comme des victimes impuissantes ayant besoin d'être secourues par des adultes. Une telle conception du travail des enfants peut être considérée comme une vision occidentale urbaine de classe moyenne de l'enfance (W. Myers, 1999).

Pour certains chercheurs, le travail peut être considéré comme un droit pour les enfants (Ennew & et coll., 2005 ; W. Myers, 2001) ; il existerait un droit fondamental à travailler pour les enfants (Bourdillon, 2009). Dans une lettre ouverte adressée à l'IPEC (Programme International pour l'Abolition du Travail des Enfants), un collectif de chercheurs a pu s'opposer à l'instauration d'un âge minimal en dessous duquel le travail des enfants serait strictement interdit. Une telle mesure s'inscrirait d'après les membres de ce collectif en contradiction avec un certain nombre de preuves anthropologiques, sociologiques et psychologiques qui ont pu démontrer que le travail pouvait être une opportunité pour les enfants lorsqu'elle ne s'oppose pas à la scolarisation (Bourdillon, Liebel, Myers, Wodhead, Levison). Ce collectif de chercheurs se prononce au contraire pour la mise en place de mesures protectrices adaptées aux différentes configurations locales.

La contestation du droit international concerne également la Convention 182 de l'OIT relative aux pires formes de travail des enfants. Sont identifiés comme pires formes de travail les activités liées à la prostitution et la pornographie, les activités militaires, les activités illicites, ou toutes activités dangereuses qui exposeraient les enfants à des risques physiques ou moraux. Des organisations non gouvernementales telles que la MOLACNATS (Movimento Latinoamericano y del Caribe de Ninas, Ninos y Adolescentes Trabajabodres) s'opposent à la convention 182 en considérant que la pornographie, la prostitution ou les activités illicites constituent des violations flagrantes des libertés fondamentales des enfants. Ces violations des droits de l'homme n'ont pas lieu d'être appréhendées sous l'angle du travail. Cette confusion entre violation des droits de l'homme et travail se traduit par une approche purement répressive de la question du travail des enfants (Lieten, 2010). Manfred Liebel (2001, 2003, 2007) propose ainsi d'abandonner la logique de protectionnisme des enfants au profit d'une logique de « protagoniste ». Dans une telle configuration, les enfants sont perçus comme compétents pour se prononcer sur les décisions qui les concernent. Cette logique est particulièrement visible dans les mouvements d'enfants travailleurs.

Les mouvements des enfants travailleurs

Depuis les années 1980, on assiste dans l'hémisphère sud à l'émergence d'organisations défendant les droits des enfants travailleurs. Ces mouvements ont la particularité d'être le plus souvent gérés par les enfants eux-mêmes. Cela constitue une rupture avec le modèle occidental, car l'enfant se met ici en avant comme un être social capable de défendre lui-même ses droits (Liebel, 2003). Si au regard du droit international les enfants sont considérés comme des mineurs incapables (n'ayant pas la capacité de conclure des actes juridiques), pour certains chercheurs, ces enfants peuvent être considérés comme de véritables partenaires des mesures les concernant (Bonnet, 1999 ; Miljeteig, 2000).

Les organisations d'enfants travailleurs sont porteuses de revendications sur le plan du droit international. Elles exigent qu'un certain nombre de droits spécifiques aux enfants travailleurs soient intégrés à la Convention des Nations Unies sur les droits de l'enfant de 1989 (droit d'avoir une assurance maladie, droit d'exercer son activité avec une certaine sécurité, droit d'être respecté dans le travail, droit de ne pas être harcelé au travail) (Liebel, 2003). L'ensemble de ces droits suppose la proclamation d'un droit pour les enfants à travailler (Liebel, 2001). De telles mesures auraient comme conséquence de reconnaître la contribution des enfants à la société dans laquelle ils vivent (Cussiánovich, 2001; Cussiánovich & Márquez, 2002). Le droit de participation est certes reconnu par les Nations Unies, mais la nature de cette participation n'est pas déterminée. Les mouvements d'enfants travailleurs apportent des éléments de précisions en considérant que l'enfant ne peut se contenter d'être simplement subordonné aux injonctions des adultes. Il s'agit au contraire de considérer les enfants comme de véritables sujets de droit (Liebel, 2003).

Une modestie sur le plan épistémologique

La conception occidentale de l'enfance idéale se trouve dans une position assez confortable. En effet, il est quasiment impossible de remettre en question des approches fondées sur la psychologie du développement. L'idée du développement de l'enfant est intimement liée à celle du progrès et de liberté. Cependant, il est nécessaire de ne pas perdre de vue que la science est toujours influencée par le contexte dans lequel elle voit le jour. Les études de Piaget, comme bon nombre de théories psychologiques des années 50 et 60, sont par exemple fortement imprégnées du contexte de l'après-guerre (Walkerdine, 1988). Les théories remettant en question cette hégémonie de la vision occidentale de l'enfance sont quant à elles fortement marquées par un ensemble d'auteurs français des Trente Glorieuses que les Anglo-saxons identifient comme la « French Theory ». À partir d'un corpus de théories littéraires, philosophiques et sociales, des auteurs français tels que Michel Foucault, Jacques Derrida, Gilles Deleuze, Jacques Lacan, Félix Guattari, Claude Lévi-Strauss, Simone de Beauvoir..., ont impulsé de nouvelles approches de recherche à travers le monde dans les années 80. Ces théories françaises ont par exemple contribué à l'apparition des *cultural studies, gender studies* et études postcoloniales..., qui ont en commun de reconnaître la diversité des populations (Viruru, 2001). Il convient également de citer les travaux de Philipe Ariès qui sont à l'origine de la création d'une « nouvelle sociologie de l'enfance ». Ces différentes approches nous permettent de nous détacher des approches universalistes normatives et nous guident dans notre objectif de redéfinition d'un universalisme modeste. Nous nous appuierons plus particulièrement sur la « nouvelle sociologie de l'enfance » et les approches dites postcoloniales.

La nouvelle sociologie de l'enfance

En sociologie, on assiste aujourd'hui à l'émergence d'un nouveau paradigme de l'enfance. Cette « nouvelle » conception est née du rejet des théories sociologiques et psychologiques classiques (McNamee, 2007). Traditionnellement, l'enfance est analysée au regard des deux instances de socialisation traditionnelle à savoir la famille et l'école. En d'autres termes, dans les approches classiques, les enfants sont visibles une fois socialisés, c'est-à-dire une fois devenus adultes. Dans les approches classiques, aussi bien en sociologie qu'en psychologie du développement de courant piagétien, les enfants ne sont pas considérés comme de véritables agents actifs. On s'intéresse ainsi davantage au devenir des enfants qu'à leur existence présente. Les recherches de Bourdieu et Passeron (1970, 1964) illustrent parfaitement cette tendance sociologique qui ne considère pas l'enfant comme un acteur social entier et compétent.

Pour la sociologie, l'enfance a longtemps été considérée comme une phase objective et naturelle de la vie. C'est sous l'influence de travaux historiques que la sociologie va progressivement reconnaître que l'enfance relève d'une construction sociale et non pas d'une réalité objective. Les travaux de l'historien Philippe Aries (1960) ont largement contribué à la diffusion de cette nouvelle approche. Bien que ces travaux soient aujourd'hui remis en cause par un certain nombre d'historiens, Ariès a pu démontrer en analysant des journaux intimes et des peintures que le rapport à l'enfance avait fortement évolué au cours des siècles. Au cours de ces quatre derniers siècles, l'enfant a été tantôt négligé et ignoré, tantôt dorloté. Les conceptions de l'enfance décrites par Ariès diffèrent de celles de nos sociétés occidentales contemporaines. Aujourd'hui, l'enfance est associée à l'innocence. On considère que les enfants constituent une catégorie ayant des besoins particuliers, notamment une protection par rapport au monde adulte présenté comme étant celui de tous les dangers (Panter-Brick, 2000). Cette enfance est juridiquement, administrativement et socialement « échelonnée ». À chaque tranche d'âge va correspondre un certain nombre de compétences, de responsabilités et interdictions. En France, un enfant doit être en mesure de s'adapter à la collectivité à 3 ans (entrée à l'école maternelle), doit savoir lire à 7 ans, doit être en mesure de se prononcer sur son orientation professionnelle à 14 ans. Nous avons essayé d'illustrer cette enfance « juridiquement échelonnée » dans le tableau ci-dessous. Nous avons fait le choix de répertorier un certain nombre de critères juridiques pouvant marquer une séparation entre l'enfance et le monde adulte. Lorsque les enfants n'ont pas atteint l'âge requis par la justice, ils sont considérés comme mineurs, incompétents et responsables.

	Algérie	Inde	Chine	Japon	France	USA
Majorité civile	19	18	18	20	18	18-21
Majorité sexuelle	16	16	14	16	15	14-18
Majorité matrimoniale	21h 18f	21h 18f	22h 20f	18h 16f	18	18
Majorité pénale	13	7	16	14	13	6-10
Permis de conduire	18	18	18	18	18	16
Consommation d'alcool	18	18-25	18	20	aucune	21

Tableau 1 : Capacité et majorité des jeunes

Ce tableau nous indique que l'enfance et les protections qui lui sont associées peuvent fortement varier d'un pays à l'autre, ce qui relève d'une certaine construction sociale.

À partir de ces constats historiques et culturels, un nouveau paradigme de l'enfance commence à se dessiner depuis les années 80. On se détache progressivement de l'idée d'une socialisation passive de l'enfant. L'enfant devient un acteur social à part entière doté de compétences et des pouvoirs (James, Jenks, & Prout, 1998 ; Prout & James, 1988 ; Qvortrup, 2005 ; Stephens, 1995). L'enfance n'est désormais plus perçue comme un concept unique et universel, mais au contraire comme étant un paradigme souple fortement influencé par des variables locales. James et Prout (1997) identifieront 5 caractéristiques fondamentales de ce « nouveau » paradigme sociologique de l'enfance :

L'enfance doit être analysée comme étant une construction sociale.

- L'enfance est indissociable d'autres variables comme la classe, le genre, l'ethnicité.
- L'enfance et les relations sociales des enfants méritent d'être appréhendées comme objets d'études à part entière.
- L'ethnographie et les démarches de terrains sont reconnues comme approches de prédilection.
- Les sociologues doivent contribuer à la redéfinition de la notion d'enfance dans leurs différentes sociétés.

Au cours de ces 20 dernières années, de nombreuses dimensions de la vie quotidienne des enfants ont été étudiées. C'est dans le cadre de cette émergence que se situent les travaux de référence portant sur le travail des enfants et les enfants des rues (Aptekar & Abebe, 1997 ; M. Connolly & Ennew, 1996 ; Lucchini, 1993, 1996 ; Tessier, 1995, 1998).

Cette « nouvelle sociologie de l'enfance » est aujourd'hui reconnue comme une branche spécifique de la sociologie. Étant née d'une approche historique, cette nouvelle branche reste caractérisée par sa multidisciplinarité (Prout, 2003 ; Sirota, 2006). La sociologie de l'enfance engagera à la fois la sociologie, la psychologie, l'anthropologie, la démographie et l'histoire. L'apport de cette approche est considérable. On compare souvent la nouvelle sociologie de l'enfance avec les recherches sur le genre qui ont dû déconstruire un certain nombre d'idées préconçues sur la femme pour s'émanciper d'une société de type patriarcale. Pour les recherches portant sur les enfants, l'enjeu est de se libérer de l'oppression de la société adulte.

Des méfiances peuvent tout de même être formulées à l'égard de cette sociologie qui se focalise en grande partie sur la parole des enfants. Le poids de la parole et des actes n'est pas identique pour les enfants et les adultes ; il convient donc de s'engager avec savoir-faire et prudence. Cette parole de l'enfant tend aujourd'hui à être de plus en plus crédibilisée (N. Jones & Sumner, 2011).

La deuxième approche épistémologique qui nous paraît particulièrement adaptée pour se distancer d'une universalité abusive réside dans ce que l'on identifie comme les théories postcoloniales.

Les théories postcoloniales

Les théories postcoloniales sont difficiles à définir, car elles renvoient à des champs très hétérogènes. Ces théories ont vu le jour dans les continents africains, asiatiques et en Amérique latine, elles sont donc également identifiées comme les « théories tricontinentales » (Young, 2001). Elles ont pour objectif de rendre visibles les manifestations contemporaines de la pensée coloniale. Cette approche n'est pas réservée aux relations entre les pays occidentaux et anciens pays colonisés (Macedo, 1999), il s'agit aujourd'hui d'étudier les rapports de domination qui sont le plus souvent les conséquences des politiques néolibérales. La société capitaliste peut être considérée comme la nouvelle forme d'impérialisme ; les chercheurs adoptant de telles démarches se trouvent le plus souvent dans une posture militante et souhaitent pouvoir contribuer au changement social (Viruru, 2001). Les théories postcoloniales ne renvoient pas à un champ disciplinaire particulier, il s'agit au contraire de travailler avec des paradigmes ouverts. Si cette approche concerne le plus souvent la littérature et l'histoire (Mongia, 1996), on constate qu'elle se répand dans le champ éducatif. Une telle approche semble être en effet particulièrement adaptée pour étudier les questions éducatives internationales qui sont à la fois guidées par la loi du marché et une vision occidentale de l'enfance (McLaren & Farahmandpur, 2003). L'éducation est alors appréhendée comme un outil d'oppression, et il s'agira de mettre à jour les mécanismes latents de domination (Cannella, 1997; Cannella, Anijar, & Kincheloe, 2002; Cannella & Viruru, 2004; Viruru, 2001, 2002). Au cours des années 80 et 90, la vision occidentale hégémonique de l'enfance a « colonisé » l'univers de l'intervention éducative internationale (Burman, 1994, 2001 ; Dahlberg et coll., 1999), en imposant des normes de qualités identifiées comme propices au développement de l'enfant. La psychologie du développement a pu être perçue comme une approche subversive en ce qu'elle contribue à perpétuer des liens de subordination entre l'occident et le reste du monde (Crewe & Harrison, 1998). Les recherches adoptant une épistémologie « tricontinentale » ont par exemple pu s'intéresser aux conséquences pédagogiques des approches universalistes « prétentieuses ». En observant des classes d'école primaire en Inde, Viruru (2001) a pu démontrer comment la conception occidentale de l'apprentissage par l'expérience s'est traduite dans les faits par une approche « matérialiste » de l'éducation. Le discours de l'apprentissage par l'expérience importé d'occident s'est en effet accompagné par une forte demande de matériel scolaire de la part des enseignants. Cette obsession matérielle a été néfaste. Elle s'est traduite par un appauvrissement de la dimension sociale des apprentissages, les interactions entre élèves n'étant plus perçues comme une ressource pédagogique.

Une modestie sur le plan psychologique

De nombreuses critiques ont été formulées à l'égard de la psychologie de développement piagétienne. Sur le plan scientifique, cette approche est souvent considérée comme simpliste en ce qu'elle cherche « l'universel dans la diversité, la partie dans le tout, le simple dans le complexe, le contrôlable dans l'incontrôlable, le mesurable dans le non mesurable, l'abstrait dans le concret, le statique dans la dynamique, la permanence dans le fluctuant » (Chambers, 1997). L'approche piagétienne est remise en question, car elle va reposer sur une abstraction statistique qui produit un individu fictif détaché de son environnement spatial, historique, social et temporel (Burman, 1994 ; Rose, 1985). Ce courant psychologique est ainsi perçu comme « une science de la moyenne plutôt qu'une science de la diversité » (Burman, 1994). L'ensemble des reproches est résumé dans l'ouvrage au titre provoquant « Faut-il brûler Piaget » (Cohen, 1981). Dans le cadre de cette recherche, nous ne chercherons pas à nous prononcer sur la validité scientifique des travaux de Piaget : un tel travail ne relève ni de nos objectifs ni de nos compétences. Il s'agira ici de questionner la dimension normative de l'approche piagétienne et le glissement de la description vers la prescription (Burman, 2001). Nous tenterons de déconstruire cette norme psychologique qui crée la « déviance » (Brougère & VandenBroeck, 2007). Nous souhaitons ainsi faire écho au mouvement « Reconceptualizing Early Childhood Education » qui a vu le jour dans les années 90 aux États-Unis. Ce mouvement, que l'on pourrait traduire comme « reconceptualiser l'éducation de la petite enfance », est aujourd'hui populaire auprès de certains universitaires américains et milite pour les reconnaissances de la diversité des enfances. Nous nous focaliserons essentiellement sur le concept du développement. Cette notion nous paraît fondamentale, car elle impulse les politiques éducatives internationales. Nous n'évoquerons pas ici les approches « interculturelles » qui sont fondées sur l'idée d'une modestie de l'universel et qui vont jusqu'à étudier les liens entre la culture et la cognition (Acioly-Régnier & Régnier, 2005).

Vers une approche du développement critique

Burman (2001) considère qu'il est important de se décentrer par rapport à l'approche développementale piagétienne. Pour ce faire, elle propose une série de contestations et une série de refus.

Burnam considère qu'il est tout d'abord important de contester toutes les approches normatives de l'enfance. Les approches normatives sont en effet difficilement indissociables des jugements. Il serait également important de contester toutes les approches métaphoriques de l'enfance. Les enfants sont souvent associés au futur d'un pays, à l'innocence, à la bonté, la naïveté ; une telle perception imagée serait nuisible à l'intervention éducative. Il peut néanmoins être utile d'analyser les métaphores de l'enfance afin de mieux comprendre les conceptions culturelles de l'enfance. Il est finalement important de contester toutes les approches qui ne prendraient pas en compte le contexte dans lequel grandit l'enfant. Le travail de contextualisation est fondamental, les enfants se trouvent au cœur des problèmes sociaux, de la mondialisation, des crises économiques…, il est donc important de situer l'enfant.

Ces contestations vont de pair avec une série de refus. D'après Burman, il est tout d'abord important de refuser de considérer que l'enfance relève d'un statut exceptionnel. Lorsqu'on accorde un régime spécial et des privilèges particuliers aux enfants, on les prive de toutes compétences sociales et l'on perpétue les mythes autour de l'enfance comme période de l'innocence. Une telle préconisation ne remet pas en cause l'existence de mesures protectrices, mais il s'agit de ne pas se focaliser sur ces protections particulières. Il est également primordial de ne pas tomber dans les stéréotypes liés au genre. Il s'agira d'éviter tout sexisme bienveillant en attribuant aux filles et aux garçons des caractéristiques particulières. Il est finalement important de refuser toute conception naturaliste de l'enfant en attribuant à l'enfance des caractéristiques naturelles. De telles préconisations se prononcent en faveur d'une véritable anthropologie du développement (Escobar, 2012 ; Olivier De Sardan, 1995a).

Vers une redéfinition du développement

D'après Woodhead (2005), il est schématiquement possible d'identifier deux différentes conceptions du développement. La première conception s'articule autour de ce qu'il nomme les 3 « N » à savoir la normalité, la nature, et la nécessité. La deuxième conception se résume quant à elle aux 3 « C », à savoir le contexte, la culture et des compétences. Le tableau ci-dessous permet d'expliciter ces deux différents modèles. Ces conceptions sont synthétisées dans le tableau suivant :

La thématique	Les trois « N »	Les trois « C »
Universalité et diversité	Normalité : l'enfance normale	Contexte : l'enfance cadrant avec un contexte particulier
Les influences du développement	Naturel : un processus naturel	Culturel : un processus culturel
Le statut de l'enfant	Nécessité : besoins de l'enfant	Compétences : les compétences de l'enfant

Tableau 2 : Pour une nouvelle définition du développement

Nous allons désormais tenter de développer les trois différentes thématiques.

D'après Woodhead, la présupposée universalité de la psychologie du développement piagétienne peut assez facilement être remise en question. Le chercheur voulant produire une théorie universelle doit veiller à ce que son échantillonnage permette d'atteindre un tel objectif. Or les recherches expérimentales de psychologie du développement sont le plus souvent réalisées avec des enfants et des parents issus des classes moyennes des pays occidentaux. Lorsqu'on a pu mettre en place des protocoles transnationaux, on a pu constater que l'universalité des normes occidentales relevait d'un mythe (Segall, Dasen, Berry, & Poortinga, 1990). En comparant le style parental de parents issus de 12 différents pays, le style adopté par les mères américaines a pu être perçu comme déviant (Whiting & Edwards, 1992). Ces dernières se démarquent, car leurs interactions avec les enfants reposent en grande partie sur des interactions dans des situations de jeu, dans lesquelles l'enfant est traité sur un pied d'égalité avec les adultes. En s'engageant dans la voie de la comparaison internationale, on peut s'apercevoir que les normes occidentales se trouvent en réalité en décalage avec ce qui peut se passer dans les autres pays.

Dans l'approche piagétienne, le développement est perçu comme un processus individuel qui répond à une logique naturelle de maturation. Les chercheurs se référant au courant constructivisme de Vygotsky considèrent au contraire que le développement est un processus social et culturel. On considère alors que le développement est autant imbriqué dans les pratiques sociales que dans le processus de maturation : le développement de l'enfant est « naturellement culturel ».

Deux approches du développement sont envisageables. On peut considérer l'enfant comme un être ayant des besoins spécifiques. Dans un tel cas de figure, l'enfant est perçu comme un être vulnérable ayant besoin d'une protection particulière. Lorsqu'on se focalisera sur les besoins de l'enfant, on se demandera alors à quel niveau de développement il peut être considéré comme capable de participer à la société. La deuxième conception consiste à considérer l'enfant comme un être compétent. Dans une telle optique, il est possible de se focaliser sur la participation de l'enfant. Il s'agira de se demander au contraire comment les compétences des enfants peuvent donner lieu à une participation pertinente à la société.

Une modestie sur le plan sociologique et anthropologique

La logique universaliste s'oppose à une logique que l'on pourrait qualifier de relativiste dans laquelle les différences sont acceptées au titre de la diversité culturelle. Cette deuxième posture, qui est tout aussi idéologique que la première, va par exemple considérer que le travail des enfants est une composante importante de la vie familiale dans les communautés dans lesquelles la socialisation et l'éducation des enfants reposent en grande partie sur le travail (Tine & Ennew, 1998). En adoptant une posture relativiste extrême, on pourrait par exemple justifier des pratiques telles que le mariage des enfants, ou la mutilation génitale des enfants. Il n'est donc pas aisé de naviguer entre « l'universalisme impérialiste et le relativisme extrême » (W. Myers, 2001).

En nous intéressant à un certain nombre d'éléments anthropologiques, on s'aperçoit que la norme imposée par cet idéal de l'enfance occidentale est irréalisable. On constate également que les composantes de cette enfance idéale peuvent être contraires aux intérêts des enfants. En effet, la Convention internationale des droits de l'enfant repose sur l'idée que les actions des adultes doivent être guidées par « l'intérêt supérieur de l'enfant ». Or nous allons désormais tenter de démontrer que, dans un nombre important de cas de figure, cet « intérêt supérieur de l'enfant » ne cadre pas avec les normes imposées par la vision occidentale de l'enfance idéale.

Un universalisme aux standards irréalisables

L'idéal occidental de l'enfance s'ancre dans un contexte social et culturel d'une certaine élite mondiale. Cet idéal se voulant universel ne correspond pas à la réalité quotidienne des enfants vivant en dehors de la sphère occidentale. Pour illustrer ce décalage, nous pouvons citer deux exemples : le premier lié à la parentalité, le second à l'activité économique des enfants. D'après les normes occidentales véhiculées dans les interventions sociales et éducatives internationales, l'enfant doit être en priorité élevé par sa mère biologique. Une telle considération fait abstraction des spécificités locales, et ne tient pas par exemple compte de l'épidémie du SIDA. D'après des estimations de l'UNICEF, le nombre d'enfants orphelins devrait bientôt atteindre les 20 millions ; dans une douzaine de pays d'Afrique subsaharienne, de 15 % à plus de 25 % de tous les enfants seront d'ici dix ans orphelins (UNICEF, 2004).

Pour ce qui est de l'activité économique des enfants, on estime que 211 millions enfants âgés de 5 à 14 ans et que 141 millions adolescents âgés de 15 à 17 ans, sont « économiquement actifs » (ILO, 2004). C'est en Afrique subsaharienne que les enfants travailleurs sont les plus nombreux ; dans cette région, près d'un enfant sur trois de moins de 15 ans est assujetti au travail. En Asie et en Amérique latine, le pourcentage d'enfants travailleurs varie entre 9 et 16 %.

Au regard de ces différentes données sociodémographiques, on constate que cette vision d'une enfance idéale est tout simplement inaccessible pour les enfants vivant dans les situations les plus vulnérables. Cette conception de l'enfance occidentale ne peut prétendre à être érigée en standard universel lorsque dans certains pays, 30 % des enfants travaillent et 25 % sont orphelins. Nous allons désormais voir qu'en plus d'être irréalisable, le modèle occidental ne cadre pas forcément avec le meilleur intérêt de l'enfant.

Enfant responsable contre enfant ayant besoin de protection

Dans la Convention internationale des droits de l'enfant, la famille est perçue comme l'aidant naturel de l'enfant. La famille est une structure de référence naturelle, dont le rôle est de prendre en charge les enfants. Une telle conception correspond à une vision occidentale de l'enfance qui ne tient pas compte du rôle de la communauté et du rôle actif de l'enfant. Dans certaines cultures, ce sont les enfants qui sont considérés comme les aidants naturels des parents. Il revient alors aux enfants de prendre en charge leurs parents (Burr, 2002 ; G. Jones, 2005 ; O Nieuwenhuys, 1998). Dans certaines sociétés, les enfants ont de lourdes responsabilités, aussi bien dans la sphère domestique que dans la sphère économique. Dans certains villages africains, la distribution de l'eau est entièrement confiée aux enfants. Les enfants sont notamment chargés d'apporter quotidiennement de l'eau aux personnes âgées. Dans ce cas de figure, sans enfants, il n'y a pas d'eau. Dans de nombreux pays, c'est la famille entière ou la communauté qui va dépendre du travail des enfants (Cunningham & Viazzo, 1996). Ce rôle actif des enfants va parfois faire l'objet d'une reconnaissance administrative. C'est le cas de la charte africaine des droits et du bien-être des enfants (1991) qui dispose, dans son article 31, intitulé « Responsabilités des enfants », que :

« Tout enfant a des responsabilités envers sa famille, la société, l'État et toute autre communauté reconnue légalement ainsi qu'envers la communauté internationale. L'enfant, selon son âge et ses capacités, et sous réserve des restrictions contenues dans la présente Charte, a le devoir :

« a) d'œuvrer pour la cohésion de sa famille, de respecter ses parents, ses supérieurs et les personnes âgées en toutes circonstances et de les assister en cas de besoin ;

b) de servir de communauté nationale en plaçant ses capacités physiques et intellectuelles à sa disposition ;

c) de préserver et de renforcer la solidarité de la société et de la nation ;

d) de préserver et de renforcer les valeurs culturelles africaines dans ces rapports avec les autres membres de la société, dans un esprit de tolérance, de dialogue et de consultation, de contribuer au bien-être moral de la société ;

e) de préserver et de renforcer l'indépendance nationale et l'intégrité de son pays ;

f) de contribuer au mieux de ses capacités, en toutes circonstances et à tous les niveaux, à promouvoir et à réaliser l'unité africaine. »

Une conception de l'enfance imposant des responsabilités aux enfants est contradictoire avec le modèle occidental dans lequel la participation des enfants aux travaux domestiques, ou à toute activité économique, est perçue comme une menace au développement (G. Jones, 2005). Dans de nombreux pays, ce n'est pas le travail scolaire ou les activités de loisirs qui priment, mais au contraire une activité productive (Panter-Brick, 1998). La conception occidentale de l'enfance idéale fait abstraction du fait que dans une grande majorité des cas, la participation des enfants aux activités domestiques ou économiques n'est pas néfaste et n'est pas systématiquement contradictoire avec une scolarité. La participation des enfants peut avoir des effets positifs. La responsabilisation de l'enfant à travers les activités domestiques et économiques peut avoir un effet positif sur le plan de l'estime de soi (ex : Baker, 2000 ; Liebel, 2007 ; Punch, 2001, 2004), la socialisation (ex : Invernizzi, 2003; Weisner, 1989), l'acquisition de compétences et des savoirs (ex : Bourdillon, 2006 ; Liebel, 2001 ; Panter-Brick & Smith, 2000), l'autonomie et l'indépendance (ex : Swanson, 2007, 2010), la reconnaissance au sein de la famille (Jo Boyden, Ling, & Myers, 1998 ; V. Johnson,

Ivan-Smith, Gordon, Pridmore, & Scott, 1998). Des ONG telles que « Save the Children » tentent d'être sensibles à de telles approches.

Dans la sphère occidentale, lorsque l'enfant est autorisé à exercer une activité, on considère qu'il doit être encadré par des adultes. La présence de l'adulte est considérée comme un gage de fiabilité : on considère a *priori* que les adultes forment une catégorie de personnes responsables et bienveillantes à l'égard des enfants. Cela correspond à un mythe. Non seulement l'adulte peut être mal intentionné, mais les activités qu'il encadre et qui ont une reconnaissance institutionnelle peuvent être proches de formes d'exploitation. Donnelly (1997) a ainsi pu démontrer que certaines activités sportives exercées de manière intense par les enfants peuvent être considérées comme des formes d'exploitation des enfants ; on pourrait faire des conclusions similaires pour les activités artistiques. Inversement, il est fréquent que les enfants engagés dans des activités économiques soient libres de leurs emplois du temps et consacrent une partie de leur journée aux loisirs (Invernizzi, 2003). Il est souvent impossible de tracer une ligne nette entre les activités éducatives, récréatives et de travail.

La mobilité et la rue contre l'enfance domestique

La mobilité des enfants contre l'enfance domestique

Dans notre conception occidentale, l'enfance « domestique » dans laquelle l'enfant grandit dans sa maison auprès de ses parents est présentée comme un idéal. Dans de nombreux pays en voie de développement, la mobilité, l'éloignement et le détachement de la sphère familiale sont au contraire un véritable enjeu pour l'enfant. Dans certaines sociétés, l'éducation des enfants ne repose pas uniquement sur les parents, mais au contraire sur une multitude d'adultes pouvant appartenir à une même famille, à une même communauté, à un même réseau. Afin d'assurer leur mobilité sociale, certains parents vont envoyer leurs enfants en dehors de la sphère domestique afin qu'ils puissent bénéficier des plus grandes opportunités (Bledsoe, 1990). Un enfant qui serait par exemple contraint de rester dans sa maison au village serait fortement handicapé par rapport à l'enfant ayant vécu en ville en dehors de la sphère domestique. Dans d'autres cultures, certaines pratiques sociales ont pour objectif de permettre à l'enfant de se détacher de la sphère domestique. Dans la communauté Inupiat d'Alaska, les enfants en bas âge sont envoyés chez les différents membres de la famille élargie, ils choisissent d'eux-mêmes par la suite des parents adoptifs qui ne seront pas forcément les parents biologiques (Bodenhorn, 1988).

La rue bénéfique contre l'enfance domestique

L'idéal de l'enfance domestique peut également être remise en question au regard de la catégorie que l'on identifie le plus souvent comme les enfants des rues. Pour ces derniers, la rue est une ressource. Sans pour autant adhérer à la notion polémique de « déviance positive » (Saragin, 1985), il est possible de considérer que la rue offre de nombreuses opportunités. Ces opportunités sont visibles lorsqu'on s'intéresse aux causes ayant poussé les enfants dans la rue. On considère souvent que la présence d'enfants dans la rue est une conséquence directe de la pauvreté. Or, le lien entre la pauvreté et la présence dans la rue n'est pas évident. Ce n'est pas forcément dans les pays les plus pauvres que nous trouvons le plus d'enfants des rues. Certaines recherches ont démontré que les enfants présents dans la rue n'étaient pas forcément issus des familles les plus pauvres, mais plutôt issus de familles dans lesquelles la violence était omniprésente (Rizzine, Rizzine, Munhoz, & Galeano, 1992). Un certain nombre de recherches démontrent que les enfants des rues, qui paraissent de prime abord abandonnés, entretiennent fréquemment des liens étroits avec leurs familles (Felsman, 1981; Scanlon, Tomkins, Lynch, & Scanlon, 1998; Veale & Adefrisew, 1993) ; l'absence de contacts avec les parents est le plus souvent temporaire (Lucchini & Stöcklin, 1994). La majorité des enfants des rues ne sont donc pas des enfants « abandonnés », mais au contraire des enfants « abandonneurs » ayant fait le choix de la rue et d'abandonner leurs parents (Felsman, 1981). La rue est également présentée comme étant le lieu de tous les dangers. Cependant, pour les enfants en situation de rue, c'est souvent le cadre domestique qui représente un danger. La rue est donc une alternative positive qui permet d'abord de fuir un certain nombre de difficultés et des risques quotidiens qui peuvent être physiques ou psychologiques. Si dans la rue le risque d'être abusé est élevé, pour ces enfants, dans la sphère domestique, l'abus est souvent quotidien (Veale, 1992). La rue permet également d'améliorer le régime alimentaire. En comparant les enfants des rues avec d'autres enfants confrontés à la vulnérabilité, on constate que les enfants vivant en situation de rues ont une meilleure croissance que les enfants des bidonvilles et les enfants issus de communautés rurales économiquement fragilisées (Gross, Landfried, & Herman, 1996; Panter-Brick & Todd, 1996). Il a également été démontré que les enfants des rues sont moins confrontés à des problèmes de malnutrition que les enfants travaillant et vivant avec leurs parents (Wright, Kaminsky, & Wittig, 1993). Le choix de la rue peut également avoir des conséquences sur le plan psychologique. Le fait d'atteindre une autonomie financière dans la rue est souvent une source de satisfaction, de fierté pour les enfants qui peuvent s'émanciper de l'emprise parentale et constituer un véritable réseau de socialisation. Certains chercheurs considèrent que la rue permet aux enfants d'accroître leurs sentiments d'auto-efficacité et leur sentiment de contrôle (locus de contrôle) (Veale, 1997). Le sentiment d'auto-efficacité concerne la croyance de pouvoir produire certaines actions. On parle de sentiment de contrôle pour désigner la tendance qu'ont les individus à s'attribuer la cause des événements de leur vie. Ces deux sentiments influent fortement sur les mécanismes psychologiques de défense et permettent aux enfants d'aller vers plus de résilience (Veale, Taylor, & Linehan, 2000). Pour ces enfants, la rue peut également avoir des conséquences positives sur le plan émotionnel alors que la sphère domestique semble être néfaste. En comparant les enfants des rues ayant des contacts avec leurs parents avec ceux n'en ayant pas, on a pu constater que les enfants qui entretenaient le plus de relations avec les parents étaient ceux qui avaient le plus de troubles émotionnels (Richter, 1988).

Une modestie nécessitant un travail pédagogique

Sortir de la binarité et de l'émotivité

Les enfances différentes ne laissent pas indifférentes. Avec le développement des médias, on peut aujourd'hui considérer que l'ensemble des adultes vivant dans les sociétés occidentales a plus ou moins une image de l'enfant de rue ou de l'enfant qui travaille, sans pour autant avoir physiquement rencontré ces enfants. Dans l'opinion publique et dans les médias, on explique souvent la présence d'enfants dans la rue ou au travail par un certain d'arguments simplistes (Lucchini, 2008), tel l'abandon des parents (Panter-Brick, 2000). De telles approches favorisent les réactions sécuritaires et conduisent à « invisibiliser » l'enfant comme véritable acteur social (Lucchini, 2008). Dans certains cas de figure, on se penchera sur des données macrosociologiques et démographiques en se focalisant par exemple sur la pauvreté structurelle (Creuziger, 1997 ; J. Le Roux, 1996). Dans cette situation, il devient alors difficile de se détacher d'une approche déterministe. À l'inverse, dans les approches de terrain, les enfants seront le plus souvent décrits comme des individus créatifs et résilients (Gibbs, 1994). Une telle opposition est malheureusement fréquente lorsqu'on traite des enfances différentes et vulnérables. Comme nous venons de l'indiquer, cette vision dichotomique traverse le débat concernant le travail des enfants qui est pour certains un droit fondamental et pour d'autres une forme d'exploitation à abolir. Il en est de même pour la mendicité des enfants qui sera tantôt perçue comme une voie vers le progrès (Swanson, 2010a), tantôt comme une activité humiliante et dégradante (Kumar Sherma, 2004). Pour expliquer cette configuration manichéenne autour de l'enfance, Bourdillon

(2009) se réfère à la théorie des tabous développée par Douglas (1966), d'après laquelle les individus tendent à structurer leur monde en catégories binaires. Ces catégories, qui sont soutenues par les méthodologies, les idées reçues et le sens commun, seront vigoureusement défendues par les individus. Les discours menaçant ces catégories binaires seront facilement discrédités. Nous estimons qu'il est important de sortir de cette dichotomie et rejoignons un certain nombre de chercheurs qui recommandent de sortir d'une vision binaire de l'enfance (Bourdillon, 2009 ; Leroy, 2009 ; O'Connell Davidson, 2005).

Les recherches portant sur les enfants sont également difficiles à gérer, car l'enfance est fortement chargée sur le plan émotionnel et sentimental (Burman, 2001). Lorsque les enfants sont dans une situation que l'on considère comme vulnérable, cette charge émotionnelle se trouve amplifiée (Leroy, 2009). Les enfances qui diffèrent du modèle de l'enfance occidentale idéale font souvent l'objet de réactions considérées comme disproportionnées (Ennew & Swart-Kruger, 2003 ; Veale et coll., 2000). L'enfance ne laisse personne indifférent, car tous les individus ont eu une propre enfance qui servira généralement d'exemple ou de contre-exemple dans l'analyse. Cette fausse familiarité avec l'enfance constitue une entrave à la réflexion sur des phénomènes tels que le travail des enfants, la mendicité des enfants, les enfants des rues.

Dans le cadre de notre recherche, notre objectif sera d'aller au-delà de cette vision manichéenne imprégnée émotionnellement. Nous veillerons à ne pas considérer l'enfance de mendiant comme étant un des modes de vie condamnables ou supportables a *priori*. Il s'agira au contraire de nous engager dans une analyse contextualisée.

Enfances différentes et dissonance cognitive

Malgré les arguments psychologiques, sociologiques, anthropologiques et juridiques indiquant que le modèle occidental de l'enfance constitue ce que l'on pourrait nommer un « universalisme abusif », cet idéal est mis en avant par un certain nombre de chercheurs et d'intervenants comme la seule voie envisageable. Pour expliquer cette réticence à relativiser la portée de ce modèle occidental et ce refus de reconnaître l'existence d'enfances différentes, Veale et collab. (2000) font l'hypothèse d'un état de dissonance cognitive.

Le concept de dissonance cognitive peut être défini comme le processus par lequel un individu cherche à réduire une tension cognitive qui menace son équilibre cognitif. D'après cette théorie, en présence de cognitions incompatibles entre elles, l'homme se trouve dans un état de tension désagréable. Pour faire face à cette tension, il pourra être amené à modifier ses propres croyances, connaissances et attitudes pour être en accord avec la nouvelle cognition. On parle de « processus de rationalisation ». Pour illustrer la dissonance cognitive, on cite souvent l'exemple des membres d'une secte, qui après que la prophétie de leur guide ne se soit pas réalisée, ont préféré rationaliser sur la non-réalisation de la prophétie plutôt que de changer de religion (Festinger, 1962). Il en serait de même avec cet universalisme abusif. Bien que de nombreuses recherches aient pu démontrer que les enfants sont des agents sociaux actifs et que la rue ou le travail pouvait avoir des effets bénéfiques pour les enfants, on refuse d'interroger l'universalisme occidental. Pour réduire la tension cognitive provoquée par ces enfances différentes, on se contente de reléguer ces enfances au statut de victimes de la misère.

À cette dissonance cognitive s'ajoute un processus d'assimilation. Les catégories les plus vulnérables, à savoir les enfants des rues vivant dans la rue sans attaches avec les adultes et les enfants soumis aux pires formes de travail, sont au cœur des préoccupations des organisations internationales alors qu'ils sont en réalité minoritaire. Nous pouvons parler de la synecdoque des enfances différentes aux modèles occidentaux, car bien que les catégories les plus vulnérables ne représentent qu'une infime partie des enfants, ils représentent l'ensemble des enfants.

Notre objectif n'est pas ici de faire l'éloge des enfances différentes, mais il s'agit simplement d'œuvrer pour la reconnaissance de la diversité.

CHAPITRE 2
L'enfant mendiant, un enfant des rues, un enfant travailleur ?

Les Enfants des rues

Des enfants des rues, des enfants multiples, visibles et problématiques

Dans les pays en voie de développement, il est courant de rencontrer des enfants non accompagnés d'adultes sur l'espace public. Lorsqu'on cherche à dresser le portrait de ces enfants, il est fréquent d'avoir recours à des images d'enfances insoutenables (Panter-Brick & Smith, 2000 b). Ils sont tantôt représentés mourants de faim, se prostituant, travaillant dans des conditions extrêmes, se battant dans les conflits armés... Ces enfants sont perçus comme des enfants abandonnés par leurs parents et par la société (Panter-Brick & Smith, 2000 b). Les enfants dans la rue seraient en quelque sorte des enfants de nulle part. Ils n'appartiennent ni à une famille ni à une société, ils ne sont ni adultes ni véritables enfants. Il est ainsi fréquent d'entendre l'expression « enfance volée ». De telles images ne permettent pas de rendre compte de la grande diversité pouvant exister dans la rue. Ces images qui sont omniprésentes dans l'imaginaire collectif, dans les ONG, mais également chez un certain nombre de chercheurs, altèrent la compréhension que nous avons de l'enfance de rue (Veale et coll., 2000). L'utilisation d'images d'enfants en détresse peut être une stratégie payante pour récolter des fonds, mais lorsqu'il s'agit de produire de la connaissance, la donne est différente (Ennew, 2000; Hewitt, 1992).

Les enfants se trouvant dans la rue représentent une réalité très hétérogène. Cette diversité est visible à plusieurs niveaux.

C'est tout d'abord l'occupation de la rue qui peut fortement varier. Certains enfants vivent dans la rue de manière permanente, d'autres y sont présents de manière occasionnelle ou saisonnière. Il en est de même pour les activités exercées : on retrouve les enfants dans tous les secteurs de l'économie informelle (aussi bien dans les activités licites qu'illicites). Les rapports que ces enfants entretiennent avec leur environnement sont également contrastés. Ils peuvent aussi bien être perçus comme des mendiants, mais également comme des entrepreneurs ; leur présence sera parfois tolérée parfois réprimée. Les rapports que ces enfants entretiennent avec leur famille peuvent également fortement varier. Ils sont parfois expulsés de chez eux, dans d'autres configurations, ils contribuent aux charges du foyer en étant la source principale de revenus.

Au-delà de cette grande diversité, ces enfants partagent un certain nombre de points en commun. Ils sont tous constamment confrontés à des risques physiques et psychologiques inhérents à la vie de rue (Veale, Taylor, & Linehan, 2000). Ces enfants sont également tous caractérisés par leur visibilité. Ils occupent l'espace public, ils sont donc visibles. Cette visibilité dérange et va faire de cette enfance une enfance problématique. L'enfant se trouvant dans la rue pose un problème social visible et devient un objet pour l'intervention : il devient une « chose » (Lucchini, 2008).

Des difficultés à définir les enfants des rues

Définir l'enfant des rues est un exercice complexe qui semble relever d'un casse-tête. Comme nous venons de le voir, ils se trouvent dans des situations très diverses. Cependant, les enfants fréquentent le même espace c'est-à-dire la rue et appartiennent le plus souvent aux mêmes classes sociales défavorisées. Ces enfants passent souvent d'une activité à une autre ce qui rend le phénomène encore plus compliqué à saisir. Cette configuration particulière place l'enfance de rue dans la complexité. Les définitions courantes, ne sachant pas s'accommoder d'une telle complexité, se placent le plus souvent sur le registre descriptif.

Des définitions génériques

La première tentative de définition de l'enfance de rue date de 1959. La déclaration des droits de l'enfant de 1959 ne fait pas explicitement référence aux enfants des rues, mais elle crée la catégorie des « enfants sans famille ou de ceux qui n'ont pas les moyens d'existence suffisants » qui les englobent. C'est en 1979, année désignée par l'ONU comme étant l'année internationale de l'enfant, que la situation des enfants des rues est clairement identifiée dans les textes. En 1982, pour faire suite à la dynamique engendrée par cette année internationale de l'enfance, une première définition générale est proposée. Cette définition est élaborée par un collectif regroupant plusieurs O.N.G (Programme for Street Children and Street Youth). Est considéré comme « enfant des rues », « tout garçon ou fille qui n'a pas atteint l'âge adulte, et pour qui la rue (au sens le plus large incluant l'habitation sur les terrains occupés, terrains inoccupés ou inappropriés, etc.) est devenue son lieu d'habitation habituel et/ou sa source de subsistance. Cet enfant n'est pas protégé, supervisé ou dirigé par des adultes responsables de manière adéquate ». En 1985, l'UNICEF (Taçon, 1984) va proposer une nouvelle définition. On ne se réfère alors plus au terme d'enfants des rues, mais on va distinguer deux catégories. La première catégorie est celle des enfants « dans » la rue. Il s'agit d'enfants qui travaillent dans la rue, mais qui rentrent chez eux la nuit venue. La deuxième catégorie est celle des enfants « de » la rue. Ces derniers qui sont totalement livrés à eux-mêmes, vivent en permanence dans la rue et n'ont aucun lien avec leurs parents. Cette distinction perdure encore aujourd'hui. Une troisième catégorie a été introduite quelques années plus tard. Il s'agit de « l'enfant à la rue » qui désigne un enfant en fugue qui se trouve dans une situation transitoire. L'UNICEF (1986) proposera également une catégorie plus large pour regrouper l'ensemble des enfants se trouvant dans une situation de vulnérabilité. Ainsi, la catégorie « Enfants en situations spécialement difficiles » comprend :

— Les victimes d'apartheid et d'occupation étrangère

— Les orphelins, les enfants des rues et les enfants de travailleurs émigrés

— Les enfants déplacés et les victimes de désastres naturels et artificiels

— Les enfants handicapés, les enfants abusés, les enfants socialement désavantagés et les enfants exploités.

Une définition universelle bancale

Les acteurs institutionnels et associatifs s'accordent sur l'importance d'une définition universelle de l'enfance de rue (Lucchini, 2008). Une telle définition permet en effet de renforcer la lisibilité du phénomène et d'inscrire la problématique à l'agenda des politiques publiques. Une telle ambition semble difficilement compatible avec les réalités multiples du terrain. Les définitions proposées par l'UNICEF se sont au fil des années imposées sans pour autant correspondre à une réalité du terrain. La terminologie « enfant des rues » a par exemple été traduite à l'identique dans une multitude de langues. Cela pose problème, car les intervenants ont bel et bien recours à une terminologie identique sans pour autant faire référence à la même catégorie d'enfants (Hecht, 2000). En prenant l'exemple des pays du Sud-Est asiatique, on s'aperçoit que la notion d'enfant de rue va considérablement varier suivant les pays. En Thaïlande (Santaputra, Wathanavongs & Thaiarry, 1990), sous la catégorie des enfants de rue, on reconnaît les enfants abandonnés qui vivent et travaillent dans la rue. Les enfants rentrant dans cette catégorie n'ont pas de domicile fixe, ils vivent dans les espaces publics et tirent leurs revenus de la rue. Ils sont également caractérisés par une implication dans les activités criminelles. Les enfants qui migrent avec leurs parents et travaillent dans la rue ne font pas partie de la catégorie des enfants des rues. En Birmanie, sont identifiés comme enfants des rues les enfants qui vivent sans leurs familles ou qui n'entretiennent que de faibles liens avec ces derniers (UNICEF, 1992). En Malaisie, les enfants des rues sont identifiés comme ceux « ayant besoin de soins et de protection » ou ceux qui sont « confrontés à des risques » (Keen, 1992). Au Cambodge, sont reconnus comme enfant des rues les enfants dont les besoins ne sont pas pris en charge par la famille et qui fréquentent la rue afin de mendier ou trouver un moyen de subsistance. Sont également identifiés comme enfant des rues les enfants qui fréquentent la rue et qui sont issus de foyers dirigés par des femmes isolées (Cruz, 1992). Au Vietnam, les enfants des rues peuvent être distingués en trois sous-catégories, à savoir, les enfants abandonnés et sans domicile, les enfants qui rentrent dans leurs familles, et les enfants issus de familles vivant dans la rue (Childhope Asia, 1992). Ces différences sémantiques semblent indiquer que les définitions universelles s'opposent à l'objectif de lisibilité.

L'enfant et la rue : une association de mots inappropriée

Les terminologies de l'UNICEF (de/dans/à rue) sont loin de faire l'unanimité. Elles réduisent tout d'abord les enfants à une catégorie d'intervention sur lesquels on va intervenir. Certains chercheurs vont jusqu'à considérer que l'association des mots « enfant » et « rue » est une aberration (Glauser, 1990). Les enfants qui passent leur temps à l'école ne sont pas qualifiés « d'enfants des écoles », les enfants qui jouent dans le jardin public ne sont pas identifiés comme des « enfants de jardin ». L'indication de la dimension spatiale permet d'apporter des précisions sur le lieu dans lequel se trouvent les enfants et, dans certains cas de figure, sur l'activité des enfants. En aucun cas, cette référence spatiale ne permet de définir qui sont les enfants. Or, pour les enfants des rues, la rue va attribuer une véritable identité de rue. Cette identité imposée est plutôt négative. Dans les catégories de l'UNICEF, la rue est associée au danger, il s'agit d'un espace dont la fréquentation est réservée aux adultes. Une telle conception place les enfants dans une posture de transgression.

Peut-on quantifier les enfants des rues ?

Les enfants en situation de rue constituent aujourd'hui une véritable catégorie d'intervention. Il est important pour les intervenants d'être en mesure de produire un bilan chiffré afin de légitimer leurs interventions (Lucchini, 2008), mais il est difficile de connaître le nombre précis d'enfants se trouvant dans la rue. Cette difficulté est liée à la grande mobilité des enfants et à la diversité des réalités individuelles.

Actuellement, l'UNICEF estime que plusieurs dizaines de millions d'enfants se trouvent dans une situation de rue (UNICEF, 2006). Cette estimation très approximative peut paraître surprenante. Elle s'explique en partie par les nombreuses imprécisions du passé. Dans une recherche publiée par l'UNICEF en 1984, le nombre d'enfants des rues au Brésil a été estimé à 30 millions (Morch, 1984). Cette estimation est totalement incohérente au regard de la réalité démographique, car en 1984 seulement 29,5 millions d'enfants habitaient dans les villes brésiliennes (Hecht, 2000). Cette approximation ne constitue pas un pas isolé. Dans une même logique, nous pouvons également citer une recherche menée par Amnesty International en 1990 (Amnesty-International, 1990). Cette recherche a estimé que 7 millions d'enfants vivaient dans la rue au Brésil soit près de 6 % de la population. 3 ans plus tard, un recensement des enfants des rues reposant sur un échantillonnage particulièrement élaboré est effectué dans la ville de Recife (CIELA, 1993). Au regard des chiffres fournis par Amnesty International, le nombre d'enfants des rues à Recife devrait avoisiner les 90 000, or il se trouve que seulement 212 enfants sont répertoriés (CIELA, 1993 ; Hecht, 2000). Ces estimations farfelues illustrent l'exagération qui entoure souvent le phénomène des enfants des rues.

On peut légitimement se demander si la quantification des enfants n'est pas une cause perdue. Il est facile d'additionner des individus lorsqu'ils sont au préalable définis par des catégories statistiques (âge, sexe, scolarisation, etc.). Dans notre cas de figure caractérisée par une grande diversité, aucune catégorie ne semble être consistante. L'opération consistant à additionner les qualités (identité, sentiments, motivations, caractère, actions, rapports à l'autre, etc.) est quant à lui beaucoup plus complexe.

S'il est difficile d'arriver à un consensus définitionnel, il est tout de même possible d'identifier quelques caractéristiques communes. Les enfants des rues sont traditionnellement définis en fonction de ces paramètres :

— Ils habitent en ville, ils occupent la rue.
— Ils développent des stratégies de survie.
— La rue fait office d'instance de socialisation.
— Ils s'exposent à des conduites à risques et à des risques spécifiques à la rue.

Des éléments structurels

Facteurs économiques

Sur le plan économique, il est possible de faire deux constats assez simples. Premièrement, la rue permet aux enfants d'accroître les revenus (Aneci Rosa, Borba, & Ebrahim, 1992). Deuxièmement, le phénomène des enfants des rues est beaucoup plus présent dans les pays en voie de développement que dans les pays développés. Certaines précisions peuvent être apportées. Les pays dans lesquels la dette extérieure est élevée et dont le budget destiné à la scolarité primaire n'est pas très important sont susceptibles d'être confrontés aux enfants en situation de rue. Il en est de même pour les sociétés caractérisées par de fortes inégalités sociales. La corruption et l'utilisation irrégulière des ressources publiques sont également mises en avant comme étant des facteurs déterminants (Lucchini, 1993). Sur le plan économique, l'inflation et la hausse subite des prix des denrées de base sont perçues comme étant des facteurs pouvant contribuer à accroître le nombre d'enfants présents dans la rue (Seth, Kotwal, & Ganguly, 2005). En effet, aujourd'hui, dans de nombreux pays, des hausses généralisées et subites des prix de ces denrées alimentaires sont constatées, il faudrait voir si cela se traduit sur le terrain par une hausse de la présence d'enfants dans la rue. Il conviendrait d'interroger les liens entre la présence des enfants dans la rue et l'insécurité alimentaire.

L'urbanisation

On constate que les enfants des rues sont particulièrement présents dans les sociétés qui connaissent une urbanisation accélérée et soudaine plus ou moins associée à un chômage et une précarité de l'emploi (Lucchini, 1993). Dans ces sociétés, la transition urbaine s'accompagne d'une part par l'émergence de bidonvilles, mais également par des problèmes de transport. Lorsque la distance entre le lieu d'habitation et le lieu de travail est élevée, la rue peut devenir un lieu d'habitation par convenance.

Facteurs démographiques et familiaux

Certains facteurs démographiques ont été identifiés. Il a été constaté qu'en Amérique latine, les enfants présents dans la rue étaient souvent originaires de foyers dans lesquels le père était absent (Aptekar, 1988a). D'autres recherches portant également sur l'Amérique latine évoquent de nombreux cas de maltraitance de la part du beau-père (Aptekar, 1988a, 1988 b). En Afrique, c'est la fin de la polygamie qui est mise en avant. Depuis l'interdiction de la polygamie dans certains pays, les pères ayant des relations extraconjugales subviennent uniquement aux besoins des enfants légitimes (Kilbride & Kilbride, 1990). Dans certains cas de figure, on estime que le choix de la rue est avant tout le fruit des conflits familiaux (Patel, 1990)

La violence

On constate généralement plus d'enfants dans la rue dans les pays où la violence est banalisée. Cette violence peut être une violence institutionnelle ou une violence physique (Lucchini, 1993). Dans ce dernier cas de figure, la rue permet de fuir la violence (Conticini & Hulme, 2007).

Tentatives de modélisation.

La plupart des travaux portant sur les enfants des rues sont des recherches de terrain. En partant d'une multitude d'études descriptives, Lucchini (1993) propose 3 niveaux de modélisation de l'enfance de rue en considérant qu'il est préférable de raisonner en termes de modèles qu'en termes de définitions ou de quantification. Bien que ces modèles soient toujours considérés comme étant des références, il faut bien garder à l'esprit qu'ils sont construits à partir de données concernant essentiellement l'Amérique Latine des années 80-90.

Premier niveau : La déconstruction

Afin de pouvoir comprendre les enfants des rues, Lucchini considère qu'il est dans un premier temps nécessaire de se détacher de la vision déterministe sur les enfants des rues. Il s'agira alors de déconstruire l'ensemble des lieux communs qui existent à l'égard des enfants des rues afin d'essayer d'expliquer les différentes constructions sociales inhérentes à l'intervention.

Pour nous aider dans cette opération de déconstruction, il est nécessaire de se poser une série de 4 questions :

- ✓ Quel est le contenu de la notion d'enfance dans notre terrain ? Il s'agit d'interroger la construction sociale de la notion d'enfance qui est soulevée dans le terrain étudié.
- ✓ Quel est le statut juridique de l'enfant ? Cette deuxième question découle de la première interrogation. Il s'agit d'explorer le statut légal de l'enfant au regard du droit international, du droit national et dans certains cas, du droit coutumier.

L'analyse ne sera pas limitée au droit écrit, mais englobera l'ensemble des sources du droit. On cherchera également à mettre en évidence les cohérences et incompatibilités entre les différentes sources de droit.

- ✓ Quel est le contenu de la notion de rue ? Cette question vise également à mettre en évidence les éléments de construction sociale qui existent autour de la notion de rue. Il s'agit de se détacher des lieux communs existant sur la rue tant sur le plan symbolique que sur le plan spatial. Il s'agit d'interroger les opportunités et les risques de la rue. On cherchera également à savoir en quoi la rue peut être un obstacle à l'éducation ou au contraire une source d'apprentissage.
- ✓ Pourquoi l'enfant a quitté son domicile ? Il s'agit de questionner les motifs du départ du domicile. Le questionnement repose sur le postulat suivant : « l'enfant ne devient pas un enfant de la rue du jour au lendemain ». En considérant que l'enfant ne se trouve pas dans la rue sur un coup de tête (de l'enfant ou des parents), on souhaite se détacher de la vision trop simpliste expliquant la présence de l'enfant dans la rue par un simple abandon ou une fugue. Il s'agira de mettre à jour la complexité du choix de la rue, en reconnaissant que l'enfant n'est pas dénué de pouvoir de décision.

Deuxième niveau de modélisation : Le couplage élémentaire

L'enfant des rues est fréquemment défini par deux dimensions, une dimension physique et une dimension sociale. La dimension physique concerne le temps que l'enfant passe dans la rue. La dimension sociale fait référence à l'existence ou non de relations avec des adultes responsables. Afin de schématiser ce « couplage élémentaire », Lucchini (1993) dresse un schéma permettant de situer l'enfant au regard de ces deux critères.

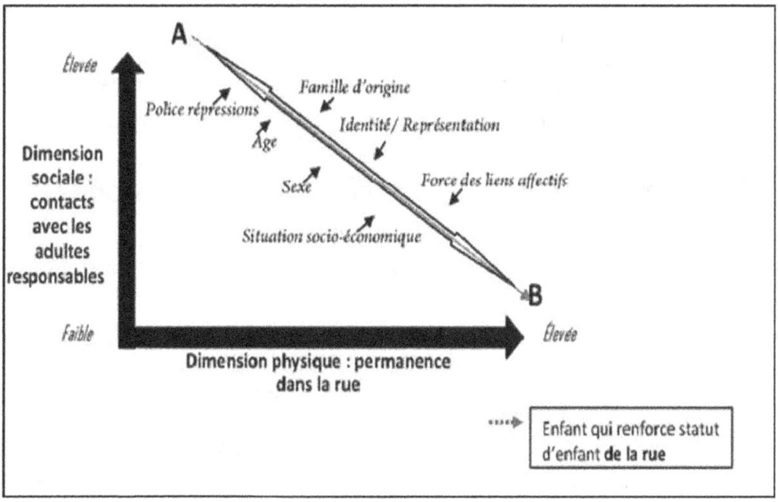

Figure 2: Schéma de l'enfant de la rue

Dans ce schéma, le point A représente des contacts fréquents avec des adultes responsables ainsi qu'une courte durée de présence dans la rue. Le point B représente quant à lui l'absence de contacts avec des adultes responsables et l'utilisation de la rue comme un habitat principal. La notion d'adulte responsable renvoie à une référence dans l'identité de l'enfant, il ne s'agit pas forcément d'un adulte unique, mais il peut s'agir d'une multitude d'adultes. Entre le point A et le point B, de nombreuses configurations intermédiaires sont envisageables. La plupart des définitions concernant les enfants des rues insistent sur la dimension temporelle, mais le temps passé dans la rue n'est pas en soi suffisant pour définir l'enfant de la rue, car il s'agit « d'une condition de nature graduelle et évolutive ».

L'enfant allant progressivement du point A au point B renforce son statut d'enfant de la rue, mais il n'est pas possible d'affirmer qu'un point précis marquerait la rupture entre une classification d'enfant dans la rue et d'enfant de la rue. L'enfant devient progressivement un enfant de la rue, c'est pourquoi Lucchini insiste sur le concept « de carrière d'enfants de la rue ». Le positionnement de l'enfant dépendra d'un certain nombre de facteurs aussi bien structurels, sociaux que psychologiques.

Troisième niveau : l'approche multidimensionnelle

L'association des dimensions sociales et physiques permet en quelque sorte de situer l'ancrage de l'enfant dans la rue. Ce couplage ne permet pas d'expliquer la présence, la permanence et les sorties de la rue. Pour prendre en considération les dynamiques complexes de la rue, Lucchini propose un modèle multidimensionnel basé sur les points suivants :

- la dimension physique et spatiale : le territoire.
- la dimension temporelle : depuis quand, alternance entre la rue et ailleurs.
- la dimension sociale : réseaux et groupes.
- la dynamique : les activités dans la rue, des activités à la limite de la rue.
- la dimension identitaire : références, image de soi, image de la rue.
- la dimension motivationnelle : départ à permanence dans la rue, sortie de la rue.

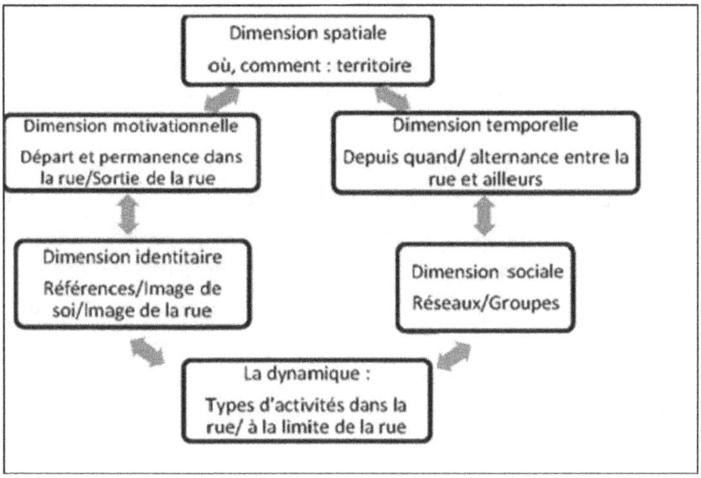

Figure 3 : Modèle multidimensionnel de la rue

LE TRAVAIL DES ENFANTS

Le travail des enfants, un bien-être immédiat pour les ménages

Les hypothèses du modèle de Basu et Van

Pour Basu et Van (1998), le travail des enfants s'explique par le bien-être des ménages. Pour comprendre le travail des enfants, il est donc nécessaire de se focaliser sur les coûts de consommation du ménage. Les familles auraient recours au travail lorsque leurs revenus tendent à diminuer en dessous d'un seuil de subsistance. C'est ainsi la pauvreté, et plus particulièrement l'insuffisance des revenus des parents, qui conduiraient les enfants sur le marché du travail. Le modèle de Basu et Van s'articule autour de six principales hypothèses. Ces auteurs considèrent tout d'abord que le mode de décision est unitaire dans les foyers, en d'autres termes, le chef de famille est le seul à prendre la décision de mettre les enfants sur le marché du travail. C'est au chef de famille qu'incombent les décisions stratégiques de la vie du ménage, il se comporte ainsi comme un « dictateur bienveillant » qui imposerait ses décisions en se souciant du bien-être des membres du ménage. Cette idée de bienveillance fonde la deuxième hypothèse de Basu et Van selon laquelle ce chef de famille serait altruiste. Ce dernier agirait tel un bienfaiteur et sa décision d'envoyer les enfants travailler est motivée par un souci de bien-être. Cet altruisme serait d'après Basu et Van un invariant que l'on retrouve à la fois chez les familles riches et pauvres. La troisième hypothèse intitulée « axiome luxueux et pauvreté » considère l'insuffisance du revenu parental et l'incapacité des parents à atteindre ce seuil de subsistance comme déterminants dans le travail des enfants. Pour ces familles, le loisir des enfants serait un bien-être de luxe, la décision d'offrir du temps de loisir aux enfants dépendrait ainsi uniquement du revenu parental. Cette hypothèse « pauvreté-luxueux » a fait l'objet d'études empiriques dont les résultats sont plus tendanciels que significatifs. Des études antérieures à Basu et Van ont pu par exemple démontrer que pour le cas zambien, la pauvreté n'était pas un facteur significatif du travail des enfants (Jensen & Nielsen, 1997). Des études plus récentes portant sur une dimension comparative entre le Pérou et le Pakistan n'ont pas permis de vérifier que totalement cette hypothèse (Ray, 2000). La quatrième hypothèse intitulée « axiome de substitution » considère que les enfants sont poussés sur le marché du travail lorsqu'ils constituent une main-d'œuvre pouvant suppléer à l'identique la main-d'œuvre adulte ; la qualification entre enfants et adultes est identique, mais le salaire des enfants est inférieur. Les employeurs auront ainsi une préférence pour la main-d'œuvre infantile. La cinquième hypothèse constitutive du modèle de Basu et Van concerne le loisir. Le chef de famille a ainsi le choix entre mettre son enfant sur le marché du travail ou lui offrir du loisir. Pour les familles se trouvant en dessous du seuil de subsistance, le loisir deviendrait un luxe coûteux pour le ménage. Ainsi, lorsque les décideurs ont un revenu au-dessus du seuil de subsistance, le temps libre de l'enfant sera consacré aux loisirs, dans le cas inverse, ce temps sera consacré au travail. Il existe donc une relation entre le salaire des parents est celui des enfants : plus le salaire des parents sera faible, plus celui des enfants devra être élevé. D'après ce modèle, lorsque ce seuil de subsistance n'est pas atteint, les enfants sont mis sur le marché du travail. La dernière hypothèse concerne l'homogénéité du travail des enfants. Les auteurs considèrent que pour le travail des enfants, aucune distinction n'est établie au regard du genre. Swinnerton et Rogers (1998) ont prolongé le modèle de Basu et Van en ajoutant une septième hypothèse, celle de « l'axiome de distribution ». Ils introduisent une nouvelle distinction entre le salaire qui est le produit du travail, et le revenu composé du salaire et des dividendes que les ménages perçoivent. D'après eux, ce n'est pas en termes d'insuffisance de salaire, mais plutôt en termes d'insuffisance de revenus qu'il faut comprendre le travail des enfants. Dans une telle approche, le travail des enfants relève d'un placement pouvant apporter un revenu supplémentaire aux ménages.

Le cadre d'analyse du modèle de Basu et Van

Le modèle de Basu et Van s'inscrit dans une vision économique distinguant des niveaux d'équilibre ou de déséquilibre. Ainsi, dans une « good economy », le salaire du décideur de famille est suffisamment élevé pour maintenir les enfants en dehors du marché du travail. La main-d'œuvre adulte est suffisamment qualifiée par rapport à celle des enfants. Le revenu des parents est suffisamment élevé pour acheter du loisir aux enfants. L'industrie est suffisamment développée pour ne pas avoir recours au travail des enfants, et une législation encadre le travail des enfants de manière cohérente. À l'inverse, dans les « bad economies », les parents n'ayant pas les moyens d'acheter du loisir aux enfants vont placer ces derniers sur un marché du travail dans lequel la productivité des enfants et des adultes sont équivalentes. Ce recours au travail des enfants est souvent facilité par des législations où les rapports entre l'obligation scolaire et la législation du travail sont incohérents (Siddiqi & Patrinos, 1995). Dans de tels systèmes économiques, les ménages sont souvent impuissants (Bhalotra, 2000). Si les parents décident par exemple de retirer leurs enfants du marché du travail, le salaire des adultes n'augmenterait pas mécaniquement ; il faudrait pour cela que tous les parents prennent cette décision simultanément. L'élimination du travail des enfants dépend donc inévitablement d'une croissance soutenue à long terme.

L'approche en termes de bien-être des enfants

Introduction aux approches en termes d'investissement

Certaines approches se focalisent sur le bien-être des enfants et non pas sur la consommation des ménages (Lucas, 1998). On s'intéresse alors à la décision entre d'un côté le travail des enfants et de l'autre la scolarisation. Dans ces approches, l'éducation est perçue comme la seule alternative efficace au travail des enfants, car elle permet d'une part d'accroître la productivité du travail à l'âge adulte, et d'autre part, elle contribue à une amélioration de la performance économique du pays. À la différence des modèles reposant sur le coût immédiat de consommation, les modèles résonnant en termes d'investissements étudient l'impact du travail des enfants à long terme et de manière intergénérationnelle. Il s'agira donc d'étudier l'impact immédiat tout en se prononçant sur le futur du travail des enfants.

Les modèles d'analyse reposent en grande partie sur la théorie du capital humain selon laquelle un pays fortement doté en capital humain sera plus facilement amené à se développer. Ainsi, dans un pays où le travail des enfants est important, la pauvreté du capital humain sera une limite au processus d'industrialisation. Le travail des enfants aura également des impacts négatifs sur la fertilité, la santé, les investissements, l'innovation, les inégalités des revenus et les inégalités de genre.

L'arbitrage éducation et travail dans un environnement économique imparfait

Les modèles centrés sur l'investissement reposent sur une idée simple : la préférence pour le marché du travail au détriment de l'éducation réside dans l'incapacité des ménages à emprunter sur le marché des capitaux pour financer l'éducation des enfants. Pour expliquer de tels choix, ces théories proposent un certain nombre d'hypothèses. On considère tout d'abord que le travail des enfants est intrinsèquement lié à la pauvreté. On considère également, à l'image de Basu et Van, que le ménage fonctionne selon une modalité unitaire, le chef de famille prenant des décisions s'appliquant à tous. Deux principales théories expliquent la préférence des familles pour le travail des enfants.

Selon l'analyse de Hussain (1999), pour que le travail des enfants puisse disparaître, il est important que le rendement marginal de l'éducation soit supérieur au soutien marginal du travail des enfants. En d'autres termes, les parents doivent donc avoir confiance dans le système éducatif, car si la plus-value offerte par l'école est faible, les parents ne trouvent pas d'intérêt à investir dans le capital humain de leurs enfants. Le rendement de l'éducation doit donc être supérieur aux coûts de l'éducation. Si les ménages les plus riches investissent toujours sur l'éducation de leurs enfants même en cas d'imperfection du marché des capitaux, les familles pauvres devront arbitrer entre le rendement du travail et celui de l'éducation. Les ménages les plus pauvres sont souvent contraints à choisir le marché du travail ; un tel choix n'est pas sans conséquence pour les générations futures. Les enfants dépourvus de capital humain sont contraints d'aller vers le marché du secteur informel pour des salaires souvent très bas et s'inscrivent ainsi dans des schémas de reproduction sociale (Ranjan, 2001).

Baland et Robinson (2000) considèrent que la pauvreté et l'imperfection du marché des capitaux n'expliquent qu'en partie le travail des enfants. Ces derniers considèrent que l'investissement sur l'éducation est possible uniquement en cas d'héritage ou d'épargne positive. D'après eux, seuls l'épargne et l'héritage peuvent permettre aux parents de compenser le coût de l'éducation. Ils précisent également que la notion d'investissement est complexe à étudier lorsqu'elle est rapportée au cadre familial. D'après eux, l'investissement sur l'éducation est un investissement à risque pour les parents, car il ne garantit pas que les enfants remboursent les emprunts effectués pour financer leur éducation. Balan et Robinson s'inscrivent ici dans la lignée des travaux de Parsons et Goldin (1989) pour qui les parents font le choix du marché du travail, car ils ne peuvent pas réellement contrôler le rendement de l'investissement dans l'éducation. De tels arguments sont étayés par les travaux d'Alderman et King (1998), qui affirment que ce n'est pas la personne qui investit sur le capital humain de l'enfant qui en bénéficie ; les enfants sont les seuls à bénéficier entièrement de tels investissements, car ils contrôlent entièrement leurs revenus une fois adultes.

Bommier et Dubois (2002) s'inspirent du modèle Baland et Robinson en y apportant la notion de désutilité du travail. Ces chercheurs ne se focalisent pas sur les imperfections du marché, mais au contraire sur les imperfections des liens familiaux. Ces liens seraient imparfaits, car ce sont les parents qui décident du travail des enfants et les enfants qui décident des futurs transferts d'argent vers les parents. Ces chercheurs évoquent une certaine « désutilité » du travail et font l'hypothèse de l'existence de « parents pourris » qui, ne sachant pas si leurs enfants leur donneront de l'argent à l'âge adulte, préfèrent les placer sur le marché du travail.

CHAPITRE 3
L'enfant mendiant... un mendiant

LA MENDICITÉ, C'EST QUOI ?

Tentative de définition

La mendicité peut être considérée comme une activité universelle et intemporelle (Goyal, 2005). Elle est particulièrement intéressante pour le chercheur, car elle met en relief les inégalités et les déséquilibres pouvant exister sur les plans économiques, sociaux, géographiques, culturels, démographiques et écologiques (Gilliard, 2005). On peut sommairement définir la mendicité comme la sollicitation d'un don qui n'exige aucune contrepartie (Lankenau, 1999a, 1999 b ; Lee & Farrell, 2003 ; Nyseth, 2008 ; Snow & Anderson, 1993), ou qui s'accompagne d'une prestation de faible valeur (Van Houcke, 2005) (vente de fleurs, signature de pétitions, pratique d'un instrument de musique). Dans tous les cas de figure, le mendiant s'exonère de la logique du don et du contre-don (Swanson, 2007a). Cette relation asymétrique place le receveur dans une position inconfortable. Le don sera en effet associé à la bonté alors que le fait de recevoir deviendra un acte immoral (Erskine & McIntosh, 1999), autour duquel pèse un certain nombre de suspicions (K. S. Johnson, 2007) et de stigmatisations conférant au mendiant le statut de déviant (Wardhaugh & Jones, 1999a).

Bien que cette définition de la mendicité paraisse consensuelle, un certain nombre d'éléments peuvent faire l'objet de discussions. Il est tout d'abord possible de questionner l'absence de contre-don. Si la mendicité s'accompagne rarement de contre-dons matériels ayant une valeur, il n'en est pas de même sur le plan immatériel (Abebe,

2008). La mendicité peut ainsi avoir une dimension religieuse et permettre au donneur de remplir une action qu'il conçoit comme une obligation (Kassah, 2005). Dans une logique similaire, il serait possible d'affirmer que la mendicité peut permettre d'affirmer leurs convictions citoyennes (Abebe, 2008 ; Olga Nieuwenhuys, 2001). La mendicité peut également avoir une fonction sociale en permettant au donneur de se construire une image positive et légitimer sa position sociale privilégiée (Gilliard, 2005 ; Swanson, 2007a). La notion de contre-don mérite également d'être interrogée, car il n'est pas aisé d'en porter une évaluation. Ainsi les frontières entre la mendicité et le travail ne sont pas toujours clairement délimitées (Baumohl, 2004). Un vendeur de pacotilles sera perçu comme un travailleur s'il possède un permis de vendre, alors qu'il sera perçu comme un mendiant s'il exerce sans autorisations ; il en est de même pour les artistes se produisant sur l'espace public. Pour contourner les interdictions de mendier, certains mendiants pourront feindre le travail ou la performance artistique (Dean, 1999). La distinction entre mendicité et travail est d'autant plus complexe que les mendiants perçoivent leurs activités comme relevant d'un travail (ex. : Damon, 1998; Kwesi Kassah, 2008; Swanson, 2010) et sont parfois considérés par les pouvoirs publics comme des « mendiants professionnels » (Dean, 1999). La distinction est particulièrement complexe pour les enfants, car ces derniers passent souvent d'une activité à l'autre (Abebe, 2008 ; Evans, 2006), si bien que certains chercheurs considèrent la mendicité des enfants comme une forme de travail (Ballet et coll., 2010). En ce qui nous concerne, nous estimons qu'il est important de se focaliser sur la nature même de la mendicité en évitant de la définir par rapport au travail.

Vers une définition critique de la mendicité

Dans cet ouvrage, nous souhaitons nous détacher des approches analysant la mendicité sous l'angle du travail. Nous considérons donc que la mendicité et le travail méritent d'être distingués à plus d'un titre.

Si l'on compare la mendicité avec les autres activités de rue qui peuvent être considérées comme relevant du travail (vente ambulante, la performance artistique de rue, la prostitution ou la vente de stupéfiants...), on s'aperçoit que la mendicité est la seule activité à ne pas offrir de perspectives d'évolution. La mendicité n'offre pas cette possibilité de se projeter positivement dans l'avenir, elle se vit au contraire au jour le jour. Certains chercheurs considèrent que les activités de rues relevant de la survie reposent sur un rapport au temps de type circulaire ne permettant pas de se projeter dans l'avenir, contrairement aux activités économiques modernes qui reposent sur un rapport au temps linéaire (Murray, 1984). Au-delà de ces différences qui peuvent paraître anecdotiques, nous considérons que le travail et la mendicité méritent d'être distingués sur le plan définitionnel. Comme nous venons de l'indiquer, définir la mendicité est un exercice complexe. Définir le travail semble poser moins de problèmes. La communauté scientifique s'accorde à définir le travail comme la production d'un bien ou d'un service (OCDE, 2008a ; Reskin, 2000). Le travail informel peut quant à lui être défini comme une production de biens et des services reposant sur un faible niveau d'organisation (BIT, 1993). Le travail, qu'il soit formel ou informel, est donc intrinsèquement lié à la production. Cette production est absente dans la mendicité qui, de par sa nature, est non productive. Il nous paraît donc pertinent d'analyser la mendicité autrement que sous l'angle du travail et de l'activité économique. Nous pensons au contraire qu'il est important de prendre en compte les spécificités de la mendicité en se focalisant sur le statut particulier du don. Lorsque les dons concernent les sphères politiques ou religieuses, on ne s'empresse pas de les examiner sous le versant économique. Pourquoi le faire au sujet de la mendicité qui est également une activité non productive ? La mendicité possède par ailleurs un bon nombre de points en commun avec la religion et la politique. Dans les trois cas de figure, il s'agit de porter un message sur les fonctionnements et dysfonctionnements de société en tentant d'interpeller l'attention du public. Les rhétoriques des mendicités sont souvent fortement imbriquées dans les dimensions politiques et religieuses. Au même titre que la religion et la politique, Waldron (2000) considère que la mendicité peut avoir des effets bénéfiques pour la communauté. En effet, les mendiants véhiculent de manière passive et verbale un message de détresse. Il est ainsi possible d'envisager que pour certaines personnes, le poids du discours du mendiant pourra, à l'image du discours du prêtre ou du politicien, donner lieu à des actions concrètes bénéfiques au bien de la communauté. Le message véhiculé par la mendicité est celui de l'échec des politiques publiques et de l'existence de problématiques sociales profondes (Moon, 2000). La mendicité peut être perçue comme une liberté d'expression, car elle véhicule un message à l'ensemble de la société. Cette dimension d'information publique constitue une liberté fondamentale, les citoyens ont le droit d'être informés sur des vérités importantes, ils ont le droit d'être informés des dysfonctionnements d'une société afin qu'ils se fassent eux-mêmes leurs propres conclusions. La mendicité peut même être un intérêt pour une société démocratique : en véhiculant des messages qui questionnent la société dans laquelle ils vivent, les mendiants participent à leur manière au processus démocratique et indirectement aux politiques publiques (Hershkoff & Cohen, 1991).

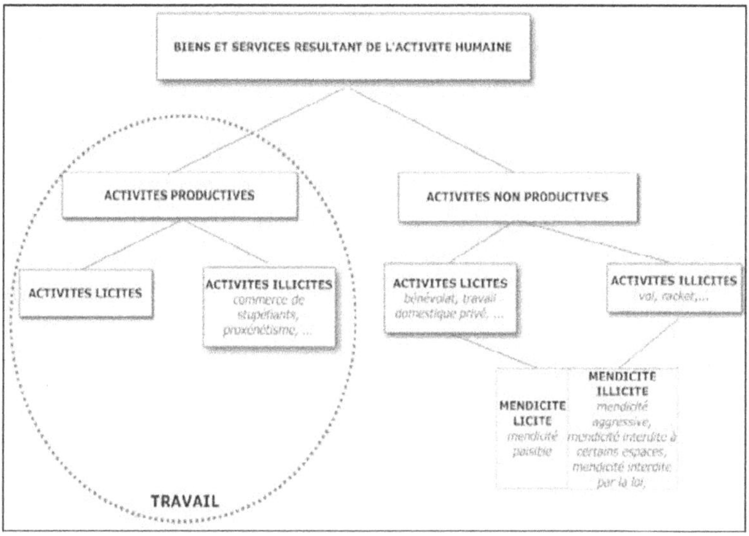

Figure 4 : La mendicité n'est pas productive

Une culture mendiante ?

La présence de mendiants sur l'espace public est souvent perçue comme étant le signe d'une dérégulation économique et sociale (Fabrega, 1971 ; Nyseth, 2008 ; Swanson, 2007a, 2007 b, 2010a). Pour certains chercheurs, la mendicité ne peut être réduite aux dimensions économiques, mais doit également être analysée dans une approche culturelle. Les études menées sur le continent africain vont parfois faire référence aux racines culturelles de la mendicité (Bamisaiye, 1974 ; Diouf-Kamara, 1995 ; Lallart, 2004). La mendicité des enfants a ainsi pu être décrite comme une activité coutumière ayant une dimension éducative. C'est notamment le cas des enfants scolarisés dans les écoles traditionnelles du nord de l'Éthiopie (yek'olo temari) dans lesquelles les enfants sont incités à mendier pour trouver leurs propres vêtements, leur nourriture, et parfois même pour pouvoir rémunérer leurs enseignants. Ces enfants mendient généralement dans leur propre quartier, sur les places du marché, ainsi que dans les églises (Abebe, 2008). Dans ce contexte traditionnel, la mendicité a une fonction sociale et religieuse, car l'on considère qu'elle permet de donner aux enfants, qui dans le cadre de la mendicité conservent leur statut d'élève, un sens de l'humilité et de la discipline (Bass, 2004).

Le continent européen n'est pas épargné par les débats concernant la dimension culturelle de la mendicité. En Irlande du Nord, la question de la mendicité des enfants a été récemment médiatisée (Helleiner, 2003). La mendicité est mise en avant comme une preuve de l'incompatibilité entre le mode de vie traditionnel des gens du voyage et les valeurs véhiculées par des sociétés modernes protégeant les droits de l'enfant. Une législation interdisant la mendicité a vu le jour en 2001. Des contraventions sont prévues pour les parents des enfants exerçant des activités de mendicité que l'on définit ici au sens large. Ces mesures s'inscrivant dans la protection de l'enfance ont été remises en question par des associations défendant la culture des gens du voyage. La mendicité, qui dans ce cas de figure s'apparente davantage à un colportage, est alors défendue au titre de la mixité sociale, car elle permet aux enfants voyageurs de nouer des contacts avec des personnes sédentaires. Certains chercheurs contestent la nature culturelle de la mendicité. D'après Van Houcke (2005) et Adiaenssens (2007), il est fréquent d'entendre dire que la mendicité constitue une activité culturelle pour les gens issus des communautés tziganes. On peut notamment entendre que la mendicité des Tziganes repose sur leurs origines indiennes où celui qui vit des dons est un prince, ou que la mendicité est associée dans la culture tzigane à la liberté. D'après ces chercheurs, de telles affirmations relèvent davantage du cliché que d'une réalité anthropologique, car la majorité des mendiants tziganes n'ont jamais mendié avant de sortir de leur pays d'origine (Roumanie).

On retrouve également l'idée d'une culture mendiante sur le continent asiatique. Dans une étude de type historique consacrée à la mendicité en Chine, Schalk (1988) a retracé les parcours de mendiants à partir de la fin du XIXe siècle. Au-delà de l'intérêt historique de ce travail, Schalk démontre comment la mendicité a pu s'organiser, se structurer et développer malgré la stigmatisation de la population.

MENDICITÉ, ENTRE TOLÉRANCE ET INTERDICTION

La mendicité est souvent perçue comme une menace pour l'ordre social (Baumohl, 2004). Les mendiants font peur, ils sont associés à la criminalité. Ils suscitent une véritable méfiance. Depuis le XVe siècle, les pouvoirs publics tentent de mettre fin à la mendicité. Bien que réprimés par les pouvoirs publics, les mendiants ont jusqu'à très récemment pu bénéficier d'une protection de la part des instances religieuses au nom de la charité. Pour tenter de réguler la mendicité sans pour autant heurter l'éthique religieuse, les différents pouvoirs publics ont au cours des siècles tenté d'interpeller l'opinion publique en véhiculant l'image du mendiant oisif (Baumohl, 2004). Aujourd'hui, les mesures régulant la mendicité devront veiller à respecter un certain nombre de principes de droit moderne, tels que la liberté d'expression, le droit de ne pas être inquiété, la liberté de circulation, la proportionnalité...

Interdiction de la mendicité : les justifications historiques

Dans les paragraphes qui suivent, nous analyserons les interdictions historiques de la mendicité. Nous serons en grande partie focalisés sur des mesures prises au Royaume-Uni. Ce choix s'explique sur le plan historique. C'est en effet au Royaume-Uni que l'on trouve les plus importantes mesures juridiques concernant l'interdiction de la mendicité. Ces mesures juridiques ont pu s'exporter dans l'ensemble des ex-colonies britanniques et se retrouvent aujourd'hui de manière résiduelle dans certaines législations contemporaines.

L'interdiction de la mendicité aux motifs économiques

Pendant la période du Moyen Âge, l'Église se considère comme responsable des personnes les plus démunies (Webb & Webb, 1963). L'assistance aux personnes dans le besoin est alors considérée comme un acte religieux et noble. C'est souvent la maîtresse de maison qui remplit cette tâche qu'elle considère comme un honneur (Spector, 1996). La mendicité, alors pratiquée et acceptée à travers l'Europe, trouve sa légitimité dans la charité chrétienne. Bien que la mendicité soit acceptée, le fait de ne pas travailler est perçu comme un comportement immoral et frauduleux. On vante au contraire le travail et les travailleurs qui sont identifiés comme de bons chrétiens contribuant aux bienfaits de la société. C'est autour de cette question du travail que naîtront ainsi les premières interdictions de la mendicité. D'après Baker (2009), au XIVe et XVIe siècle, l'interdiction de la mendicité et du vagabondage au Royaume-Uni est directement une conséquence de la configuration du marché de l'emploi. En effet, à la suite de la peste noire et à la décimation d'une grande partie de la population, la main-d'œuvre devient rare. Dans le Royaume-Uni féodal, le jeu de l'offre et de la demande est favorable aux travailleurs qui se retrouvent dans une situation de force face aux seigneurs. Les travailleurs se trouvent en position de réclamer des hausses des salaires et de meilleures conditions de travail. Lorsque les travailleurs ne sont pas satisfaits, il leur suffit de se rendre auprès de seigneurs offrant de meilleures conditions de travail. Lors des voyages d'une seigneurie à l'autre, les travailleurs ont alors recours à la mendicité. Pour éviter l'inflation des salaires, des mesures viennent interdire la migration des travailleurs. Le vagabondage et la migration deviennent des crimes sévèrement punis. C'est donc dans la réglementation du travail que l'on trouve les premières interdictions du vagabondage et de mendicité. Lors de cette même période, il devient également interdit de donner de l'argent à tous mendiants valides. Cette interdiction a pour but de contraindre les hommes valides au travail.

L'État-providence moins coûteux et la prévention du crime

Au XVIe siècle, la chute du système féodal britannique rend caduque l'interdiction du vagabondage et de la mendicité telle qu'elle a été conçue dans les siècles précédents. Désormais, l'interdiction de la mendicité sera justifiée autour de l'idée que les personnes sans moyens de subsistance constituent une classe dangereuse susceptible de s'engager dans des activités criminelles (Teir, 1993). Une telle préoccupation sociale s'enracine dans une combinaison de facteurs ayant entraîné une forte augmentation du vagabondage. Sur le plan démographique, cette période est caractérisée par un accroissement de la population. Sur le plan économique, on assiste à une industrialisation qui s'accompagne d'une urbanisation. Mais la chute de la féodalité est également caractérisée par une forte inflation et un chômage généralisé qui est accentué par le retour au pays des soldats engagés dans les guerres contre l'Espagne. Sur le plan social et religieux, une grande partie des monastères et des ordres religieux dévoués aux populations les plus vulnérables vont disparaître sous le règne d'Henri VIII. En d'autres termes, on assiste conjointement à une augmentation de la pauvreté et à une diminution de la prise en charge de la pauvreté. Cette configuration « explosive » donnera lieu à des mouvements sociaux, des émeutes pour de la nourriture, ou encore l'occupation des villes par des fermiers n'ayant plus de terres. Le vagabondage et la mendicité sont alors politiquement perçus comme des menaces pour la stabilité du pays. La population sans-abri est présentée comme une masse de criminels, alors qu'elle est en réalité constituée de travailleurs n'ayant plus d'emploi. Au XVIe et au XVIIe siècle, des confréries de mendiants verront le jour, la mendicité devient alors une activité organisée. Ces confréries constituent une réelle menace pour l'ordre public, et c'est justement pour répondre à cette menace que les nouvelles mesures interdisant le vagabondage et la mendicité se justifient (Webb & Webb, 1963). La pauvreté extrême et l'absence d'opportunités économiques pour les populations les plus vulnérables poussent un nombre important d'individus dans une vie criminelle. L'historien anglais Leonard (1965) considère qu'à cette époque un homme sans emploi ou sans ressources n'a d'autre choix que de mendier ou de voler. En mendiant, il risque d'être fouetté ; en volant, il risque d'être envoyé dans les prisons. Au-delà des risques liés aux mouvements sociaux, la mendicité est perçue comme une menace à l'ordre public, car elle serait intrinsèquement liée à la criminalité (la mendicité serait une porte d'entrée vers d'autres activités criminelles). Si la prévention du crime est mise en avant comme étant le leitmotiv de l'interdiction de la mendicité, d'après les historiens contemporains, d'autres facteurs motivent ces interdictions. En effet, dès 1601, l'État anglais considère qu'il se doit d'assister les personnes les plus démunies. Les mesures interdisant le vagabondage et la mendicité viennent en réalité faciliter la prise en charge de la pauvreté. En interdisant la mendicité et le vagabondage, on peut plus facilement identifier les personnes incapables de travailler et pouvant légitimement prétendre à une assistance publique. Ces interdictions permettent également de sédentariser les vagabonds valides dans une paroisse en leur proposant un travail qu'ils devront accepter sous peine d'être punis. L'interdiction de la mendicité a donc une triple portée : mettre fin au vagabondage, assister les personnes les plus vulnérables et punir ceux qui refusent de travailler.

Les justifications issues du modèle de la théorie de la vitre brisée

Pour justifier les interdictions contemporaines de la mendicité, les pouvoirs publics vont fréquemment se référer (directement ou indirectement) à la théorie de la vitre brisée. Une telle association repose sur deux présuppositions. D'une part, on considère que le vagabondage et la mendicité peuvent facilement engendrer d'autres crimes plus graves. D'autre part, la mendicité est associée à une nuisance qui contribuerait au sentiment d'insécurité pour les personnes occupant l'espace public.

La théorie de la vitre cassée est souvent associée à la métaphore de la voiture rayée selon laquelle une voiture rayée et négligée a plus de chances d'être dégradée qu'une voiture parfaitement entretenue. Lorsqu'on transpose ce principe sur le plan des politiques publiques, on considère qu'en négligeant les infractions mineures, on incite aux infractions majeures. Ainsi, des infractions mineures telles que la mendicité sont perçues comme des portes d'entrée d'infractions plus graves. En d'autres termes, des infractions mineures non sanctionnées seraient perçues par les malfaiteurs comme une invitation à exercer dans les espaces où personne ne fait attention aux activités criminelles. Cette théorie repose sur la notion de désordre ; ce désordre entraîne à la fois de la peur et du crime (Kelling, 1998). Afin de prévenir le crime, les autorités se doivent d'intervenir pour sanctionner toutes les infractions, y compris celles les plus minimes telles que l'état d'ébriété sur la place publique, l'épanchement d'urine sur la voie publique, la prostitution, la mendicité. On parle de politique de tolérance zéro. Dans la pratique, on se centre sur le maintien de l'ordre public et non pas sur l'application de la loi : on demande aux forces de police de se focaliser prioritairement sur le maintien de la sécurité et de la tranquillité publique et non pas sur la violation des lois. Ces derniers seront moins axés sur la dimension légale des perturbations et interviendront sans tenir compte de la gravité des faits. Cette approche repose essentiellement sur des opérations de police administrative, on ne cherchera donc pas à savoir si une personne en particulier est victime d'un bris de vitre, mais on présuppose au contraire que les habitants sont les victimes de préjudices futurs (Kelling & Wilson, 1982).

Le constat de départ de la théorie de la vitre brisée selon lequel le désordre produit du crime est paradoxalement peu étayé par la recherche. Lorsqu'on cherche à démontrer l'efficacité de cette approche, il est fréquent de se référer aux recherches de Skogan (1988, 1990) dont les résultats indiquent qu'un lien entre le désordre et le crime semble exister. Bien que les travaux de ce dernier soient mis en avant comme une preuve de l'existence d'un lien entre le désordre et la criminalité, Skogan précise dans la préface de ses ouvrages qu'il faut prendre les conclusions de ces recherches avec les plus grandes précautions (Harcourt, 1998).

En réexaminant les variables des recherches de Skogan, Harcourt (1998) conclut qu'il n'existe pas de relations statistiquement significatives entre le désordre, le vol à l'arraché de sac à main, les agressions physiques, le cambriolage, le viol. Le vol s'avère être l'unique variable significativement liée au désordre. Cependant, il semblerait que pour le vol, la corrélation soit fortement influencée par l'échantillonnage de la recherche. En effet, lorsqu'on exclut de l'échantillon initial de quarante quartiers, cinq quartiers se trouvant dans une même ville, le lien entre le vol et le désordre n'est plus vérifié. Après avoir soulevé d'autres insuffisances sur le plan méthodologique, Harcourt conclut que la recherche Skogan n'est pas de nature à valider l'hypothèse de la théorie de la vitre brisée. La ville de New York qui a opté pour une politique de tolérance zéro dans les années 90 est souvent présentée comme un exemple de la validité de la théorie de la vitre brisée. Cependant, Harcourt considère qu'il est important de prendre en compte un certain nombre de facteurs qui ont contribué à la baisse de la criminalité dans la ville de New York, à savoir l'augmentation du nombre de policiers ayant des pouvoirs accrus, une transformation de la toxicomanie, le recours aux outils informatiques, mais également des critères démographiques. Il serait maladroit d'assimiler les bienfaits de la présence d'un plus grand nombre de policiers disposant de prérogatives étendues à la théorie de la vitre brisée. De plus, un certain nombre de villes aux États-Unis ont connu un déclin de la criminalité durant cette même période sans pour autant s'inscrire dans une politique de tolérance zéro. C'est le cas pour la ville de San Francisco qui a connu une baisse de la criminalité similaire à celle de la ville de New York dans la même période. Certains chercheurs (Sampson & Raudenbush, 1999) remettent en question la théorie de la vitre brisée en considérant que la criminalité n'est pas liée aux effets d'une vitre brisée, mais s'explique au contraire par la combinaison entre une concentration de la pauvreté et une perte de l'efficacité collective. La notion d'efficacité collective peut être définie comme une cohésion sociale de voisinage. Au-delà de l'absence de preuves statistiques établissant un lien entre le désordre et le crime, Sampson et Raudenbush constatent que dans les villes où le désordre est manifeste (ex : prostitution et la vente et la consommation de stupéfiants sur la voie publique), les taux de violence ne sont pas forcément élevés. Ces chercheurs considèrent qu'il est préférable de se focaliser sur les précarités structurelles et l'absence d'efficacité collective. Ils concluent que la théorie de la vitre brisée est certes populaire sur le plan politique, mais faible en termes d'efficacité. Ce type de stratégie ne s'attaque pas à l'origine de la criminalité. Le fait d'associer des incivilités mineures telles que la mendicité à des crimes plus sévères est un schéma classique reposant sur une crainte des classes les plus défavorisées.

La nuisance

La mendicité fait parfois l'objet d'une interdiction au motif qu'elle constitue une nuisance. La nuisance publique est une notion complexe qui ne bénéficie pas d'une définition consensuelle ou légale. Dans certains cas de figure, la nuisance repose sur des éléments que l'on peut considérer comme objectifs. C'est notamment le cas lorsque la mendicité est régulée au titre qu'elle constitue une nuisance pour le piéton qui est dérangé dans sa liberté de circulation (Blomley, 2010). Cependant, il arrive que la nuisance soit invoquée dans des situations beaucoup plus controversées. Ainsi, pour Robert Ellickson (1996), la mendicité devrait être interdite, car la présence sur l'espace public d'individus non productifs constitue un affront à l'économie de marché. Dans une même perspective reposant sur la morale, on pourrait considérer la mendicité comme une nuisance, car il existe une disproportion entre le travail fourni, en l'occurrence aucun, et l'argent gagné. Les mendiants se retrouvent alors paradoxalement dans la même situation que les célébrités, les sportifs de haut niveau ou des traders dont on souhaite réguler les revenus qui paraissent disproportionnés par rapport au travail effectué (D. J. Baker, 2009b). La mendicité pourra également être régulée au titre qu'elle contribue au sentiment d'insécurité. Une telle approche nous paraît être particulièrement sensible, car la seule visibilité d'un comportement peut provoquer un sentiment d'insécurité alors qu'il ne constitue pas en soi une menace. En justifiant des mesures privatives de libertés (liberté de circulation, d'expression...) au titre du sentiment de sécurité subjectif, on pourrait par exemple considérer que la présence d'hommes de moins de 30 ans issus de l'immigration maghrébine dans des ruelles sombres constitue une intimidation pour certaines catégories de passants. Cette intimidation ne justifie pas pour autant que l'on interdise aux jeunes hommes maghrébins de circuler la nuit dans les ruelles non éclairées.

Les interdictions de la mendicité qui reposent sur cette notion de nuisance peuvent être questionnées à plus d'un titre. La nuisance dépend en effet d'une appréciation subjective difficilement évaluable. La perception de la nuisance varie en fonction des individus, des quartiers et des sociétés. Ce qui est perçu par les habitants d'un quartier comme une nuisance ne sera pas forcément perçu comme tel par les personnes travaillant ou se promenant dans le quartier. « Le même comportement dans deux quartiers différents ne suscitera pas les mêmes représentations et donc les mêmes réactions » (Savignac, Lelandais, & Sagant, 2007). Dans le cas de la mendicité, il est vrai que l'interaction avec les mendiants peut être embarrassante pour les passants. Pour beaucoup, la confrontation avec la pauvreté et la misère est inconfortable. Mais cet embarras peut-il justifier la régulation de la visibilité de la pauvreté sur l'espace public ? Si les commerçants ou les habitants d'un quartier considèrent que la présence de mendiants provoque une nuisance esthétique, faut-il pour autant interdire la mendicité ? Nous allons désormais nous pencher sur le cas de figure indien qui est caractérisé par la sévérité juridique envers les mendiants.

Le cas de figure indien

Dans la plupart des états indiens, la mendicité est interdite. Les lois interdisant la mendicité sont souvent héritières de l'ancienne autorité britannique (Mukherjee, 2008). Dans la ville de Bombay et de Delhi, la mendicité est régie par une loi de 1959 intitulée « l'Acte de Bombay sur la prévention de la mendicité » (Bombay Prevention of Begging Act, 1959). Cette loi a la particularité de reposer sur une définition large de la mendicité. Est considéré comme mendicité :

(a) le fait de solliciter ou de recevoir l'aumône, dans un lieu public ou privé, et ce, sous toutes formes que ce soit, telles que le chant, la danse, la divination, une performance, ou le fait de proposer tout article à la vente ;

(b) le fait de rentrer dans un local privé dans le but de solliciter ou de recevoir l'aumône ;

(c) le fait d'exposer ou d'exhiber, dans le but d'obtenir ou extorquer des aumônes, toutes plaies, blessures, déformations, maladies qu'il s'agisse d'un être humain ou animal ;

(d) le fait d'avoir aucun moyen visible de subsistance et d'errer, de rester dans un lieu public dans un tel état pouvant pousser une personne à demander l'aumône ;

(e) Le fait d'être utilisé dans le but de solliciter ou de recevoir l'aumône.

Cette loi fait l'objet de nombreuses contestations. On lui reproche d'être arbitraire et disproportionnée (Goel, 2010). Elle place le fonctionnaire de police dans un état de toute puissance.

Ce dernier pourra à sa libre discrétion interpeller toute personne qui lui paraît être dans un état d'errance et de pauvreté. La mendicité constitue une offense qui n'a pas besoin d'être prouvée, la simple constatation par un officier de policier suffit pour être incriminé de mendiant. Dans une telle configuration, il est difficile de se défendre contre une incrimination liée à la mendicité. Les personnes incriminées plaideront le plus souvent coupables ou tenteront de se défendre en contestant non pas les faits, mais la légalité de l'arrestation. Les condamnations injustes sont donc courantes. Un jeune homme nouvellement arrivé dans une grande ville a pu être condamné au titre de la mendicité, car perdu, il semblait être aux yeux des policiers, dans un étant d'errance. Cette loi place tous les individus qui paraissent démunis dans un état d'infraction, en d'autres termes, il devient un crime d'être ostensiblement pauvre (Rao, 2008). Les peines encourues par les mendiants sont particulièrement sévères, elles vont jusqu'à 10 ans de prison fermes en cas de récidive.

Cette loi soulève un certain nombre de critiques. On lui reproche tout d'abord d'être basée sur le faciès et l'apparence physique ce qui est contraire à plusieurs principes généraux de droit ; la loi de 1959 pourrait ainsi être contestée sur le plan de la constitutionnalité (Goel, 2010). On peut également reprocher à cette loi anti-mendicité d'être « trop vague ». L'état manifeste de pauvreté permettant aux officiers de policiers de constater la mendicité n'est pas défini, ce qui place les agents de police dans une situation de toute puissance. On pourrait également contester cette loi sur le plan de son utilité. Les lois limitant les libertés doivent en principe être justifiées par l'intérêt de la collectivité. En Inde, la mendicité est souvent perçue comme une menace à l'ordre public (Goel, 2010) ce qui ne semble pas justifié pour les mendicités paisibles sachant être discrètes sur l'espace public. Dans la même logique, l'interdiction de la mendicité semble être en contradiction avec le principe de proportionnalité selon lequel toute restriction de libertés soit proportionnelle à la menace qu'elle vise à prévenir.

Une typologie des interdictions des mendicités contemporaines

D'après Goyal (2005), les mesures contemporaines interdisant ou limitant la mendicité peuvent être synthétisées autour des 6 différentes configurations :

- ✓ L'interdiction générale de la mendicité : dans certains pays, la mendicité est simplement interdite.
- ✓ L'interdiction de la mendicité dans certains lieux spécifiques : dans certains pays, l'interdiction générale et totale de la mendicité est considérée comme contraire aux libertés fondamentales. La mendicité pourra donc être partiellement interdite. Il sera par exemple interdit d'exercer la mendicité près des banques, des distributeurs automatiques, dans les couloirs du métro, à proximité des commerces...
- ✓ L'interdiction de la mendicité au regard de la liberté de circulation : la mendicité est interdite lorsqu'elle constitue une gêne à la libre circulation sur l'espace public. La mendicité sera ainsi fréquemment interdite aux feux rouges, dans les lieux où le passage des piétons est fréquent...
- ✓ Des autorisations à mendier : la mendicité sera assortie d'une autorisation préalable obligatoire. La mendicité est alors considérée comme une activité économique informelle.
- ✓ Des mesures pédagogiques destinées aux donneurs potentiels : trois arguments principaux sont avancés pour dissuader les dons. On véhicule tout d'abord l'idée que le don est nocif, car il permettra aux mendiants d'acheter des drogues ou de l'alcool. On insiste également sur le caractère inutile du don, car étant trop faible, il permet uniquement au mendiant de survivre. On met en avant l'existence de services sociaux

compétents. L'objectif est alors de dissuader tout en déculpabilisant.

- ✓ La mise en place d'un système de dons basés sur des coupons et non plus de l'argent liquide : certaines municipalités et organisations aux États-Unis ont tenté de mettre en place un système de coupons permettant aux mendiants d'acheter de la nourriture, des vêtements, mais en aucun cas de l'alcool ou du tabac.
- ✓ L'aménagement urbain dans le but de dissuader la mendicité

LE MENDIANT MAL AIMÉ

Après avoir démontré que la mendicité était une activité qui se situait juridiquement entre la tolérance et l'interdiction, nous allons désormais tâcher de démontrer que sur le plan social et scientifique, la figure du mendiant est fortement méprisée.

Un mendiant dénigré

D'après Dean et Gale (1999), dans l'imaginaire collectif, l'image du mendiant est ambiguë. Il est à la fois associé à un pèlerin-ascète et à un vagabond sans foi ni loi. Il incarne un individu digne de pitié, tout en représentant l'image du pique-assiette. Il est perçu comme une malheureuse victime du système économique, mais également comme le représentant avide d'une sous-classe émergente et dangereuse. On retrouve cette ambivalence dans la perception de la mendicité des enfants, ces derniers sont tantôt décrits comme des victimes, tantôt comme des délinquants (Abebe, 2008 ; M. Connolly & Ennew, 1996 ; Panter-Brick, 2000). Il semblerait néanmoins que dans nos sociétés modernes, cette ambiguïté tend à s'effacer, car les mendiants sont de plus en plus dépréciés (Dean & Gale, 1999 ; Adiaenssens, 2007). La perception négative de la mendicité s'articule autour de quelques idées phares.

La présence de mendiants sur l'espace public est néfaste pour l'image d'une ville (Swanson, 2007b). Le mendiant est également décrié sur le plan économique. Ne contribuant pas à l'effort productif, il représente aux yeux de la population une menace pour l'économie du pays (Fawole, Ogunkan, & Omoruan, 2010). Ils peuvent également être perçus comme une nuisance à l'économie locale. La mendicité est alors perçue comme une gêne par les commerçants et les pouvoirs publics locaux qui ne souhaitent pas entraver le tourisme (Lee & Farrell, 2003). Le mendiant est également désapprouvé sur le plan de la morale. Si certains défendent la liberté d'expression des mendiants, pour d'autres, la mendicité constitue une injure au même titre que l'injure raciale ou sexiste (Nielsen, 2004). L'absence de moralité est souvent mise en avant pour les mendiants ne souffrant pas d'une invalidité visible ; ces derniers sont souvent perçus comme des individus malhonnêtes et oisifs (K. S. Johnson, 2007). Ils seront à ce titre qualifiés de « pauvres non méritants » (Hoffman, 1984). Finalement, les mendiants sont perçus comme de mauvais parents, prêts à placer leurs enfants dans des situations dangereuses pour gagner de l'argent (Adiaenssens, 2007 ; Swanson, 2007a)

La stigmatisation

D'après Lankenau (1999a, 1999 b), les mendiants constituent une catégorie d'individus fortement stigmatisés. Les mendiants sont contraints d'exposer leur grande détresse aux yeux de tous et vont subir un certain nombre d'humiliations lorsqu'ils exercent leur activité (Lankenau, 1999b). Ils seront tantôt ignorés ou harcelés par les passants, tantôt pris en sympathie. Les mendiants se retrouvent dans une situation complexe, car ils doivent faire la publicité de leur détresse auprès d'un public qui leur est le plus souvent hostile, il s'agit là d'une rencontre dégradante (Lankenau, 1999b). Cette interaction entre une personne considérée comme normale et une personne perçue comme déviante est qualifiée par Goffman comme un « contact mixte » (Goffman, 1963b). D'après lui, toutes les sociétés imposent des normes sociales qui seront sanctionnées par une stigmatisation en cas de transgression. La stigmatisation, qui est ici définie comme un processus social de disqualification et de catégorisation, est primordiale dans l'approche Goffmanienne, car elle structure le cadre des interactions sociales. Elle va tout d'abord avoir une dimension d'exclusion, car elle réduit la participation des individus stigmatisés à la société. Il existerait ainsi une tendance des personnes « normales » à fuir les relations avec les individus souffrant d'une stigmatisation. Cette dimension est particulièrement puissante, d'après Goffman la stigmatisation a une tendance à se répandre assez facilement. Les réponses élaborées pour faire face à la stigmatisation peuvent varier. Les individus stigmatisés s'engagent activement dans la gestion de leurs stigmates à travers différentes stratégies identitaires. Dans certains cas de figure, les individus stigmatisés se regrouperont entre eux afin d'éviter les contacts avec l'extérieur ; cette isolation a pour but d'éviter les contacts mixtes. La configuration inverse dans laquelle les individus tentent de réduire leur stigmatisation afin d'accroître leur tolérance est également envisageable. On cherchera alors à se conformer à la norme en intériorisant la stigmatisation. Une personne, intérieurement convaincue de sa normalité, pourra dans une telle logique être amenée à adhérer aux normes sociales dominantes qu'il considère pourtant comme infondées. Si cette approche de la stigmatisation fait encore école, des conceptualisations plus récentes viennent nuancer la tradition Goffmanienne. On considère notamment que la stigmatisation peut avoir des effets positifs sur les plans de la socialisation et de la construction identitaire, car elle peut, dans nos sociétés modernes, se traduire par la création de réseaux de soutien (Cox & Gallois, 1996 ; Hefley, 2007).

Le harcèlement

Lankenau (1999) va reprendre la classification des harcèlements publics mise au point par Gardner (1995) pour démontrer que les mendiants peuvent être considérés comme une catégorie d'individus harcelés. Dans cette approche, trois types de harcèlements publics sont identifiés, à savoir : le harcèlement d'exclusion, le harcèlement d'exploitation et le harcèlement d'évaluation. Il considère que les mendiants vont subir ces trois formes de harcèlements.

Le harcèlement d'exclusion s'exprime à travers le contrôle social qui peut être formel ou informel. On considère alors que les lois, les règlements et les interdictions formulées par les administrations, les entreprises et les particuliers peuvent être une source d'exclusion. Les mendiants sont souvent confrontés à cette forme de harcèlement, ils sont fréquemment exclus de lieux tels que les centres commerciaux, les restaurants, car on estime que la mendicité est nuisible au commerce. Ces pratiques d'exclusion vont souvent poser des difficultés aux mendiants qui devront trouver des lieux permettant d'être au contact avec un public sans pour autant nuire aux activités commerciales.

Le harcèlement d'exploitation fait référence à des interventions de proximité telles que des agressions ou des intrusions dans un espace privé. Ce type d'humiliations est assez fréquent chez les mendiants qui vont à la fois subir des agressions physiques, des crachats, certains mendiants évoquent même des tentatives d'empoisonnement.

Le harcèlement évaluatif fait référence à l'ensemble des pratiques évaluatives et dégradantes prononcées en public. Pour les mendiants, cette humiliation prendra la forme des commentaires liés à l'apparence physique, ou au statut de sans domicile.

Le mendiant-fraudeur

D'après Erskine et McIntosh (1999), le mendiant est souvent associé à un fraudeur : on lui reproche de feindre son invalidité, mais également sa pauvreté. Si dans l'ensemble des grandes religions, le fait de donner aux personnes dans le besoin apparaît comme un signe de bonté, en Europe, et plus particulièrement dans les pays fortement influencés par le protestantisme, le fait de demander de l'aide est perçu comme un signe de faiblesse contraire à la bonne morale. Les pouvoirs publics ont souvent cherché à distinguer les vrais mendiants qui méritent de recevoir, des mendiants illégitimes. On peut par exemple citer la publication d'un moine italien qui en 1625, présente une classification de 33 types de faux mendiants (Garraty, 1978). Historiquement, on peut considérer que la légitimité de la mendicité repose sur trois critères à savoir, la proximité, la docilité et l'invalidité (physique ou mentale) (Swaan, 1988). D'après le critère de proximité, il est recommandé de limiter ses dons aux mendiants que l'on connaît et d'exclure les mendiants venant de l'étranger. La proximité permet de vérifier la véracité des discours des mendiants en s'assurant que la pauvreté est réelle et qu'il ne s'agit pas d'une mise en scène. D'après le critère de docilité, il est préférable de donner aux mendiants menant une vie simple et de se méfier des mendiants qui mettent en œuvre des stratégies complexes. Finalement, le critère de validité insiste sur le fait de limiter les dons aux personnes se trouvant dans l'incapacité de travailler. D'après Erskine & McIntosh (1999), le discours moral entourant la mendicité n'a guère évolué au cours de ces derniers siècles. À titre d'exemple, on pourrait citer le test d'intelligence de Wenchler de 1949 qui vise à mesurer le quotient intellectuel des enfants. Dans ce test, il est demandé aux enfants pourquoi il est préférable de donner de l'argent aux organisations caritatives que de donner directement aux mendiants (Blau, 1992, p 5). Les réponses à cette question sont fortement inscrites dans la condamnation morale de la mendicité ; parmi le choix de bonnes réponses possibles, on trouve par exemple que les organisations caritatives sont dans une position permettant d'évaluer le mérite de chacun et de mieux juger si les personnes méritent ou pas de recevoir des dons. Cette vision moralisatrice de la mendicité est également visible chez un certain nombre de chercheurs contemporains.

Une discrimination scientifique

Des chercheurs s'intéressant au travail des enfants ont pu mettre en avant des effets positifs du travail qui est à la fois une source d'apprentissage et de socialisation. Il en est de même pour les enfants des rues. La rue a pu être analysée comme une ressource offrant de nombreuses opportunités aux populations vulnérables. Les études mettant en avant les effets positifs de la mendicité sont assez rares. La chercheuse américaine Kate Swanson peut être considérée comme une pionnière en la matière. Dans son ouvrage au titre provocant (« La mendicité, une voie vers le progrès ») (Swanson, 2010b), elle démontre comment les femmes et les enfants issues d'une communauté amérindienne parviennent à s'affranchir d'un certain nombre d'inégalités sociales grâce à la mendicité. Dans une tout autre proportion, Abebe (2008) démontre d'une part que les enfants sont largement maîtres des revenus qu'ils engendrent en mendiant, et d'autre part, que la mendicité permet aux enfants de construire un réseau de connaissances qui servira de support de socialisation. Il a également été démontré que les mendicités donnant lieu à des interactions avec des individus de statut social supérieur peuvent avoir des effets positifs sur l'égo des mendiants (L. Anderson, Snow, & Cress, 1994 ; Lankenau, 1999b). Finalement, nous pouvons citer l'étude de Serrano (2004), dans laquelle il est démontré que les mendiants de la ville de Sao Paulo parviennent à se forger une image positive d'eux-mêmes grâce à la mendicité.

Les études que nous venons de citer sont exceptionnelles. Dans la très grande majorité des cas, les chercheurs vont se focaliser sur les aspects néfastes de la mendicité. Il arrive que des chercheurs prennent ouvertement position contre la mendicité en la considérant comme un fléau social. On retrouve une telle posture chez certains chercheurs indiens. Pour Kumar Sherma (2004), la mendicité est à la fois une malédiction et un fardeau économique. Il considère que les mendiants n'ont aucune utilité sociale et qualifie leur existence de « parasitaire ». La mendicité serait non seulement problématique sur les plans économiques, sociaux et moraux, mais elle constitue également une menace sur le plan de la santé publique, car les mendiants contribueraient à la propagation de maladies. Pour Kumar Sherma, les mendiants sont aussi moralement corrompus et propagent leurs actes immoraux. Il n'hésite pas à qualifier les mendiants de population dont l'état de « putréfaction » constitue une menace pour l'ensemble de la population. La mendicité serait ainsi une honte pour l'ensemble du pays et serait à considérer comme le signe d'une société dont les valeurs traditionnelles s'effritent. Une telle conception de la mendicité est également partagée par Mukherjee (2008). Ce chercheur indien explique la forte présence de mendiants en Inde par un ensemble d'éléments exogènes à la structure sociale indienne traditionnelle. La mendicité serait tout d'abord le résultat de situations plus ou moins conflictuelles avec des nations étrangères. Ce sont tout d'abord les réformes agraires imposées par les Britanniques au XIXe siècle et l'augmentation de la pauvreté qui en résulte qui sont à l'origine d'une hausse de la mendicité. La présence britannique et les politiques économiques imposées par ces derniers auraient contribué à la déstructuration de la famille indienne traditionnellement élargie. Ces transformations se sont traduites par un exode rural propice au développement de la mendicité. C'est la révolution industrielle qui aurait par la suite contribué à l'essor de la mendicité en détruisant un bon nombre d'activités artisanales traditionnelles. Plus récemment, la partition entre l'Inde et le Pakistan puis la partition avec le Bangladesh se sont également traduites par une augmentation des populations vulnérables se rendant en Inde pour mendier. Il considère également que la réforme du mariage indien en 1956 interdisant la polygamie s'est traduite par une augmentation de la mendicité féminine. Pour ces deux chercheurs, la mendicité traditionnelle ayant une valeur religieuse mérite d'être distinguée des formes de mendicités contemporaines. À l'image des classifications de XVIe siècle, Kumar Sherma (2004) propose une classification des mendiants visant à distinguer les mendiants légitimes des usurpateurs. Cette classification distingue les catégories de mendiants suivantes :

- ✓ les mendiants religieux : il s'agit des mendiants qui ont renoncé aux choses matérielles et qui ont décidé de s'engager dans une voie spirituelle en cherchant l'illumination. Ces personnes sont tantôt des Yogis, Sâdhus, Dervish, Fakir, Vairagi, Udasi…

- ✓ Les pseudo-mendiants religieux : il s'agit ici de mendiants n'ayant pas de quête spirituelle et qui n'appartiennent pas à une confrérie religieuse. Ces derniers cherchent à ressembler physiquement aux mendiants religieux en utilisant une tenue vestimentaire identique.
- ✓ Les mendiants tribaux. Il s'agit de mendiants professionnels qui mendient en chantant des chansons et en dansant sur le bord des routes.
- ✓ Les mendiants en bon état de santé : il s'agit de mendiants qui préfèrent s'engager dans la mendicité plutôt que de travailler, ce mode de vie est en adéquation avec leur tempérament perfide. Ces personnes sont souvent liées à des criminels.
- ✓ Les mendiants invalides : il s'agit de personnes qui sont dans l'incapacité de s'engager dans un travail rémunéré. Cette catégorie comprend les lépreux, les personnes âgées, ou les personnes souffrant d'une maladie chronique.
- ✓ Les mendiants souffrant d'un handicap physique : il s'agit des mendiants qui souffrent d'un handicap physique tel que la cécité, la surdité, ou la perte de membres. Ces personnes sont facilement susceptibles de s'attirer la sympathie du public qui considère leur mendicité comme étant légitime. Cependant, c'est dans cette catégorie de mendiants que l'on trouve les formes d'exploitation et de traitement les plus inhumains. Dans certains cas de figure, on enlèvera des individus valides afin de les infliger des traitements physiques pour les faire entrer dans cette catégorie.
- ✓ Les mendiants souffrant d'un handicap mental.
- ✓ Les enfants mendiants : les enfants en état de souffrance peuvent susciter une très grande pitié, leurs pleurs, leurs

gémissements sont si pathétiques, que le public aura tendance à donner facilement dans le but de ne plus être confronté à la souffrance des enfants. Il arrive que ces enfants soient utilisés par des mendiants mettant en scène une fausse invalidité.

- ✓ Les mendiants à mi-temps : il s'agit des mendiants qui s'engagent occasionnellement dans la mendicité.

Une telle classification de la mendicité est porteuse d'une dimension morale. Pour ces chercheurs indiens, les mendiants valides refusant de travailler seront analysés sous l'angle de la déviance. Ils seront tantôt perçus comme des déviants n'ayant pas les facultés mentales pour s'engager dans des activités criminelles plus élaborées (Kumar Sherma, 2004), tantôt comme des apprentis criminels (Mukherjee, 2008).

Un mendiant dans l'impasse

D'après Erskine et McIntosh (1999), la rencontre entre le passant et le mendiant est complexe à plus d'un titre. « L'interaction mendicité » est tout d'abord gênante pour les passants, car elle implique une prise de décision immédiate et publique. Cette décision est laborieuse, car elle repose sur un jugement moral et non pas sur des éléments techniques pouvant faire l'objet d'une évaluation objective. La subtilité de la mendicité repose sur la manière dont le mendiant se présente. Généralement, il cherchera à se montrer comme une personne pauvre et démunie et adoptera pour cela une posture passive conférant un statut de victime de la pauvreté. Ce statut de victime place le mendiant au cœur d'une situation paradoxale. En effet, les passants pourront considérer qu'une véritable victime de la pauvreté n'est pas réellement en mesure de faire la démarche de se présenter auprès des passants. On pourrait en effet douter de l'authenticité du statut de victime lorsqu'un individu est capable de se présenter devant les passants et de facilement s'engager dans des interactions. Des réserves pourraient également être formulées à l'égard du mendiant se trouvant dans la situation inverse. En effet, on pourrait reprocher au mendiant, se montrant maladroit dans la présentation de sa pauvreté, un manque de volonté, car on exige qu'une personne se trouvant dans la pauvreté fasse tout pour s'en sortir. Les mendiants se trouvent en quelque sorte au cœur d'injonctions paradoxales. On exige qu'ils soient à la fois passifs et actifs. La passivité est à la fois un gage d'une pauvreté authentique et le signe d'une oisiveté contraire à toute volonté de réhabilitation sociale.

POUR UNE RECONNAISSANCE DE LA MENDICITÉ

La mendicité fait l'objet d'une interdiction dans de nombreux pays à travers le monde. Elle fait l'objet d'une interdiction totale dans un certain nombre de pays du Commonwealth (Royaume-Uni, Australie…) ce qui peut être perçu comme un héritage des anciennes lois britanniques. La mendicité est également interdite dans bon nombre de pays dits du « Sud », c'est notamment le cas en Inde et en Thaïlande. Ces interdictions générales de la mendicité sont anachroniques. Les motifs historiques légitimant les interdictions générales de la mendicité ne sont plus d'actualité. À travers le monde, rien ne semble indiquer que la mendicité constitue une menace pour l'ordre public comme cela a pu être le cas au Moyen Âge. Les formes de mendicités agressives ou nuisibles peuvent être régulées par des mesures juridiques de droit commun punissant les agressions ou les nuisances. Les mendicités qui constituent une entrave à l'ordre public peuvent être contrôlées de manière isolée sans que la mendicité soit interdite dans sa globalité. Dans la très grande majorité des cas, il est facile de contourner la mendicité sur l'espace public. Pour Von Hisrch et Siemester (2006), lorsqu'un pays soutient l'interdiction de la mendicité sur le plan légal, il va faire preuve d'un manque de tolérance. Des arguments juridiques peuvent être avancés pour justifier l'existence d'un droit à mendier.

La mendicité, une liberté fondamentale ?

Pour essayer de dessiner les contours de ce que pourrait être un droit à mendier, nous allons essentiellement nous référer à la jurisprudence américaine. La question de la légalité de la mendicité a fait l'objet de nombreux débats juridiques aux États-Unis.

La mendicité, une liberté d'expression ?

Le premier amendement de la constitution des États-Unis garantit la liberté d'expression. Cette liberté concerne à la fois des formes orales, écrites ou symboliques, il s'agit de protéger toute intention communicative. La mendicité est une forme de communication qui se trouve à cheval sur l'expression et la conduite. Le simple fait d'affirmer « j'ai faim » est un acte de communication qui se révèle être pertinent pour l'opinion publique. La nature rudimentaire de cette communication ne la rend pas pour autant dénuée de toute protection juridique (Mabry, 1994). La Cour suprême des États-Unis a reconnu, sous le volet de la liberté d'expression, le droit pour les organisations caritatives religieuses de solliciter des dons en public. Des droits similaires ont été reconnus pour les groupes professionnels et politiques. Pour les mendiants, le droit de solliciter des dons n'a pas été reconnu selon le principe de la liberté d'expression. La Cour suprême des États-Unis a refusé de se prononcer sur ce droit en laissant les tribunaux de niveaux inférieurs le choix de déterminer au cas par cas. En refusant de s'exprimer sur le droit des mendiants à solliciter de l'aide, une jurisprudence ambivalente a vu le jour. Celle-ci ne permet pas de se prononcer sur l'illégalité de l'interdiction de la mendicité au regard de la liberté d'expression. Certaines Cours ont considéré que la mendicité était une forme d'expression qui consistait essentiellement à tenir les passants informés d'une situation sociale difficile. La mendicité relève alors d'une liberté d'expression (City of Seattle contre Webster). Dans un célèbre arrêt concernant la réglementation de la mendicité (Young contre New York City Transit Authority), la Cour suprême a autorisé l'interdiction de la mendicité dans le métro new-yorkais en affirmant que la mendicité était davantage une conduite qu'une expression. Cette mesure est légitime, car la privation de liberté n'est pas totale, les mendiants sont libres d'exercer ailleurs que dans le métro. D'autre part, des circonstances viennent justifier cette interdiction. Dans la décennie des années 90, la mendicité dans le métro new-yorkais était le plus souvent une mendicité agressive et abusive ce qui contribuait au climat d'insécurité.

Des interdictions de la mendicité circonstanciées

Le fait que la mendicité soit garantie par le premier amendement de la constitution américaine ne signifie pas pour autant qu'il soit possible de mendier librement partout et à tout moment. La mendicité peut donc être circonscrite. Ces limitations devront respecter 3 conditions. Elles devront tout d'abord ne pas être discriminatoires. Les interdictions doivent s'appliquer de la même façon à tous ceux qui souhaitent solliciter des fonds sur l'espace public (associations caritatives, associations religieuses…). On devra également veiller à préserver la liberté d'expression des mendiants (City of Renton contre Playtime Theatre). Ces derniers ne devront pas être dépossédés de leurs moyens de communication ni de leur public.

La troisième condition, qui concerne l'intérêt supérieur de la société, appelle à ce que les restrictions de la mendicité répondent à un besoin réel de la société. Cet intérêt supérieur peut par exemple concerner la sécurité autoroutière, la prévention du crime, la circulation des véhicules...

L'interdiction de la mendicité au regard de critères spatiaux

Le premier amendement de la constitution américaine ne garantit pas le libre accès à tous les espaces publics. La place publique est traditionnellement considérée comme un lieu où s'exerce la liberté d'expression ; les interdictions de la mendicité concernant la place publique seront donc soumises à la plus grande vigilance des tribunaux de niveau supérieur. Les interdictions concernant les autres espaces publics comme les transports ou les bâtiments publics seront quant à elles plus facilement acceptées. La mendicité sur la route est en principe interdite pour des motifs de sécurité. Elle est généralement admise sur les trottoirs lorsqu'elle ne constitue pas une entrave à la circulation. Les interdictions de la mendicité dans les parcs urbains sont fréquentes. Les juges considèrent que la vocation des parcs à attirer le plus de visiteurs possible doit être maintenue. La mendicité peut également faire l'objet de restrictions lorsque le public se trouve dans une situation de « captivité » en étant obligé d'écouter le message des mendiants. Dans l'idéal, les citoyens doivent être en mesure d'éviter la communication lorsqu'ils le désirent.

Mendicité et citoyenneté

L'étude de la mendicité permet de mettre à jour les différents mécanismes de solidarité. Il est schématiquement possible de distinguer deux configurations de solidarité. Dans un premier cas de figure, elle repose sur des relations individuelles et se joue ouvertement sur l'espace public. Cette solidarité traditionnelle met en scène un mendiant qui expose sa détresse et un donneur qui expose sa richesse. Dans la deuxième configuration que l'on pourrait qualifier de moderne, la solidarité repose sur un système plus élaboré. Elle ne se traduit plus dans une relation de face à face entre riches et pauvres, mais s'imbrique dans un système de redistribution reposant sur l'intervention de l'État. Cette nouvelle configuration n'est pas sans conséquence sur l'ensemble des relations sociales. Ce qui relevait traditionnellement de relations morales entre individus ne se connaissant pas, relève désormais de l'État providence (Dean, 1999). La mendicité étant imbriquée dans un système de redistribution, il est logique de se pencher sur la question de la citoyenneté. En se focalisant sur la question des droits civiques, on s'aperçoit que les mendiants ne peuvent pas totalement jouir de leurs droits. Lorsque la mendicité est considérée comme un moyen de subsistance illégale, les mendiants peuvent difficilement faire valoir les droits qui seraient bafoués dans l'exercice de leur activité. Les mendiants peuvent donc être perçus comme des citoyens dont la protection n'est pas assurée (Dean & Gale, 1999). Ils se retrouvent dans une situation similaire sur le plan des droits politiques. Lorsque les mendiants sont sans domicile fixe, il leur est difficile de s'inscrire sur les listes électorales. Par ailleurs, les votes des mendiants ne sont pas courtisés par les politiciens, ils sont au contraire souvent décriés et mis au cœur de discours électoraux sécuritaires (Dean & Gale, 1999). Sur le plan des droits sociaux, la mendicité soulève deux types d'interrogations. D'un côté, la mendicité contourne l'État-providence. Les personnes qui mendient refusent le modèle de solidarité nationale et marquent l'échec de la politique sociale existante. Les prestations sociales sont souvent assorties d'obligations en matière d'insertion sociale. En refusant de telles obligations, les mendiants sont perçus aussi bien par l'administration que par l'opinion publique comme des personnes qui cherchent à s'exonérer d'obligations sociales. Le mendiant incarne alors l'échec d'un système qui ne parvient pas à intégrer efficacement les mendiants, ou encore la faillite de l'État providence (B. Jordan, 1999).

MENDICITÉ ET IDENTITÉ

Il est fréquent de mettre en avant les liens pouvant exister entre le travail et l'identité. Un travail similaire peut être réalisé pour la mendicité (Kwesi Kassah, 2008; Nyseth, 2008), car la personne qui s'engage dans la mendicité ne fait pas simplement de la mendicité, mais devient un mendiant (Wardhaugh & Jones, 1999 b). Les mendiants devront tout d'abord gérer leur apparence physique en se conformant aux différents stéréotypes liés à la pauvreté. Les mendiants qui ne correspondent pas aux stéréotypes risqueraient de réduire leur marge de sympathie (Clark, 1997). Un mendiant qui porterait par exemple des vêtements neufs pourrait être victime d'une

« désidentification » (Goffman, 1963b), en ne correspondant plus avec l'image imposée par les normes sociales. Cette présentation de soi est intimement liée à la question du genre. Les mendiants devront veiller à ne pas trop heurter les représentations des rôles sociaux de sexes. Cette prise en compte des stéréotypes sexués est particulièrement visible lorsqu'on compare les mendicités à travers le monde. Les stratégies de mendicité masculines seront par exemple inscrites dans un registre de mendicité passive en Grèce (Makri-Tsilipakou, 1997) (les hommes invoquant une posture de soumission par rapport au donneur), alors qu'elles seront très actives au Mexique (les hommes devant se détacher de l'image de l'homme paresseux) (Nyseth, 2008).

Les liens entre la mendicité et l'identité ne sont cependant pas limités à la question de la présentation de soi. Les mendiants ont pu être considérés comme des individus ayant une faible estime de soi (Fabrega, 1971). D'autres ont pu mettre en avant une certaine solidité psychologique, car malgré les humiliations quotidiennes, les mendiants parviennent à garder une image positive d'eux-mêmes (Lankenau, 1999b). D'après Lankenau, pour rehausser leur image, les mendiants vont chercher à entretenir des relations suivies avec certains passants qui deviennent progressivement une source de revenus régulière. Ces relations bienveillantes qui se jouent sur le long terme se démarquent des relations uniques et sporadiques qui sont fréquentes sur l'espace public. Lorsqu'un mendiant parvient à établir de telles relations privilégiées, il démontre publiquement qu'il dispose d'un réseau de connaissances. L'interaction entre le mendiant et le « donneur régulier » devient un « signe d'appartenance » (tie — sign) tel que défini par Goffman (1963), et permet au mendiant de s'élever socialement le temps d'une interaction. Dans cette quête de relations privilégiées, la gestion de l'identité devient un enjeu fondamental qui repose en partie sur la gestion des émotions. Pour décrire cet enjeu, Lankenau se réfère à la théorisation de Hochshild (1983) sur le contrôle des émotions dans les situations professionnelles. En s'appuyant sur l'exemple des hôtesses, Hochshild démontre que certains salariés sont littéralement payés pour contrôler leurs émotions. Lorsque les hôtesses de l'air parviennent à gérer un passager considéré aux yeux de tous comme difficile et désagréable, elles parviennent à gagner la sympathie et le support de l'ensemble des passagers. Dans une logique identique, lorsque les mendiants parviennent à contrôler leurs émotions face à un passant hostile, ils gagnent la sympathie et le respect des autres passants.

CHAPITRE 4
Vers une méthodologie de la mendicité

DES CONSIDÉRATIONS ÉTHIQUES

Importance de la dimension éthique

Il est schématiquement possible de distinguer deux formes d'éthiques (Guillemin & Gillam, 2004). La première, que l'on qualifie d'éthique de la procédure, concerne l'ensemble des mesures et des protocoles mis en place pour veiller au respect des droits des personnes faisant l'objet d'une recherche. Les questions relevant de la procédure sont souvent cernées par des comités éthiques. La deuxième forme est qualifiée d'éthique de la pratique et concerne les dilemmes éthiques qui peuvent survenir dans le quotidien de la recherche. Les chercheurs s'engageant dans une démarche de terrain ne prennent pas toujours le temps de s'arrêter explicitement sur cette dimension pratique (Martineau, 2007). Plusieurs explications peuvent justifier une telle posture. Tout d'abord, les recherches de terrain sont perçues comme étant des démarches respectueuses en soi, car elles reposent sur une présence prolongée sur le terrain et une relation de confiance et de proximité avec les participants (Cartani, 2004). D'autre part, on peut supposer que l'absence d'explicitation des dimensions éthiques s'enracine dans le rapport au terrain et aux participants. En effet, il est fréquent que le chercheur s'engageant dans la voie de l'observation participante soit intimidé face aux participants et au terrain (O'Reilly, 2009) et estime que les participants de la recherche n'aient pas besoin d'une protection particulière. Cela est particulièrement vrai pour les recherches menées sur des publics vulnérables. Ce manque d'éthique est soulevé depuis un certain temps pour les recherches portant sur les enfants des rues (Tessier, 1995, 1998). Pour illustrer ce manque d'éthique dans les recherches concernant les enfants des rues, je souhaiterais rapidement évoquer le protocole de recherche d'une recherche portant sur la mendicité des enfants à Madagascar (Ballet et coll., 2010) :

« Afin de gagner la confiance des enfants, l'enquête a été réalisée en plusieurs fois. Le premier passage permettait de repérer les enfants qui mendiaient, puis de prendre contact avec eux par une première discussion. Des passages supplémentaires ont ensuite été effectués afin de gagner leur confiance et obtenir au fur et à mesure les informations désirées. Il faut cependant noter que les enfants se sont montrés très rapidement "bavards". Pour peu que de l'attention leur soit accordée, ils entrent aisément dans une discussion, révélant ainsi les informations recherchées. Aucun enfant n'a refusé de parler... Les échanges avec les enfants ont été conduits en malgache. L'absence de questionnaire écrit au moment de l'entretien visait à ne pas provoquer de méfiance ou de réponses attendues (les enfants pouvant anticiper une réponse attendue par l'enquêteur). La discussion informelle était destinée à donner un aspect dans l'échange libre, qui ne forçait pas les enfants à répondre de manière mécanique. Par ailleurs, les discussions avec les enfants ont été rendues possibles dans la mesure où des adultes n'étaient pas avec eux. Dans tous les cas enquêtés, nous avons évité d'interroger un enfant si un adulte était présent, et ce afin de ne pas créer de biais. »

Cette démarche, dans laquelle les chercheurs évitent d'interroger les enfants en présence d'adultes, me paraît être une parfaite illustration de l'absence d'éthique. En ce qui me concerne, je pense qu'il est nécessaire de ne pas perdre de vue que la recherche de terrain repose le plus souvent sur une relation asymétrique. D'une part, le chercheur a besoin de participants pour mener à bien sa recherche, alors que les participants n'ont pas forcément besoin du chercheur. D'autre part, le chercheur se trouve dans une situation de pouvoir par rapport aux participants, car il choisit la thématique, oriente la recherche, décide de ce qu'il veut sélectionner et au contraire ignorer. Pour tenir compte de ces déséquilibres, deux solutions sont envisageables. D'une part, le chercheur peut essayer d'établir un équilibre en s'engageant dans des formes de recherche participative et démocratique (Murphy & Dingwall, 2001) ce qui n'est pas mon cas. La deuxième solution consiste à se référer à certains points de repère éthiques, en l'occurrence le consentement informé et la protection des enquêtés (Morrow & Richards, 1996). Je vais désormais analyser ces deux critères en me focalisant particulièrement sur la méthode de l'observation participante.

Le consentement

La notion de consentement informé est indissociable de la méthode de l'observation participante. Pour décrire la nature du consentement des participants à ma recherche, il est nécessaire de se référer à l'opposition traditionnelle existante entre l'observation dite ouverte et celle que l'on qualifie de clandestine ou de couverte (Lapassade, 2002). Dans une posture ouverte, le chercheur fait ouvertement état de sa position de chercheur et informe les participants des objectifs de sa recherche. Dans la démarche clandestine, l'identité et les objectifs du chercheur sont dissimulés. L'approche clandestine a donné lieu à des recherches fondamentales en sociologie. Elle fut notamment utilisée par les chercheurs de l'école de Chicago pour étudier la vie des vagabonds (N. Anderson, 1923), la prostitution (Cressey, 1932), mais également par des chercheurs cherchant à infiltrer des institutions closes telles que les hôpitaux psychiatriques (Rosenhan, 1973). L'approche couverte repose sur l'idée que la présence du chercheur modifie les comportements des personnes observés. On considère alors que pour atténuer « l'effet observateur » il convient d'observer les individus dans un environnement qui soit le plus naturel possible. En d'autres termes, l'observateur clandestin prétend parvenir à une plus grande neutralité et scientificité en ce qu'il n'entrave pas le comportement naturel des personnes observées.

Dans le cadre de ma recherche, j'ai constamment cherché à faire part de mon statut de chercheur, et ce dès les premières rencontres avec les participants. Ma démarche s'inscrit donc à l'encontre de cette approche clandestine et de l'idée de neutralité qu'elle véhicule. Plusieurs arguments me confortent dans cette opposition à la démarche clandestine. Il est tout d'abord possible de questionner le poids de « l'effet observateur » en considérant que la présence ouverte d'un chercheur discret (Olivier De Sardan, 1995b) ou immergé (Agar, 1986) ne soit pas réellement de nature à modifier les comportements des personnes observées. Dans le prolongement de cet argument, il est possible de constater que les populations observées dans le cadre des recherches de terrain ont souvent des enjeux qui pèsent sur leur quotidien qui sont de nature à minimiser la présence du chercheur (Becker, 1970). Certains considèrent que la démarche clandestine est à proscrire, car elle place le chercheur dans une situation de monopole face à des données qui deviennent impossible à vérifier (Herrera, 2003). D'autres arguments vont non pas remettre en question l'influence de la présence du chercheur, mais au contraire s'ériger contre l'idée de la neutralité du chercheur clandestin. Pour les chercheurs adeptes des approches interactionnistes, interprétatives et constructivistes auxquelles j'adhère (Bryant & Charmaz, 2007 ; Clarke, 2005 ; Denzin, 2003), toute présence de chercheur, qu'elle soit ouverte ou couverte est porteuse d'effets. En d'autres termes, contrairement à ce qui est souvent véhiculé par les adeptes des recherches couvertes, l'observateur clandestin n'est pas au-dessus des interactions. L'observation clandestine ne peut pas être considérée comme étant une observation neutre, mais est au contraire comme une interaction qui mérite d'être analysée. Cette neutralité est d'autant plus improbable que la posture couverte peut engendrer des effets complexes et difficilement contrôlables lorsque le chercheur, figé dans sa posture clandestine, est amené à élaborer des mensonges pour préserver son anonymat (Adler, 1985 ; D. Murphy, 1986). O'Reilly (2005) avance une série d'arguments s'opposant à la posture couverte. Cette posture serait tout d'abord à bannir, car elle ne permet pas d'obtenir le consentement des participants. L'observation participante clandestine peut alors être comparée à une forme d'exploitation, car le chercheur va tirer profit des expériences des individus sans que ces derniers n'aient donné leur accord. Les participants n'ont aucun contrôle sur le portrait qui sera dressé par le chercheur, il existe donc un risque de tromperie. Cette approche serait également à éviter, car il est impossible de garantir que la posture clandestine soit conservée jusqu'au bout de la recherche ; si la posture de recherche est révélée, les conséquences sont imprévisibles. L'observation participante clandestine est également nuisible à l'image de la recherche de terrain en ce qu'elle peut provoquer une méfiance vis-à-vis de la communauté des chercheurs.

La recherche participante couverte est une solution qui est aujourd'hui considérée comme étant envisageable uniquement lorsqu'il n'existe aucune autre alternative. Cette posture semble faire l'objet d'un consensus : l'ouverture est la règle, la clandestinité l'exception. Les préconisations du code éthique de l'Association Internationale de Sociologie s'inscrivent dans ce sens : « le consentement des sujets de la recherche et des informateurs doit être obtenu à l'avance. Une recherche maintenue secrète doit être en principe évitée, à moins que ce soit l'unique méthode pour obtenir l'information, et/ou quand l'accès aux sources habituelles d'information est entravé par les autorités ». Il semble néanmoins que l'observation participante clandestine soit admise lorsque la recherche est davantage focalisée sur l'expérience du chercheur que sur les expériences d'autrui. En adoptant une posture centrée sur le chercheur, des recherches clandestines récentes ont par exemple pu être effectuées sur le monde des abattoirs (Muller, 2008). La distinction entre recherche ouverte et clandestine doit cependant être nuancée. Sur le terrain, l'information des participants va souvent varier au regard de ce que l'on pourrait qualifier de « degré d'ouverture » ou au contraire « degré de clandestinité ». La majorité des chercheurs s'engagent dans des démarches ouvertes, mais apportent plus ou moins de précision sur les finalités et les buts de leur recherche. Ce degré d'information est difficilement saisissable, car il se négocie graduellement au cours de la recherche. En ce qui concerne ma recherche, j'ai adopté une posture inductive en débutant avec une question de recherche assez vague. Ainsi, lors de mes premières interactions avec les participants, je me suis trouvé dans l'incapacité de fournir des informations trop précises quant aux finalités de ma recherche. J'ai dans un premier temps essayé d'établir un socle d'information de référence à communiquer. Je tenais à informer les participants du fait que j'étais un étudiant français venant étudier la mendicité des enfants dans le cadre d'une thèse de sciences de l'éducation.

Cependant, un bon nombre de participants de cette recherche ignoraient la signification des notions de recherche, de thèse, des sciences de l'éducation. Pour certains, c'est l'existence même de la France qui était inconnue.

« L'opération d'information » a été particulièrement délicate sur le terrain indien. Dès les premiers jours sur le terrain, mes assistants et moi avons fait la démarche de nous présenter auprès d'un certain nombre de commerçants ambulants et de policiers fréquentant Gateway of India. Prenant progressivement conscience des complexités à informer, j'ai décidé de me contenter d'explications simples. Après avoir consulté mes assistants, nous avons décidé d'élaborer un véritable plan de communication en nous focalisant sur deux idées principales. D'une part, je tenais à faire comprendre que ma présence était motivée par la volonté de comprendre le mode de vie de cette communauté de mendiants et que j'étais particulièrement focalisé sur le mode de vie des enfants. Le deuxième message était relatif au fait que je n'étais ni affilié à une institution indienne ni à aucune organisation non gouvernementale. Cette précision avait à la fois pour but de ne pas me faire assimiler à un travailleur social dont l'image au sein de la communauté était plutôt négative, et d'autre part d'expliciter le fait que je n'avais aucun bien matériel à proposer. Malgré mes tentatives d'explicitation, je ne suis pas en mesure d'affirmer que les participants aient réellement compris le sens de ma démarche.

Sur mon terrain thaïlandais, la configuration était plus propice à la communication de mes objectifs de recherche. L'espace public était moins fréquenté et ma présence sur le terrain était plus visible. Il semble que le consentement ait été plus éclairé et plus diffusé qu'en Inde. Pour illustrer ce degré d'information, je citerai un groupe de 3 prostituées ladyboys (transsexuelles) travaillant sur mon terrain de recherche qui avaient pour habitude de m'interpeller dans la rue lorsque je les croisais, c'est-à-dire quotidiennement, en hurlant toujours la même phase :

« Hey poumpouille (le gros). N'oublie pas de parler de nous aujourd'hui dans ton livre. »

Il convient également de ne pas trop se focaliser sur l'opposition entre démarche couverte et ouverte, car dans les faits, j'ai été amené à naviguer entre les diverses postures. Il n'a pas toujours été aisé de tenir les participants au courant des évolutions de ma recherche et de mes hypothèses émergentes. Dans certains cas de figure, mes hypothèses de terrain m'ont amené à adopter une posture de type couverte en dissimulant certaines informations. J'ai par exemple été amené à taire un certain nombre d'hypothèses que j'avais formulées à l'égard de la question des interactions entre enfants mendiants et ladyboys prostituées en m'apercevant que les enfants avaient souvent des relations conflictuelles avec ces dernières alors que les relations avec les femmes prostituées étaient plutôt chaleureuses. De même, j'ai souvent été amené à couvrir mes émotions et mes opinions personnelles, cela fut notamment le cas dans les relations avec certains touristes sexuels. Il est également important de préciser que la frontière entre posture ouverte et couverte est souvent perméable du fait que ma recherche s'est déroulée sur l'espace public. Je n'ai donc pas été en mesure de préciser mes objectifs de recherche à l'ensemble des personnes rencontrées.

Dans mes différents terrains, on peut considérer que ce sont les touristes qui ont bénéficié du plus faible degré d'information sur ma recherche. Lorsqu'il m'est arrivé d'interagir avec eux, je prenais le soin d'expliciter ma démarche. Cependant, dans la majorité des cas, j'ai été amené à observer les touristes sans rentrer directement en contact avec eux. Cette situation met en relief la perméabilité des classifications de l'observation qui peut être à la fois participante, non participante ; certains parlent également d'observation flottante (Pétonnet, 1982). Si je devais résumer, je pourrais dire que ma posture a été très ouverte en ce qui concerne les mendiants et leurs familles, assez ouverte pour ce qui est des professionnels fréquentant quotidiennement mes terrains, et couverte en ce qui concerne les touristes. Dans le schéma ci-dessus, j'ai tenté de représenter le consentement des différents participants rencontrés. Pour cela, j'ai fait le choix de me référer à la définition juridique du consentement qui repose sur deux facteurs, à savoir la capacité à consentement et le degré d'information. Dans ce schéma, je considère que plus ces facteurs sont élevés, plus les participants sont susceptibles de se trouver dans une situation de consentement éclairé. Dans la situation inverse, lorsque le degré d'information et la capacité à consentement sont faibles, les participants se trouvent dans une situation que l'on pourrait qualifier d'absence de consentement ou d'abus de consentement lorsque le chercheur utilise des supercheries pour investiguer un terrain.

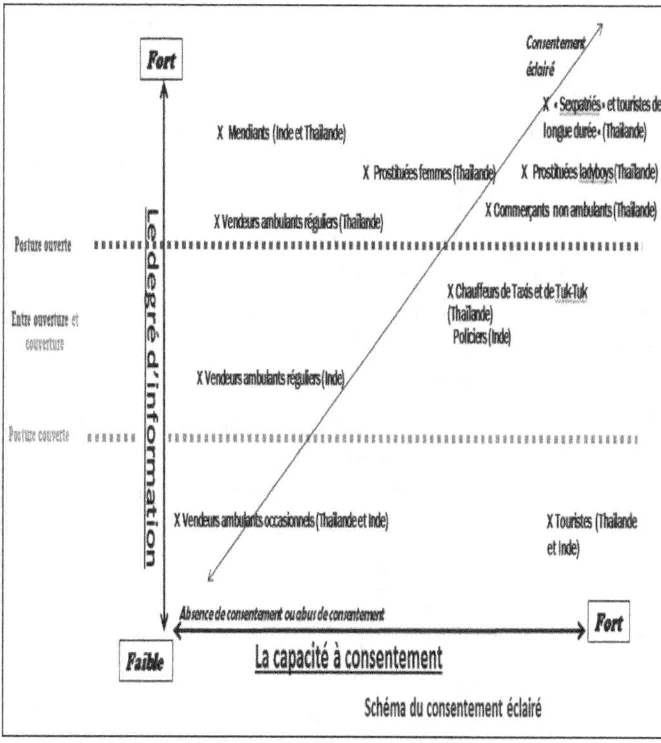

Figure 5 : La capacité à consentement

La Protection

Le deuxième point de repère éthique que je souhaite soulever concerne la protection. Ce critère est indissociable de la notion de responsabilité d'après laquelle le chercheur est à la fois responsable de ses propres actions, mais également des actions des personnes engagées dans sa recherche. Cette protection concerne tout d'abord la dimension physique et matérielle.

La protection matérielle peut être difficile à garantir à tous instants. Fort heureusement, aucun incident grave n'est à mettre sur le compte de ma recherche. Néanmoins, à plusieurs moments, j'ai eu le sentiment de placer mes collaborateurs dans des situations risquées. Pour illustrer ces risques, qui peuvent paraître anecdotiques, je peux citer le passage aux urgences de mon directeur de thèse en Thaïlande, des accidents dans les transports évités de justesse (dans la ligne de train que j'empruntais quotidiennement avec mes collaborateurs, on compte en moyenne 10 morts par jour), ou encore quelques altercations avec la police indienne qui auraient pu facilement dégénérer. Au-delà de l'aspect matériel, le chercheur doit également veiller à ce que la dignité des participants soit protégée (Van der Maren, 1999) et de ne rien faire pouvant nuire à leur vie (P. Connolly, 2003). Ainsi, un de mes objectifs principaux était de ne pas nuire aux activités professionnelles des participants. La protection concerne également l'intimité qui devra être préservée par le chercheur devant faire la part entre ce qui relève de la confidence et des matériaux de recherche (O'Reilly, 2009 ; Van der Maren, 1999).

Éthique et recherche portant sur les enfants

Les questions éthiques sont délicates à traiter lorsque les recherches concernent les enfants. Pour la question du consentement, on considère qu'il est nécessaire d'obtenir la permission des parents ou des adultes responsables (Taylor & Woods, 2005). La question du consentement parental soulève un certain nombre de questions. On peut tout d'abord se demander s'il doit être défini de manière identique pour l'ensemble des enfants (G. A. Fine & Sandstrom, 1988). En d'autres termes, doit-on se référer à la définition de l'âge légal et considérer que tous les individus de moins de 18 ans sont des enfants pour qui l'accord des parents est obligatoire ? Est-il au contraire possible d'adopter une approche plus compréhensive basée sur des critères tels que l'autonomie et la responsabilisation des enfants ? Peut-on par exemple considérer que le consentement des parents est moins important pour des enfants contribuant largement aux charges financières de leurs foyers en travaillant dans le secteur informel que pour les enfants scolarisés ? La question du consentement des parents va également poser problème lorsqu'il s'agit de mener des recherches avec des enfants vivant sans la présence d'adultes référents. Certains chercheurs indiens travaillant sur les enfants des rues ont fait la démarche d'aller recueillir le consentement des autorités locales (Pagare, Meena, Jiloha, & Singh, 2005). Une telle approche est questionnable, car elle peut entraîner des conséquences que le chercheur n'est pas en mesure de contrôler. La présence d'enfants non accompagnés d'adultes sur l'espace public soulève des questions concernant à la fois l'autorité parentale et la responsabilité. Les enfants en situation de rue se trouvent souvent dans l'illégalité au regard des obligations scolaires ou des activités professionnelles qu'ils exercent. La présence du chercheur doit en principe entraîner le moins de conséquences possibles sur la population enquêtée, et lorsque c'est le cas, on estime que ces changements doivent émaner ou tout du moins être acceptés par les individus observés.

Dans mon cas de figure, la question des enfants sans la présence d'adulte responsable ne s'est pas réellement posée. Les enfants rencontrés étaient sous la responsabilité d'un parent biologique, ou d'un adulte appartenant à la même communauté. Dans le cas de figure indien, les observations auprès des enfants ont ainsi débuté après que le contact avec les parents soit établi et qu'un accord verbal soit acquis. Dans le cas thaïlandais, il a été difficile de nouer des contacts avec les parents des enfants mendiants. Les contacts ont d'abord été établis avec les enfants qui m'ont eux-mêmes introduit à leurs parents. Je reviendrai en détail sur les relations avec les participants dans le cadre de ce chapitre méthodologique.

La question du consentement des parents est également indissociable de celle de la participation des enfants. En se référant à l'article 12 de la Convention des Nations Unies sur les droits de l'enfant, il est en effet possible de considérer ces derniers comme des individus compétents pouvant être de véritables acteurs de leur monde. Dans une telle logique, on devrait chercher, lorsque cela est possible, à associer les enfants aux décisions qui les concernent. Certains chercheurs considèrent que la participation des enfants aux recherches peut avoir un certain nombre d'effets positifs. Participer à une recherche participative peut notamment donner aux enfants un sentiment de contrôle sur leur individualité, leur autonomie et leur intimité (Weithom & Scherer, 1994). Certains vont plus loin en considérant qu'il est possible d'attribuer aux enfants un statut d'assistant chercheur. L'association des enfants à la recherche (Lundy & McEvoy, 2012) concerne aussi bien les phases de collecte de données que l'analyse des données portant sur d'autres enfants (Alderson, 1995; Ennew & Morrow, 1994). Ces démarches reposent sur l'idée qu'il est difficile pour un adulte de comprendre et d'interpréter le comportement et le raisonnement d'un enfant (G. A. Fine & Sandstrom, 1988). Dans le cadre de ma recherche, je n'ai pas été en mesure d'associer les enfants aux différentes étapes de ma recherche. Néanmoins, nous avons ancré notre recherche dans le cadre de la nouvelle sociologie de l'enfance en essayant d'être sensibles aux spécificités de l'enfance.

Nous allons désormais nous intéresser à la deuxième phase de la méthodologie, qui est celle des paradigmes et des perspectives théoriques.

Paradigmes et perspectives théoriques : Démarches interprétatives, constructivistes et herméneutiques

Sur les plans épistémologiques et ontologiques, le constructivisme repose sur l'idée que la réalité objective indépendante et externe au chercheur n'existe pas. La connaissance est au contraire modelée par les personnes qui la recueillent et se construit à travers les interactions sociales. Ces présuppositions impliquent un changement dans la recherche, car il ne s'agit plus de se centrer sur l'explication des phénomènes comme cela peut être le cas dans les sciences naturelles, mais au contraire de se focaliser sur leur compréhension. Ce changement de perspective, qui est le plus souvent identifié comme relevant d'un « tournant interprétatif » (W. M. Sullivan & Rabinow, 1979), se place dans la lignée des travaux de Wilhelm Dilthey, Edmund Husserl et de Max Weber.

Les sources des approches constructivistes sont assez nombreuses. Les travaux de Dewey, pour qui la connaissance se construit dans les contextes sociaux, sont souvent perçus comme ayant une paternité sur la démarche constructiviste (Costantino, 2008). C'est également Piaget et l'idée d'un développement cognitif construit à travers la compréhension de la réalité qui marquera cette démarche. Les travaux de Vygotsky qui insistent sur la dimension sociale et culturelle d'une cognition reposant sur les interactions contribueront à consolider et diffuser le constructivisme. Aujourd'hui, trois formes de constructivisme semblent cohabiter (Phillips, 2000).

La première forme, que l'on qualifie de constructivisme psychologique, aborde à la fois des questions d'ordre épistémologiques tout en se focalisant sur des questions éducatives, en considérant que l'individu dispose d'un pouvoir de décision (Bruner, 1996). Les apprentissages sont perçus comme relevant d'une construction et non d'une acquisition, on considère ainsi que l'apprenant doit avoir un rôle actif dans la construction de connaissances. Les pédagogies basées sur des principes constructivistes mêleront ainsi les théories éducatives de Dewey aux théories psychologiques de Piaget.

La deuxième forme de constructivisme est identifiée comme étant un constructivisme social. Des questions relevant de l'épistémologie et de l'ontologie seront alors soulevées. Sur ces plans, on considère que toutes les connaissances, y compris celles que l'on considère comme étant des réalités historiques, sont déterminées par la jonction des dimensions politiques, des valeurs, des idéologies, des croyances religieuses et de la langue. Cette démarche est en grande partie inspirée des travaux de Vygotsky sur l'apprentissage socioculturel et la théorie de la zone proximale de développement selon laquelle les apprentissages découlent d'une construction sociale des cognitions.

La dernière forme de constructivisme est nommée constructivisme radical en ce qu'il repose sur l'idée que l'ensemble du monde extérieur peut être réduit à un ensemble de constructions qui n'existent que parce que les individus ont une conscience subjective de leur existence. Ce courant est fortement marqué par les travaux de Ernst von Glasersfeld (von Glasersfeld, 1995). Selon von Glasersfeld, il n'y a pas de milieu d'apprentissage absolu, mais seulement un environnement d'apprentissage perçu et construit dans l'esprit de chaque élève. Il convient donc dans le champ éducatif de prendre conscience que les perceptions que nous avons de l'enseignement, des milieux et des environnements éducatifs à la fois physiques et psychologiques, sont les résultats de constructions et que chaque individu pourra répondre différemment à chacune de ces constructions.

En puisant une inspiration dans ces différentes formes de constructivisme, les travaux des chercheurs américains Guba et Lincoln (Guba & Lincoln, 1989, 2005 ; Lincoln & Guba, 2000) ont contribué à conférer au paradigme constructiviste une véritable dimension de recherche. Dans l'épistémologie constructiviste, la connaissance se construit entre l'enquêteur et le participant à travers les interactions qui naîtront du processus d'enquête. La compréhension est perçue comme étant le fruit d'une construction conjointe des enquêteurs et des participants, à la croisée des points de vue étiques et émiques. Sur le plan ontologique, la réalité est considérée comme étant à la fois relative, multiple, socialement construite et indépendante de quelconque loi ou principe se voulant naturel.

Compte tenu de la relativité des dimensions épistémologiques et ontologiques, l'approche constructiviste suppose la mise en place de critères permettant d'évaluer les recherches. Guba et Lincoln (2000) évoquent certains critères de crédibilité. Les connaissances produites peuvent tout d'abord être considérées comme étant crédibles lorsqu'il existe un consensus au sein d'une communauté de chercheurs et d'experts. On considère également que la crédibilité réside dans les nouveaux éléments de connaissances apportées par la recherche en question.

Ces deux critères peuvent être mis en lien avec le critère de transférabilité qui est perçu comme étant primordial. Pour atteindre cette transférabilité, il convient de s'engager dans un processus de description dense et détaillée telle que décrite par Geertz (1973). À partir de la description étendue, il revient aux lecteurs de transférer la compréhension à d'autres contextes et d'évaluer la similitude et d'apprécier la transférabilité.

En rejetant l'existence d'une connaissance objective extérieure au chercheur, le constructivisme reconnaît que les valeurs de ce dernier vont influencer la connaissance construite. Ces critères de crédibilité seront associés à la transparence et la traçabilité des données et des interprétations. La transparence et la traçabilité reposent d'une part sur l'accès aux données primaires : le lecteur doit être en mesure de lier les interprétations aux données primaires. D'autre part, on considère qu'il est nécessaire que la logique d'interprétation et les stratégies d'analyses soient explicitées.

La recherche constructiviste sera également appréciée au regard du critère d'authenticité (Lincoln & Guba, 2000). Cette focalisation sur l'authenticité, qui s'explique par le fait que la recherche a plus souvent lieu dans une configuration naturelle, vise à réguler les questions liées aux relations de pouvoir entre le chercheur et le participant et de justice sociale. L'authenticité comporte trois dimensions à savoir l'équité, l'authenticité ontologique et l'authenticité catalytique. L'équité fait référence à la présentation équilibrée de toutes les perspectives, les valeurs et les croyances liées à l'enquête. L'authenticité ontologique concerne les participants de la recherche et leur nouvelle compréhension de l'objet de la recherche suite à leur participation. L'authenticité catalytique détermine quant à elle, la capacité de la recherche à impulser des actions.

Ma recherche aura la particularité de combiner la démarche constructiviste et la Grounded Theory. Ontologiquement et épistémologiquement, je pencherai pour une version de la Grounded Theory relativiste et subjectiviste. Cette Grounded Theory développée par Charmaz (Charmaz, 1995, 2000) place le chercheur dans une véritable position d'auteur de sa recherche et s'oppose aux approches traditionnelles de la Grounded Theory reconnaissant l'existence d'une réalité extérieure au chercheur. Le chercheur n'est plus perçu comme un expert distant, mais au contraire comme un chercheur de proximité fidèle aux récits des participants et impliqué dans la production des données (Charmaz & Mitchell, 2001). Annells (1997) considère qu'en reprenant le positionnement de Charmaz d'un point de vue constructiviste, il est possible d'évoquer un nouveau paradigme de la Grounded Theory rejetant à la fois les notions d'émergence et d'objectivité. Dans cette approche, on ne va pas considérer que les données sont de nature à fournir une fenêtre sur la réalité, mais au contraire que la découverte de la réalité découle du processus interactif entre chercheur et participants et des contextes temporels, culturels et structurels dans lesquels les recherches se déroulent (Charmaz, 2000).

L'hypothèse principale de la Grounded Theory constructiviste à laquelle j'adhère repose sur l'idée que les données sont produites à partir des interactions entre chercheurs et participants. En conséquence, le chercheur se dans une position de coproducteur des données. Pour mieux analyser ces processus de productions, il convient d'engager des descriptions des interactions entre chercheurs et participants en se focalisant à la fois sur les situations, l'affect, les perceptions (Charmaz, 1995).

Dans la phase d'analyse, le chercheur est incité à se plonger dans les données en veillant à ce qu'il soit constamment guidé par les voix et les récits des participants. Le chercheur doit garder à l'esprit que c'est la vie des participants et leurs expériences qui constituent le point d'ancrage des recherches.

Par conséquent, dans la restitution finale de la recherche, une place devra être réservée aux récits des participants. Le style d'écriture préconisé par Charmaz (2001) se trouve donc plus proche du style littéraire que du style scientifique : le style d'écriture doit permettre de restituer les expériences telles que vécues par les participants, et devra prendre soin d'apporter aux lecteurs des fragments du terrain (Mitchell & Charmaz, 1996). La restitution finale devra donc refléter ce délicat équilibre entre l'expérience des participants et la dimension analytique.

LE RECUEIL DE DONNÉES

La triangulation

La notion de triangulation est issue du vocabulaire mathématique, elle permet par exemple en navigation de déterminer de manière indirecte la position d'un point à partir de deux autres points dont on connaît la position. Dans les sciences sociales, la triangulation peut être définie comme une combinaison de méthodes de recherches dont le but est d'étudier des phénomènes en interaction sous l'angle de perspectives multiples et variées (Denzin, 1978). La triangulation repose sur l'idée qu'il est possible d'aller vers une meilleure compréhension d'un phénomène lorsqu'on l'approche avec une variété de méthodes de recherche. On associe un certain nombre de qualités à la triangulation. Elle peut tout d'abord avoir une fonction exploratoire en permettant aux chercheurs de s'ouvrir sur de nouvelles perspectives. La triangulation peut également être de nature compensatoire en ce qu'elle permet de réduire les présupposés faiblesses d'une méthode unique. Mais ce sont les « vertus enrichissantes » de la triangulation qui sont mises en avant. La triangulation permettrait d'augmenter la qualité, la cohérence et la crédibilité de la recherche, et ce à tous les niveaux d'une recherche (Pourtois & Desmet, 1997).

La triangulation est souvent complexe à mettre en place. La première des difficultés consiste à identifier un sujet pouvant faire l'objet d'une ou de plusieurs triangulations ; il est pour cela nécessaire d'avoir au préalable clairement formulé une question de recherche. La deuxième difficulté est quant à elle liée à la complexité à concilier des résultats et des interprétations différentes et parfois divergentes. La question de la hiérarchisation, la nature et l'utilisation des différents résultats ne fait pas l'objet d'un consensus chez les chercheurs. Finalement, c'est la faisabilité de la triangulation qui est souvent mise en avant comme une difficulté ; la triangulation demande un investissement en temps et en argent plus important qu'une recherche à méthode unique.

Il existe plusieurs formes de triangulation. Les trois principales sont la triangulation des sources, la triangulation des chercheurs et la triangulation des méthodes et des méthodologies (Denzin, 1978). Il est également possible d'évoquer une triangulation des théories et des perspectives (Patton, 2002). Dans le cadre de cette recherche, nous avons tenté de mettre en place une triangulation à différents niveaux.

La triangulation des méthodes et méthodologies

Comme nous l'avons longuement exposé, dans cette recherche, nous nous référons simultanément à l'ethnographie et à la Grounded Theory en considérant que la Grounded Theory permet d'aller vers une meilleure ethnographie. Cette association, basée sur la volonté de dépasser les limites d'une approche unique, constitue à nos yeux une triangulation méthodologique. Au-delà de cette association de méthodes que l'on pourrait considérer comme proches, nous avons également fait le choix d'utiliser des outils quantitatifs. Comme le préconise la Grounded Theory, nous avons adapté notre protocole de recherche au regard des hypothèses ayant pu émerger du terrain. Afin de comparer la mendicité en Inde et en Thaïlande, nous avons été amenés à développer un questionnaire de type psychométrique que nous avons intitulé « Échelle de la mendicité et du travail des enfants ». Cette recherche repose donc à la fois sur des données qualitatives et quantitatives.

Triangulation des sources

Nous avons été amenés à faire varier notre recueil de matériaux de recherche au regard des variables spatio-temporelles. Nos recherches se sont échelonnées sur une période de 3 ans pendant laquelle nous avons fait des allers-retours entre nos différents terrains. Nous avons également fait le choix d'une comparaison internationale. Ainsi, la comparaison entre Bangkok et Bombay nous permet de vérifier la cohérence des matériaux recueillis.

La triangulation des chercheurs et enquêteurs

La triangulation des chercheurs a tout d'abord eu lieu lors de la phase de recueil de données. Sur mon terrain indien, j'étais constamment accompagné de guides-interprètes. En Thaïlande, j'ai été épaulé par une sociologue et une prostituée pour l'élaboration et la passation de mon questionnaire. Toutes les phases de terrain se sont soldées par des séances de débriefing dans lesquelles je faisais état de mes analyses et de mon codage émergent. Dans cette triangulation des chercheurs, il faut bien évidemment mentionner le rôle de mes 3 directeurs de thèses qui ont été d'une aide précieuse. Sur l'ensemble de mes terrains, près de 7 personnes ont été impliquées dans ma thèse sur des périodes s'échelonnant sur plusieurs mois

Déroulement de la collecte de données

La phase de recueil de données s'est déroulée sur une période de 3 ans entre 2009 et 2011. En totalité, 16 mois auront été passés à l'étranger. Dans la mesure du possible, nous avons tenté de faire des allers-retours entre les deux terrains afin de pouvoir respecter la méthodologie de comparaison constante préconisée par la Grounded Theory. J'ai passé une plus longue période en Inde, car la phase exploratoire aura été plus longue qu'en Thaïlande. Lors du premier mois de recherche en Inde, j'ai ainsi été amené à explorer pas moins de 5 différents terrains avant de me focaliser sur un terrain définitif. En Thaïlande, le premier terrain exploré a été choisi comme terrain principal. Il est ainsi possible de considérer qu'en totalité, 15 mois auront été passés auprès des communautés de mendiants sur lesquels cette recherche est focalisée.

	2009	2010	2011	TOTAL
Bombay	2 mois	4 mois	3 mois	9 mois
Bangkok	0 mois	1 mois	6 mois	7 mois

Tableau 3 : Recueil de données

Échantillonnage

Comme le prévoit la Grounded Theory, j'ai opté pour un échantillonnage théorique. On parle d'échantillonnage théorique lorsque les terrains et les participants sont choisis par le chercheur, car ils présentent la capacité de faire émerger la théorie (Glaser & Strauss, 1967 ; Glaser, 1978). Je ne me suis donc pas tant focalisé sur les populations, mais plutôt sur les configurations susceptibles de produire de la théorie. Comme nous pouvons le constater dans le schéma suivant, ces terrains ont été étudiés jusqu'à ce que le développement théorique soit satisfaisant (certains chercheurs parlent de saturation).

Le chercheur comme instrument de recherche

Les chercheurs pratiquant une approche quantitative cherchent à se dissocier du processus de recherche. Dans la recherche qualitative, la démarche est différente, car le chercheur est une partie intégrante de la recherche. L'implication est caractéristique de l'approche qualitative (Patton, 2002), le chercheur est perçu comme un véritable instrument de recherche (Lincoln & Guba, 1985). Cette position est inhérente à la nature interprétative de la recherche qualitative. Le chercheur laisse son empreinte dans toutes les phases de la recherche : il oriente les questions de recherches, façonne la production de données, organise et interprète ses données et choisit les modalités de restitution. Dans notre recherche qui s'inscrit dans une approche constructiviste, le poids du chercheur est plus que jamais reconnu. À l'image de Charmaz (2000), nous considérons que les données naissent des interactions entre le chercheur et les participants. Dans une telle perspective, il est possible de considérer que c'est autour de la personne du chercheur, de son positionnement, de son histoire, de son habilité et de ses interactions avec les participants que peut être établie la crédibilité d'une recherche. Nous avons donc fait le choix de nous focaliser sur les rapports entre chercheur et participants. La recherche de terrain va de pair avec un engagement à long terme sur le terrain. Cet engagement entre le chercheur et les participants est mutuel. Il repose sur un ensemble de relations basées sur la confiance et la compréhension. La confiance entre le chercheur et les participants est fondamentale. Des données recueillies par un chercheur n'ayant pas su nouer des relations de confiance avec les participants auraient une crédibilité limitée. Il en est de même pour l'implication. Des données produites par un chercheur ayant des relations superficielles avec les participants seraient d'un intérêt limité.

Une construction graduelle de la confiance.

La confiance est intimement liée à la posture de recherche. Certains chercheurs font la démarche de construire des rapports de confiance avec les participants avant d'introduire le fait qu'ils sont dans une démarche de recherche (Browner & Preloran, 2006). Dans mon cas de figure, j'ai fait le choix de me présenter en tant que chercheur dès les premières interactions en adoptant une posture que l'on peut qualifier d'ouverte (cf. partie sur l'éthique). La construction de la confiance avec les participants n'a pas été similaire dans mes différents terrains.

Un classicisme ethnographique

Dans une recherche ethnographique de grande qualité menée dans un quartier prostitutionnel de Bangkok, Roux (2011) a pu considérer que le travail ethnographique classique basée sur des entretiens informels relevait d'une mission impossible :

« Ma présence a suscité un certain nombre d'interrogations ; mais parmi toutes les difficultés qu'une enquête sur la prostitution peut soulever, celle de la distance sociale qui me sépare des enquêté — e-s est apparue comme l'une des plus difficiles à surmonter. Non seulement ma condition d'homme de type occidental relativement aisé et éduqué me séparait déjà fortement des hommes et des femmes de Paptong, mais elle me renvoyait également à la position d'un client ou d'un touriste, me situant implicitement dans une position délicate. Mes motivations, systématiquement justifiées, convainquaient difficilement. Elles pouvaient même apparaître malhonnêtes aux yeux de certains interlocuteurs, pour lesquels toute intention autre que sexuelle semblait improbable sinon impossible (...). Durant tout le processus de recherche, j'ai dû m'accommoder de ces attentes sexuelles supposées, tant du côté Thaïlandais qu'occidental (...). J'essayais, qui plus est, de revenir régulièrement dans les mêmes établissements pour nouer ces fameux liens de confiance auxquels tous les manuels d'ethnographie font référence. Mais la confiance n'émerge pas mécaniquement de la présence répétée. Au contraire, l'effet s'est avéré complètement contre-productif puisque je n'ai su attirer que méfiance et moqueries amusées (…). Ces jeunes femmes n'avaient effectivement aucune raison de me faire confiance étant donnée la particularité de ma position et de ma condition (…). Après ces quelques semaines inutiles, j'ai donc dû définir une nouvelle approche (…). La langue thaïe m'est apparue comme un premier impératif (...). J'ai ensuite cherché à solliciter les structures intermédiaires (p14) ».

Ma recherche présente un certain nombre de similarités avec celle de Roux. Les quartiers étudiés ont de nombreux points en communs. Nous partageons une certaine distanciation sociale avec les participants. Des similarités peuvent également être relevées sur le plan des enjeux méthodologiques. Tout comme Roux, ne pas être assimilé à un touriste sexuel a été fondamental. Ces derniers, le plus souvent qualifiés de « Farang », sont perçus comme des individus déviants. D'après Roux, « le terme "farang" est employé comme une catégorie nationale et raciale. C'est le "Blanc". Le ou la farang n'est pas que blanc, c'est un blanc nécessairement irritable, relativement grossier, peu au fait des normes de pudeur et de savoir-vivre et incapable de gérer ses émotions ». Il est donc important de se détacher d'une telle figure avant de pouvoir prétendre à l'instauration de toute relation de confiance avec les participants. Malgré ces nombreuses similarités, ma recherche diffère de celle de Roux au niveau des rapports avec les participants. Les propos de Roux contrastent avec la facilité que j'ai eu à décoller de la figure du touriste sexuel occidental. Ces différences s'expliquent en grande partie par les contextes. À la différence de Roux qui s'est focalisé sur la prostitution dans les gogos-bars, mes terrains de recherche se trouvent exclusivement sur l'espace public. Cette différence est de taille. Sur l'espace public, les interactions sont caractérisées par une certaine transparence, car ils se font aux yeux de tous. Une présence prolongée sur l'espace public sera donc plus rapidement identifiée qu'une présence prolongée dans des espaces privés. Dans ce cadre touristique prostitutionnel se trouvant sur l'espace public, il est possible d'évoquer un certain classicisme ethnographique. En effet, la présence prolongée sur le terrain, qui correspond à un critère ethnographique classique, semble avoir un effet accélérateur sur la construction du rapport de confiance avec les participants. L'équation entre la confiance et le facteur temps est simple : plus le temps de présence sur place est long, moins on a de chance d'être associé à un touriste sexuel. Le touriste se rendant à Nana ne reste généralement pas plus 10 jours sur place. La simple présence prolongée sur une période de plus d'un mois permet de s'éloigner de l'étiquette de touriste sexuel et ainsi se détacher des clichés qui lui sont généralement associés.

L'attitude sur l'espace public permettant de construire de la confiance avec les participants s'inscrit également dans un certain classicisme. Pour me détacher de la figure du touriste sexuel, je n'ai eu qu'à me conformer à certains comportements associés à l'image d'un l'homme respectable. Lors de mes deux premières semaines à Nana, j'avais pour habitude de passer la plus grande partie de mes soirées assis au pied d'une terrasse d'un des plus grands bars de Nana. Je m'asseyais sur un rebord de marche assez inconfortable en contrebas des touristes consommant de l'alcool. Étant au cœur de l'activité touristique, je me faisais à la fois aborder par les mendiants et les prostituées. Ces dernières essayent souvent d'engager la conversation avec les touristes. Lorsqu'elles venaient vers moi en me demandant ce que je faisais, je prenais toujours le soin d'expliquer ma démarche de recherche. Après quelques jours passés sur place assis au même endroit, j'ai pu me faire remarquer sur l'espace public. Conscient du poids de l'image et de l'imaginaire dans les premières interactions, j'ai pris le soin d'essayer de renvoyer une image positive de moi, me démarquant de l'image du touriste sexuel qui est fortement dépréciée. Le premier stéréotype associé au touriste sexuel auquel j'ai voulu m'éloigner est celui de l'homme ivre. Cet exercice fut pour moi assez facile, car il se trouve que je ne bois pas d'alcool. Lorsque j'étais dans la rue, j'avais le plus souvent une bouteille d'eau à la main que je prenais soin de rendre bien visible. Au bout de quelques jours, j'étais identifié comme le buveur d'eau de Nana. La deuxième image à laquelle je souhaitais être identifié était celle d'un étudiant. Lors de mes interactions, j'essayais toujours de préciser que j'étais affilié à l'Université de Burapha qui a plutôt une bonne réputation. Finalement, il a également été important pour moi de démontrer que je n'étais pas à la recherche de rapports sexuels tarifiés. Pour ce faire, il a tout d'abord été important de décliner fermement et sans équivoque toute proposition de nature sexuelle. J'ai été dans cette mission grandement aidé par la visite en Thaïlande de ma fiancée française lors de ma deuxième semaine de terrain. Lors de sa venue, j'ai fait le choix de la présenter aux mendiants et aux prostituées que je connaissais.

Ce geste a été apprécié par les différents participants. Ces quelques éléments de base ont suffi pour faire assez rapidement de moi un « good man » aux yeux des mendiants et des prostituées. La construction d'une telle image a été facilitée par un certain nombre d'éléments. J'ai tout d'abord pu bénéficier des effets de la rumeur publique qui fonctionne à merveille dans le quartier de Nana. Les prostituées passent une grande partie de leur temps à discuter entre elles en attendant les clients. Le « commérage » de rue m'a été bénéfique. Au bout d'un mois, je me suis rendu compte que des prostituées avec qui je n'avais jamais parlé savaient qui j'étais et avaient plutôt une image positive de moi : je n'ai plus jamais été perçu sur l'espace public comme un potentiel client. Mon travail a également été facilité par les rythmes d'activité de Nana. Dans la dernière partie de soirée (entre 3 h et 5 h), les passants se font plus rares et l'activité des mendiants et des prostituées se ralentit. Au cours de ces périodes « creuses », j'ai réellement pu prendre le temps d'avoir des conversations assez élaborées avec les différents participants.

Il est également possible d'évoquer un certain classicisme, car le respect des recommandations ethnographiques de base a porté ses fruits. L'empathie de terrain, qui est un invariant de la relation ethnographique, a pu prendre des formes assez simples : capacité à reconnaître assez rapidement les personnes par leurs prénoms ou surnoms, attitude dénuée de jugement, ouverture d'esprit, capacité à engager des conversations sur des sujets très divers... Cette empathie a été un bon moyen d'accès aux participants. Il en a été de même pour la discrétion du chercheur. Pour être discret et ne pas entraver les activités des participants, j'ai par exemple pu utiliser de grandes enveloppes en guise de journal de bord ; la prise de notes sur cahier ne cadre pas trop avec l'ambiance de Nana. Finalement, l'accès au terrain a été facilité par l'intermédiaire de portiers. Lors de mes premières semaines sur place, j'ai pu faire la rencontre d'un mendiant notoire du quartier de Nana surnommé « Papa » avec qui j'ai pu me lier d'amitié. La rencontre avec cet ancien boxeur aujourd'hui amputée d'une jambe s'est faite totalement par hasard. Le hasard est aujourd'hui reconnu comme un facteur central de la démarche qualitative (Haim & Hertzog, 2012). Certains chercheurs anglo-saxons considèrent que la « sérendipité » que l'on pourrait traduire comme le facteur chance contribuent grandement aux découvertes ethnographiques (G. Fine & Deegan, 1996). Ma rencontre avec « Papa » confirme de tels propos. Au fond de la rue principale de Nana, on peut trouver plusieurs stands de nourriture destinés à la population locale travaillant sur place. C'est dans un de ces stands faisant également office de bookmaker et de bar (vendant uniquement de l'alcool de riz bon marché) que j'ai pu rencontrer « Papa » qui y passe ses soirées à boire et à parier. En fréquentant ce stand de manière quotidienne, j'ai assez rapidement été remarqué par les habitués, car à la différence des rares touristes occidentaux fréquentant ce lieu, je peux sans problèmes manger du piment. Étant d'origine mexicaine, le piment fait partie de mes habitudes alimentaires. Lorsque je mangeais du piment, je devenais une sorte d'attraction, les clients se mettaient souvent autour de moi pour me voir avaler mes piments. C'est ainsi que j'ai pu être reconnu par les clients et les patrons de ce stand qui m'avait en sympathie. J'ai assez rapidement eu droit à mon surnom : « poumpouille » (le gros). Les clients habitués m'invitaient souvent à m'asseoir à leur table. Étant plutôt bon mangeur, j'avais l'habitude de commander un nombre important de plats en n'hésitant pas à inviter les personnes qui m'étaient familières. Ma présence quotidienne sur place m'a permis de devenir proche avec « Papa ». La relation que nous allions établir allait devenir originale : il allait devenir mon chauffeur et moi son pousseur. « Papa » allait souvent m'accompagner sur son tricycle à moteur dans les différents endroits que je souhaitais visiter. Après le repas, il allait par exemple me déposer au bout de la rue au centre de l'animation touristique où je menais mes observations. Je sentais qu'il prenait plaisir à avoir un Occidental sur son tricycle. Il pouvait ainsi ouvertement faire la démonstration d'une socialisation internationale lui permettant de se détacher du statut de mendiant. Lorsque nous étions dans la rue de Nana, il roulait généralement à une allure ralentie afin d'être vu de tous. Cette situation allait également m'être bénéfique, car en étant ami avec « Papa », je démontrais que je disposais d'un réseau de connaissances locales et donc que je n'étais pas un banal touriste. Lorsque « Papa » n'avait plus assez d'argent pour acheter de l'essence ou lorsqu'il souhaitait se rendre dans des endroits inaccessibles en tricycle, j'allais à mon tour l'accompagner en poussant son fauteuil roulant. Ce geste qui était perçu par les locaux thaïlandais comme le signe d'une empathie envers un individu handicapé allait également contribuer à ma réputation de « good man ».

Une confiance par le haut et par le bas

Le travail de terrain en Inde s'est effectué en équipe. Ne maîtrisant pas la langue, j'ai dès les premiers jours décidé de constituer une équipe de guides-interprètes. La construction de la confiance avec les participants s'est donc faite de manière collective à partir des interactions et des rapports de l'ensemble des individus de mon équipe de recherche. Il n'a pas été facile de constituer une équipe. J'ai dans un premier temps essayé de travailler avec des institutrices maîtrisant parfaitement l'anglais. Cependant, je me suis assez rapidement aperçu que leur rapport à l'enfance et aux populations vulnérables était difficilement compatible avec une démarche participative. Lors de ma phase exploratoire, j'ai pu découvrir que ces institutrices avaient en effet pour habitude de s'adresser aux enfants mendiants et leurs parents de manière injonctive, ce qui à mes yeux ne constitue pas un idéal pour construire des rapports de confiance mutuelle.

Après avoir fait le choix de mettre un terme à ces collaborations, j'ai pu bénéficier de quelques circonstances chanceuses. À quelques centaines de mètres de l'université indienne à laquelle j'étais affilié se trouve un des instituts de sciences sociales le plus prestigieux du pays (Tata Institute for

Social Sciences). Cet institut d'études supérieures est connu pour son école de travail social qui a la particularité d'être fortement ancré dans les terrains les plus vulnérables de la ville. Les étudiants qui fréquentent cette école font l'objet d'une rude sélection qui est un peu particulière. L'école est en grande partie composée d'étudiants appartenant à une certaine élite indienne. Cependant, cette école a également la particularité de pratiquer une politique de discrimination positive soutenue et accueille un nombre important d'étudiants issus des castes d'intouchables, des tribus (population ne rentrant pas dans le système des castes), d'étudiants d'origine musulmane, étudiants handicapés… J'ai donc eu la chance de pouvoir recruter deux hommes et deux femmes parmi les étudiants suivant un Master de travailleur social.

La composition de l'équipe de recherche n'a pas relevé réellement d'un choix volontaire, mais elle a été un atout pour la construction de rapports de confiance avec les participants. Les deux jeunes hommes de cette équipe sont originaires du nord-est de l'Inde et ont bénéficié d'une politique de discrimination positive. Ils appartiennent au groupe que l'on identifie administrativement comme « Adivasi », que l'on pourrait définir comme population aborigène. Cette population, qui ne constitue pas un groupe homogène, est souvent perçue comme « primitive ». Les individus de ce groupe vivent dans des régions reculées de l'Inde et sont ainsi restés hors du courant de la civilisation indo-européenne qui a façonné le sous-continent indien. Ces populations se trouvent généralement dans des positions sociales fortement défavorisées. On pourrait théoriquement considérer que ces deux jeunes hommes se trouvaient dans une position sociale proche, voire inférieure de celle des mendiants. Cette proximité sociale a été un atout pour la construction de la confiance. Cette proximité n'a pas été uniquement théorique, les jeunes hommes partageaient un certain nombre de coutumes et d'habitudes avec les mendiants. Les adultes de la communauté de mendiants et mes guides masculins avaient notamment pour habitude de mâcher du tabac en grande quantité. Cette consommation de ce tabac, dont les effets cancérigènes sont notoires, indique généralement une appartenance aux classes sociales les plus défavorisées. Des liens se sont noués autour du partage du tabac qui était en quelque sorte un signe d'une proximité sociale. Les filles de mon équipe de recherche sont quant à elles issues d'une certaine élite indienne. Elles appartiennent à la fois aux plus hautes castes religieuses, mais également aux classes sociales les plus élevées de cette Inde moderne. Une des guides était issue d'une famille d'intellectuels dans laquelle la mère est universitaire et le père avocat à la Haute Cour de Calcutta. L'autre guide est issue d'une famille de publicitaires ayant fait fortune. Cet écart social avec la population mendiante n'a pas été sans conséquence. Des familles mendiantes ont accueilli avec une certaine gentillesse ces personnes de haute caste en faisant preuve d'une très grande bienveillance envers eux. Dans un pays fortement marqué par la ségrégation sociale, de telles interactions sont exceptionnelles. Cette élite indienne cherchant à établir des rapports égalitaires avec des mendiants a positivement été reçue par une population subissant au quotidien le poids d'un système de caste inégalitaire. La proximité et la confiance avec les participants allaient pour ces filles se traduire en actes concrets. Le partage de nourriture allait notamment permettre aux filles d'acter leur idéal égalitaire. En Inde, les règles liées à la consommation de nourriture sont strictement régies par des codes sociaux. D'après ces règles, la nourriture consommée par les personnes issues des hautes castes doit être préparée par des individus dont la caste n'est pas trop éloignée. En acceptant de consommer de la nourriture avec les mendiants, les filles allaient démontrer qu'elles n'adhéraient pas à de tels principes sociaux. L'attitude de ces filles a parfois été caractérisée par un radicalisme. Dans certains cas de figure, les enfants mendiants allaient nous proposer de partager avec eux de la nourriture qu'ils avaient ramassée à même le sol (nourriture non consommée par les touristes et jetée). Les filles, voulant à tout prix démontrer qu'elles se plaçaient au même niveau que les mendiants, ont pu accepter de consommer une telle nourriture.

Nous avons également pu bénéficier de l'aide d'un portier nous facilitant l'accès au terrain. Lors de nos premières semaines de terrain, nous avons pu sympathiser avec « Dada » qui se trouve être la doyenne de la communauté de Solapour. Elle tient un rôle fondamental dans la communauté, car c'est son père qui aurait fait le choix de migrer à Bombay dans les années 60. « Dada » a rapidement accepté de collaborer avec nous. Son petit-fils est le seul enfant de la communauté de Solapour à être scolarisé. Lorsque nous nous sommes présentés comme chercheurs, elle nous a immédiatement parlé de son petit-fils et des difficultés qu'il pouvait rencontrer à l'école. À la demande de « Dada », nous avons accepté de rencontrer l'institutrice de son petit-fils pour discuter de sa scolarité. Cet épisode a été central dans la construction de la confiance. En gagnant la confiance de la doyenne de la communauté, notre présence auprès des autres familles mendiantes était perçue comme légitime. Nous avons au cours de notre recherche de terrain été à de nombreuses reprises sollicités pour aider les mendiants à gérer leurs relations avec l'institution. Nous avons ainsi pu accompagner des familles à l'hôpital ou encore au commissariat. Lorsque nous sommes intervenus auprès des institutions, nous n'avons malheureusement jamais pu débloquer les situations. Malgré ces échecs, nous avons progressivement été perçus comme des individus dignes de confiance.

Maintenir la confiance

La construction de la confiance ne concerne pas uniquement l'accès au terrain. Tout au long du processus de recherche, il est important de la préserver. La confiance va de pair avec l'implication. Plus la confiance entre le chercheur et les participants est solide, plus le chercheur pourra être amené à participer à la vie locale. Les rôles, les statuts du chercheur vont faire l'objet de négociations constantes.

Un chercheur utile

Lors de ma présence sur le terrain, j'ai à de nombreuses reprises pu faire preuve d'une utilité en rendant des services aux participants. Cette posture de chercheur utile m'a été bénéfique pour consolider la confiance. En rendant des services, j'ai pu prouver de manière concrète que j'étais digne de confiance.

Ces services ont pu être de nature diverse. Dans certaines situations, mon utilité a été de nature financière. Lorsque les participants ont pu me demander de leur acheter des biens, j'ai pu avoir l'impression d'être instrumentalisé. En Inde comme en Thaïlande, les enfants m'ont souvent demandé de leur acheter des friandises ou de la nourriture. J'ai dans un premier temps refusé de répondre positivement à de telles requêtes afin d'éviter que mes relations avec les enfants reposent sur un intérêt financier. En Inde, il m'est arrivé à plusieurs reprises de me faire offrir de la nourriture par les enfants (nourriture aussi bien achetée que trouvée). Mon refus d'acheter de la nourriture est alors devenu absurde si bien que je me suis résigné à offrir de temps à autre de la nourriture aux enfants. Je prenais alors le soin de proposer moi-même de la nourriture aux enfants sans que ces derniers ne me le demandent. J'ai adopté une stratégie similaire en Thaïlande.

J'ai également pu être utile aux participants en essayant de les aider dans leurs relations conflictuelles avec la police. En Inde, il est fréquent que les policiers assènent des coups de bâtons aux enfants. Pour éviter de se faire battre, les enfants avaient pris l'habitude de se réfugier à nos côtés en espérant que les policiers n'osent pas les frapper en notre présence. Leur stratégie s'est avérée efficace sans pour autant être infaillible.

Cette posture de chercheur utile a également pu se concrétiser par la réalisation de petits services. En Inde, il nous est arrivé à de nombreuses reprises d'aider des familles de mendiants dans leurs activités commerciales. Nous avons par exemple à de nombreuses reprises pu les aider à gonfler les ballons qui étaient destinés à la vente. En Thaïlande, j'ai pu régulièrement aider certaines femmes dans la mise en place de leurs bars de nuit en installant les tables, les chaises...

Intimité et conflits

Une présence prolongée sur le terrain peut facilement placer le chercheur dans une position de proximité avec les participants qui pourra parfois être difficile à gérer. Une trop grande proximité avec certains participants pourra par exemple exclure le chercheur de relations avec d'autres participants. Pour Whyte (1981), dans une démarche de terrain, le chercheur sera contraint de privilégier certains groupes au détriment d'autres. On reprochera souvent au chercheur de terrain sa partialité et son favoritisme. Le terrain de recherche impose donc certains choix. Il est ainsi difficile de rester neutre et détaché des problèmes quotidiens des participants.

Dans mon terrain indien, j'ai été particulièrement proche de « Dada », la doyenne de la communauté. Cette proximité a été globalement bénéfique, car nous avons ainsi été admis par une grande partie de la communauté de mendiants. Cependant, cette relation privilégiée a également pu me fermer quelques portes. Cela a notamment été le cas pour les individus de la communauté qui n'étaient pas en bons termes avec Dada. Nous pouvons également penser que cette proximité avec la doyenne de la communauté a pu parfois contribuer à une information partielle de la part de participants ne souhaitant pas tenir Dada au courant de certains faits.

Dans le cas de figure thaïlandais, il a particulièrement été difficile d'entretenir des relations de proximité avec des prostituées transsexuelles. En effet, ces dernières font l'objet d'une forte stigmatisation de la part de la communauté des mendiants. Les enfants ont à plusieurs reprises tenté de me dissuader de discuter avec les transsexuelles en insistant sur le fait qu'elles ne soient pas de bonnes personnes. J'ai pour ma part toujours essayé de prôner la tolérance en expliquant aux enfants qu'il n'était pas opportun de juger des personnes sans les connaître. Cette position a été particulièrement délicate à négocier. Un extrait de mon journal de bord permet d'illustrer cette situation :

(25 mars) Je suis comme à mon habitude assis sur mon rebord de la terrasse. Paa, une transsexuelle avec qui j'ai l'habitude de discuter, s'approche de moi en criant « Comment ça va mon ami ». Nous discutons ensemble pendant environ 5 minutes. Elle me racontera qu'en ce moment elle ne fait que des « boulots faciles » (des masturbations) et qu'elle a de la chance de tomber sur des clients âgés. Lorsqu'elle me quitte pour retrouver ses amis, Thia (mendiante âgée d'environ 8 ans) s'approche de moi et me gronde littéralement. Elle me dit qu'elle n'est pas contente, car je ne devrais pas parler avec des ladyboys. Elle me dit que les ladyboys ne sont que des bons à rien et me précise que si je souhaite toujours être son ami, je dois arrêter de parler aux Ladyboys. En pensant à cette situation, je suis embarrassé. Je ne souhaite pas me froisser avec Thia qui occupe une place prépondérante parmi les enfants mendiants. Je ne veux pas non plus ignorer les ladyboys comme le veut Thia. Je n'ai pas l'intention de me laisser dicter ma conduite par une enfant de 8 ans. Je n'adhère pas aux stéréotypes qu'elle avance à propos des ladyboys.

(26 mars) Je suis assez gêné lorsque je discute avec Paa, car j'ai aperçu Thia et je sais qu'elle n'est pas loin. Au bout de quelques minutes de discussion, j'aperçois Thia. Elle vient aussitôt vers moi en criant « je t'ai prévenue, pas de ladyboys, pourquoi es-tu en train de parler avec elle ». Paa prend peur et s'en va. Une dizaine de minutes plus tard, Paa revient discuter avec moi. Une fois de plus, Thia passe par là. En passant devant moi, elle me montre du doigt en criant « je ne suis plus ton amie ! ».

Les indicateurs de la confiance

Il est difficile de mesurer le degré de confiance pouvant exister entre le chercheur et les participants. Pour évaluer cette confiance, j'ai fait le choix de m'arrêter sur certains événements pouvant être appréhendés comme des indices en ce qu'ils indiquent explicitement une confiance mutuelle.

Les responsabilités qui ont pu m'être confiées peuvent être considérées comme le signe d'une confiance mutuelle. En Inde, mon équipe et moi avions l'habitude de nous asseoir auprès de

Dada en début de soirée afin de discuter avec elle et lui tenir compagnie dans ses activités de vente. Après quelques semaines sur place, elle a pu nous demander de surveiller son stand et d'assurer la vente lorsqu'elle se rendait aux toilettes par exemple. Au fil des semaines et des mois, j'ai pu constater que ces temps d'absence devenaient de plus en plus longs. Lors des premières semaines, Dada s'empressait d'aller aux toilettes et revenait le plus rapidement possible. Le temps passant, elle n'était plus pressée et allait par exemple s'absenter pour discuter avec d'autres vendeurs. J'ai pu vivre des situations similaires en Thaïlande. Les enfants me confiaient souvent leurs roses ou leurs paniers remplis de chewing-gums destinés à la vente aux touristes. Un extrait de mon journal de bord permet d'illustrer ces propos :

« Aujourd'hui, je ressens un point de rupture. Je sens que désormais, les enfants me font une entière confiance. Cela a pris du temps, mais aujourd'hui j'ai ressenti que la méfiance qui pouvait encore exister est tombée. Le signe de cette totale confiance réside dans le fait que les enfants m'ont confié leurs cartons de chewing-gum à plusieurs reprises. C'est la première fois que cela m'arrive. Thia m'a confié son panier de chewing-gums pour aller faire des courses. Suite à cela, les autres enfants ont agi de manière similaire. Ils me confient leurs paniers pour chahuter entre eux ».

Le rapport à l'argent peut également être perçu comme un indicateur permettant d'évaluer le rapport aux participants. Les enfants mendiants exercent une activité dans laquelle leur objectif est de récolter de l'argent auprès des adultes touristes. Il a été important pour moi de me détacher d'un tel rapport afin de ne pas être considéré comme un touriste. Cela n'a pas été facile, car dans les faits, j'achetais fréquemment de la nourriture aux enfants. Tout comme les touristes, j'allais donner à ces enfants sans rien attendre en retour. Cependant, au fil du temps, ce rapport avec l'argent a pu évoluer. En Inde comme en Thaïlande, les enfants allaient fréquemment m'offrir de la nourriture. Lorsque j'étais en leur compagnie et qu'ils achetaient de la nourriture aux vendeurs ambulants, les enfants proposaient souvent de m'offrir de la nourriture. Si j'ai souvent décliné ses offres sachant à quel point il leur était difficile de gagner de l'argent, j'ai pu à quelques reprises accepter.

Un extrait de mon journal de bord permet d'illustrer ce lien entre le rapport à l'argent et le rapport aux participants :

« Ce soir, les enfants m'ont initié à un de leurs jeux favoris : pierre-feuille-ciseau. Les enfants jouent à pierre feuille ciseau en pariant des sommes qui vont de 5 à 10 bahts (12 à 25 centimes d'euros) la partie. J'accepte de jouer avec eux, je paie lorsque je perds et prends l'argent lorsque je gagne. En prenant l'argent de ces enfants, j'ai tout de même un sentiment bizarre. Les enfants me proposent de doubler la mise ce que je refuse. Le fait de prendre de l'argent aux enfants peut être perçu comme un acte immoral contraire à l'éthique, cependant j'accepte cet argent, car il marque une évolution dans le rapport que j'ai avec les enfants. Recevoir de l'argent de ces enfants mendiants c'est quelque part me placer à l'opposé de la relation qu'ils ont avec les touristes qui sont à leurs yeux des simples « donneurs ». En prenant cet argent, je ne suis plus un touriste à leurs yeux ».

L'indicateur de confiance le plus significatif concerne la surveillance d'enfants en bas âge. Dans les deux terrains, des enfants âgés de moins de quatre ans m'ont été confiés par les grands frères ou les grandes sœurs voulant s'éloigner des espaces de mendicité pour faire des courses ou pour rejoindre des amis un peu plus âgés. J'ai particulièrement apprécié ce rôle de grand frère, car il symbolise la confiance mutuelle et permet d'aller vers une proximité avec les participants. Un extrait de mon journal de bord permet éclairer ce rôle :

« En arrivant au niveau de la bijouterie, j'aperçois Thiao (la petite sœur de Thia âgée d'environ 4 ans) en pleurs. Je me dirige vers elle, car elle a l'air effrayée. Elle m'apprend que sa mère vient d'être arrêtée par la police, elle me fait le geste de la main en me montrant les menottes. Elle est effrayée, car elle se retrouve seule, sa mère et toutes les autres femmes mendiantes ont été arrêtées. Elle me demande alors si je sais où se trouve sa

sœur Thia. Il se trouve que j'ai croisé Thia sur l'avenue en venant sur place, elle se trouve à quelques centaines de mètres. Je prends Thiao par la main et l'amène vers sa sœur. Elle se calme en route et cesse progressivement de pleurer. 5 minutes plus tard, nous retrouvons sa sœur. Aussitôt que Thiao aperçoit sa sœur, elle court et s'empresse de lui expliquer ce qui est arrivé à sa mère. Thia l'écoute à peine, elle est train de jouer à un jeu de société et semble être très concentrée sur le jeu. Elle semble indifférente (je me demande s'il ne s'agit pas d'une stratégie de coping par évitement.). J'interromps alors le jeu et demande de Thia de veiller sur sa petite sœur en lui expliquant que je l'ai retrouvé en pleurs. Elle me remercie en me promettant qu'elle veillera sur sa sœur. »

CHAPITRE 5
Une description de la mendicité des enfants : entre attraction et répulsion

DES TERRITOIRES TOURISTIQUES, DES OPPORTUNITÉS ÉCONOMIQUES

Gateway of India

Gateway of India est une des principales attractions touristiques de la ville de Bombay. Cet Arc de triomphe de 26 mètres de hauteur surplombe la mer d'Arabie. L'Arc de triomphe et la place qui porte le même nom sont fortement chargés sur le plan symbolique. En effet, Gateway of India, que l'on peut traduire comme la « Porte de l'Inde », a été construite pour commémorer la visite à Bombay du roi George V et de la reine Marie en 1911. Pendant la période coloniale, lorsque les personnalités anglaises importantes arrivaient à Bombay en bateau, elles étaient généralement accueillies sous cet Arc de triomphe qui symbolisait alors la puissance britannique. À l'image de la statue de la Liberté de New York, Gateway of India était le premier élément visible par les visiteurs arrivant pour la première fois en Inde par la mer. Cette porte de l'Inde fut également la porte de sortie de l'armée anglaise lors de la décolonisation. En 1948, le dernier bataillon de l'infanterie britannique a symboliquement traversé l'arc avant de regagner l'Angleterre. Cette dimension symbolique n'est pas reléguée au statut de l'anecdote historique. En effet, l'armée indienne continue à défiler sur cette place, les réceptions officielles y sont également fréquentes. Une actualité malheureuse récente nous rappelle également à quel point la symbolique de cette place est encore d'actualité. Au cours des dix dernières années, le monument a été la cible de trois attaques terroristes. En 2003, une bombe placée dans un taxi explose au pied de l'arc.

Quelques mois plus tard, l'Arc fut de nouveau la cible d'une autre explosion à la bombe. En novembre 2008, la place a été le point de débarquement des terroristes, ces derniers ayant attaqué et pris en otage l'hôtel Taj Mahal qui fait face à l'Arc. Gateway of India s'est trouvée au cœur de la série d'attentats de Bombay de novembre 2008 qui ont fait près de 164 victimes. L'hôtel Taj Mahal ouvert en 1903 est également chargé sur le plan symbolique. D'après la légende, il fut construit par Jamsedji Tata après que l'entrée dans l'un des plus grands hôtels de la ville de l'époque lui soit refusée, car étant uniquement réservé aux « blancs ». Gateway of India et l'hôtel Taj Mahal se trouvent dans le quartier de Colaba. Ce quartier dont l'architecture date de l'époque victorienne est considéré comme le centre touristique de la ville. Les touristes fréquentant Gateway of India sont majoritairement des touristes indiens. Les touristes occidentaux sont nombreux, mais minoritaires.

Nana

Le Nana Entertainment Plaza (N.E.P), que l'on peut traduire comme le centre de divertissement de Nana, est considéré comme le plus grand centre de prostitution internationale de Bangkok (Roux, 2011). Ce complexe dédié au sexe est facile d'accès, car il est à la fois situé à l'entrée d'une des avenues principales de la ville et desservi par le métro aérien. Le N.E.P bénéficie d'une très grande visibilité, l'emplacement est indiqué par un panneau lumineux géant. Sur le plan géographique, Nana bénéficie donc d'une situation idéale. C'est dans les années 80 que ce complexe devient progressivement un espace dédié aux gogos-bars. Le quartier va alors profiter de l'infrastructure hôtelière créée dans les années 70 pour loger les soldats américains présents au Vietnam qui se rendent fréquemment en Thaïlande lors de leurs permissions. À la fin de la guerre, ces hôtels seront transformés en hôtels de passe pour les prostituées travaillant de manière indépendante. Dans les années 80, le quartier va également s'ouvrir au tourisme européen. Aujourd'hui, le N.E.P abrite une quarantaine de gogos-bars sur un complexe de trois étages. Les thématiques sexuelles sont variées, on trouve aussi bien des femmes pratiquant de la domination que des transsexuels chantant du karaoké. Les plus célèbres gogos-bars de la ville se trouvent dans ce complexe. Contrairement aux autres quartiers prostitutionnels de la ville, le N.E.P peut être considéré comme un centre international et accueille des touristes sexuels venant de tous les continents (Roux, 2011). Le quartier est également caractérisé par sa monoactivité : il est exclusivement dédié aux activités sexuelles et l'on ne trouve donc pas d'activités destinées au tourisme familial. Les touristes fréquentant cet espace ont des profils socio-économiques variés, certains fréquentent les hôtels cinq étoiles alors que d'autres fréquentent les hôtels bon marché.

Les opportunités économiques

Les places que nous avons fait le choix d'étudier sont fortement fréquentées par les touristes internationaux ce qui représente en soi une opportunité sur le plan économique. Dans les paragraphes qui suivent, nous allons tenter de décrire le paysage économique de nos différents terrains. Ces descriptions seront en grande partie focalisées sur les opportunités économiques, ce qui ne doit pas être perçu comme le signe d'une adhésion aux théories criminologiques de « l'opportunité » (Cloward & Ohlin, 1960), d'après lesquelles les comportements déviants tels que la mendicité peuvent être expliqués par le manque d'opportunités légales. Notre objectif n'est pas de mettre en relief d'éventuels liens de causalité entre opportunités économiques et la mendicité. Sur le plan méthodologique, notre protocole ne nous permet pas de nous prononcer sur des effets de nature causale. Sur le plan épistémologique, notre démarche qualitative réfute l'existence de liens de causalité unilatéraux et directs. Nos descriptions des opportunités économiques sont par conséquent à prendre dans une perspective globale et complexe dans laquelle les différents phénomènes se façonnent mutuellement et entretiennent entre eux des relations multidirectionnelles.

La dynamique élitiste de Gateway of India

Des établissements-institutions aux activités périphériques

Des activités centrales en situation de monopole

À Gateway of India, l'activité économique est intense. La foule est dense, le niveau sonore est élevé, les vendeurs sont nombreux. L'animation de la place, qui est largement marquée par l'économie informelle, peut de prime abord paraître chaotique et anarchique. Cependant, l'observation participante nous révèle une organisation fortement hiérarchisée et structurée. Nous plaçons au centre de cette activité économique les commerçants qui disposent d'un local fixe. Parmi ces commerces, nous citerons tout d'abord les restaurants. Ces derniers constituent une véritable attraction à Colaba, de nombreux restaurants datent de la période coloniale. Ils peuvent être considérés comme de véritables institutions de Colaba. Le Leopold Cafe ouvert en 1871 incarne l'archétype de l'établissement pouvant être considéré comme une institution. Ce café qui figure dans l'ensemble des guides touristiques de la ville est une véritable attraction touristique et fut à ce titre la cible d'attaques terroristes en 2008 (12 victimes). Dans les activités centrales, nous plaçons également les commerçants qui disposent d'échoppes fixes. Ces boutiques fixes se trouvent essentiellement dans un marché situé à quelques mètres de Gateway of India dans lequel sont proposés des produits destinés aux touristes (des vêtements, des bijoux, des objets souvenirs, des cartes postales...). On retrouve également quelques échoppes sur la place même de Gateway qui proposent de l'eau, des snacks et des cigarettes. Les commerçants disposant d'un local fixe appartiennent le plus souvent à des castes de commerçants. Ils sont généralement présents sur place depuis de nombreuses années et parviennent à dégager des revenus importants leur permettant de vivre confortablement. Ces derniers occupent une place centrale dans l'économie locale, car leurs activités génèrent les plus gros volumes économiques. L'économie de Gateway of India repose donc essentiellement sur une activité formelle. Ces commerçants se trouvent dans une situation monopolistique en matière de vente de biens matériels semi-durables et durables, mais également en termes de vente de nourriture élaborée et cuisinée.

Ce monopole culinaire peut dans un premier temps paraître étonnant. Il contraste avec ce qui peut être constaté dans de nombreux sites touristiques de l'hémisphère sud dans lesquels la nourriture de rue est abondante. Ce monopole s'ancre dans les normes sociales indiennes qui régissent le rapport à la nourriture et qui trouvent leur source dans l'hindouisme. Ces normes imposent aux individus de suivre un certain nombre de règles alimentaires au regard de leur caste d'origine (S. Freed, 1970). Les règles varient en fonction des critères géographiques, mais également en fonction du type de nourriture préparée (Pousse & Pitchaya, 1993). Traditionnellement, les normes hindouistes distinguent deux types de nourriture (S. Freed, 1970). La première est qualifiée de « kaccha » et fait référence à la nourriture considérée comme inférieure. Cette nourriture « mineure » est celle qui ne fait pas l'objet d'une grande élaboration et qui peut être préparée à crue ou avec de l'eau bouillante. Le deuxième type de nourriture est nommé « pakka ». Elle est considérée comme supérieure, car elle est cuisinée avec du beurre. Cette distinction est importante, car la nourriture supérieure (« pakka ») doit être préparée par une personne issue d'une caste proche de la sienne. La nourriture « pakka » préparée par une personne issue d'une caste trop inférieure par rapport à la sienne sera considérée comme impure. Pour la nourriture « kaccha », de plus grands écarts de castes sont permis. Ces règles sont également valables pour la consommation de l'eau : dans ce cas de figure, c'est la nature du récipient qui va déterminer l'importance de la caste. Lorsque l'eau sera servie dans un récipient en terre cuite, l'écart entre les castes doit être réduit. Si l'eau est servie dans un récipient en cuivre, l'écart entre les castes pourra être plus important. On peut ainsi affirmer qu'en Inde, il est important de savoir qui cuisine. Afin que tout le monde puisse manger, la nourriture devra être préparée par ceux qui se trouvent au sommet de la hiérarchie à savoir les brahmanes (Pousse & Pitchaya, 1993). Certains chercheurs affirment que les règles religieuses reposant sur la notion de pureté, ce qui est le cas des normes de commensalité (règles sociales liées à la distribution alimentaire) qui tendent à disparaître avec l'émergence d'une Inde démocratique moderne (Deliège, 1993). De telles postures sont loin de faire l'unanimité. De nombreux universitaires indiens issus des castes intouchables dénoncent l'actualité de la ségrégation sociale basée sur des critères liés à la caste (Gopal, 2012). Sans rentrer dans ce débat qui fait polémique chez les chercheurs indiens et étrangers, nous nous contenterons de citer quelques exemples issus de l'actualité démontrant qu'en matière de commensalité la caste est réalité. Une faculté de médecine du nord de l'Inde propose par exemple des cantines différentes au regard de la caste en prenant soin de préserver la proximité entre la caste des cuisiniers et celle des étudiants (TNN, 2009). Nous pouvons également citer le cas d'affrontements violents entre parents et enseignants suite à la décision du ministre de l'Éducation d'embaucher des cuisiniers issus des castes situées au bas de l'échelle (castes des intouchables) (Rahman, 2010). Malgré le fait que Bombay soit une ville moderne, la vente alimentaire est essentiellement destinée aux touristes indiens qui sont originaires des États indiens dans lesquels les modes de vie restent fortement imprégnés par les règles sociales trouvant racine dans l'hindouisme. La vente de nourriture n'est donc pas ouverte à toutes les franges de la population, elle est fortement limitée pour les personnes appartenant aux castes les plus basses, ce qui est le cas de notre communauté de Solapour.

Des activités secondaires difficiles d'accès

À côté de ces activités centrales, deux activités secondaires occupent une place importante dans l'animation touristique de Gateway of India. Il s'agit de la photographie et de la vente ambulante de nourriture. Ces deux activités occupent une place déterminante, car elles viennent satisfaire une réelle demande de la part des touristes indiens qui cherchent à se restaurer et se faire photographier. Les vendeurs de nourriture proposent de la nourriture simple (« kaccha ») telle que des cacahuètes, des glaces, de l'eau, du thé. Le prix de vente ne dépasse généralement pas les 5 roupies (soit environ 7 centimes d'euros). Les personnes vivant de cette activité appartiennent le plus souvent à la caste des commerçants. Ils exercent leur activité de manière quotidienne et habitent généralement dans les bidonvilles de Bombay parfois situés à plus d'une heure de trajet. Ils parviennent à de rares exceptions près à vendre la totalité de leur marchandise ce qui leur permet de pouvoir compter sur de revenus réguliers. Malgré l'essor de la photographie numérique et la possibilité de prendre des photos avec des appareils téléphoniques, la photo souvenir reste très populaire auprès des touristes indiens, car elle est bon marché (30 roupies soit 50 centimes d'euro) et elle est imprimée immédiatement. Les touristes qui souhaitent se faire photographier devant l'Arc de triomphe ou l'Hôtel Taj Mahal n'ont aucune difficulté à trouver un photographe. Les photographes disposent d'un matériel moderne de bonne qualité, mais également d'une véritable logistique. Ils travaillent en collaboration et disposent d'imprimantes portables qu'ils partagent entre eux. Les photographes qui sont souvent originaires des États du nord-ouest de l'Inde (Bihar, Gujarat) gardent de fortes attaches avec leurs villes d'origines dans lesquelles se trouvent leurs familles. Certains photographes exercent à Gateway depuis plusieurs décennies et habitent Bombay avec leurs familles.

Les activités que nous venons de mentionner peuvent être considérées comme étant difficiles d'accès. Comme nous l'avons indiqué précédemment, la vente de nourriture est soumise à des conditions de caste. Elle exige également un minimum matériel permettant de préparer et de stocker les denrées. Pour ce qui est de la photographie, l'investissement exigé est élevé. Les appareils photo utilisés valent plusieurs centaines d'euros. Cette activité est exercée de manière collaborative ce qui implique de pouvoir s'insérer dans les réseaux de photographes. Pour ce faire, il faut être introduit au réseau par un photographe. L'activité de photographie repose ainsi sur des affinités géographiques et familiales.

Des activités périphériques ouvertes

En marge de la photographie et de la vente alimentaire, nous trouvons des activités que nous pouvons qualifier de périphériques en ce qu'elles ne répondent pas directement à une demande touristique et représentent le volume économique le plus faible. Les activités exercées à la périphérie ne bénéficient d'aucune réglementation, elles sont donc fortement concurrentielles. Ces activités périphériques sont exercées par des personnes venant de communautés différentes qui vont vendre des produits exactement similaires. Ces vendeurs se trouvent donc dans une position de concurrence directe.

Les cordonniers

Dans les activités périphériques, nous trouvons tout d'abord des cordonniers. Ces derniers appartiennent à la caste des intouchables et exercent un métier fortement stigmatisé en Inde. Ils proposent à la fois la réparation et la coloration de chaussures. Ils profitent entre autres du fait que le sol de Gateway soit constitué de pavés qui malmènent les chaussures des touristes indiens qui se rendent souvent sur place en revêtant leurs plus beaux vêtements. Certains cordonniers se placent à des endroits fixes en se mettant à même le sol, d'autres adoptent des stratégies ambulantes et circulent autour de la place. Les prix pratiqués par les cordonniers varient en fonction du service proposé. La réparation d'une semelle de chaussure décollée sera par exemple facturée entre 5 et 30 roupies (soit environ 5 et 45 centimes d'euros). Les revenus de ces cordonniers fluctuent. Lors d'entretiens ethnographiques, ils ont dit gagner entre 50 à 300 roupies par jour (de 70 centimes à 4,30 euros par jour).

Vendeurs de ballons géants

Tout comme la photographie, cette activité est exercée par des individus originaires du nord-ouest de l'Inde. La plupart des vendeurs de ballons géants rencontrés gardent de fortes attaches avec leurs villes d'origines dans lesquelles vivent leurs familles et leurs enfants. Ces vendeurs rentrent dans des schémas de migrations saisonnières. Ils se rendent à Bombay dans le but d'améliorer le niveau de vie dans leurs villes d'origine. Les ventes réalisées, qui visent exclusivement les touristes étrangers, peuvent être assimilées à des ventes agressives ou contraintes, car elles reposent sur des techniques de harcèlement. Les vendeurs se ruent à plusieurs sur les touristes en leur proposant les ballons géants. Ils poursuivent les touristes sur de longues périodes. Afin d'avoir la paix et pouvoir se promener tranquillement sur place, il arrive que certains touristes acceptent d'acheter les ballons. Ces ventes forcées s'appuient sur des techniques verbales, les vendeurs disposent d'un argumentaire en anglais. Les prix des ballons sont relativement élevés, ils varient de 30 à 500 roupies en fonction de la « tête du touriste » (de 45 centimes à 7 euros). Ces vendeurs peuvent se contenter d'une seule vente par jour. Nous avons pu trouver sur des forums de voyageurs des témoignages de touristes anglais décrivant ces vendeurs dans ces termes :

« En nous dirigeant vers Gateway of India, nous avons été interpellés par pas moins de 7 personnes différentes nous demandant si nous voulions acheter de "gros ballons". Ces vendeurs de rues démontrent la beauté de leurs ballons géants en les frappant avec force ce qui produit un bruit grave

assez fort, certains vendeurs vont faire grincer les ballons tout en offrant des sourires coquins. Nous ne pouvions pas nous empêcher de rire »
« Essayez d'esquiver les vendeurs de ballons »

Des activités résiduelles à la marge de la périphérie

Nous avons fait le choix de regrouper ces activités, car elles sont toutes exercées par des individus appartenant à la communauté des mendiants de Solapour. Elles se trouvent « à la marge de la périphérie » : elles génèrent les plus faibles revenus et font l'objet d'une stigmatisation. Les individus de la communauté de Solapour exercent aussi bien dans la vente de jouets et de petits ballons que dans la mendicité. Il est possible de penser que ces activités relèvent davantage à un choix par défaut que d'un premier choix. Les membres de la communauté sont exclus des activités telles que la vente de biens durables ou la vente alimentaire et n'ont d'autre choix que de s'engager dans des activités que nous qualifions donc de résiduelles.

Lorsque les individus de la communauté mendient, ils sont prêts à faire de grands déplacements, à courir derrière les touristes et à mettre en œuvre des stratégies élaborées. Ils font preuve de créativité et d'efficacité. On ne retrouve pas une telle détermination pour les activités de vente. La vente se fait généralement assise dans une posture passive. Nous avons pu constater que les vendeurs issus de la communauté faisaient preuve de moins de dynamisme que les autres vendeurs. Ils ne cherchent pas à interpeller les éventuels clients. Leur vente silencieuse contraste avec les autres vendeurs qui disposent tous d'un cri ou d'un son particulier pour se faire remarquer.

Nous allons désormais procéder à une description de ces activités :

<u>La vente de jouets et petits ballons</u>

La vente de jouets et de ballons est réalisée par les adultes de la communauté de Solapour. Il s'agit d'une activité peu lucrative. Les ballons sont vendus 5 roupies pièce soit environ 7 centimes d'euros. Les petits ballons sont moins prisés que les snacks, les ventes se situent souvent entre 5 et 15 ballons par jour (entre 35 centimes et 1,05 euro). Les jouets vendus sont fabriqués en chine et sont de très mauvaise qualité. Il s'agit essentiellement de balles lumineuses, d'hélices en plastique pouvant s'envoler, de soldats et de voitures en plastique. Les jouets sont vendus entre 5 à 15 roupies avec une marge de profit allant de 100 à 200 %. Les ventes varient de 50 à 300 roupies par jour (soit de 70 centimes à 4,30 euros). La vente des jouets n'est pas uniquement réservée aux individus de la communauté de Solapour, un certain nombre de personnes originaires des bidonvilles vont également vendre des produits identiques. Les vendeurs de jouets issus de la communauté se démarquent néanmoins des autres, car ils peuvent passer du temps à jouer avec les objets qu'ils vendent. C'est notamment le cas des enfants lorsqu'on leur confie la vente de jouets. C'est également le cas des adultes qui utilisent les jouets qu'ils vendent pour jouer avec leurs enfants en bas âge.

La vente de fleurs, une forme de mendicité déguisée

La vente de fleurs ressemble à celle des ballons géants, car elle est exclusivement destinée aux touristes internationaux et s'inscrit dans un schéma de vente forcée. Cette activité est exclusivement exercée par des femmes et de jeunes filles âgées de 14 à 18 ans n'ayant pas d'enfant. Ces femmes attachent des guirlandes de fleurs autour des poignets des touristes et leur demandent par la suite de les acheter. Ces guirlandes sont fabriquées par les femmes elles-mêmes qui achètent quotidiennement des fleurs fraîches afin de les réaliser. Les guirlandes n'ont pas réellement de prix fixe, il est généralement demandé aux touristes de fixer eux-mêmes le prix à payer. Il est ici possible d'évoquer une forme de mendicité déguisée, car des arguments de vente s'inscrivent souvent dans la thématique de la pauvreté.

La mendicité

La mendicité est exercée par les femmes et les enfants. Elle sera décrite en détail dans les chapitres suivants.

Un schéma récapitulatif

Comme nous venons de le voir, à Gateway les opportunités économiques sont nombreuses. On constate que plus les activités sont lucratives, plus les activités vont être réglementées tant par les normes économiques, que des normes sociales et religieuses. Dans le schéma ci-dessus, nous avons tenté de rendre compte de cette organisation.

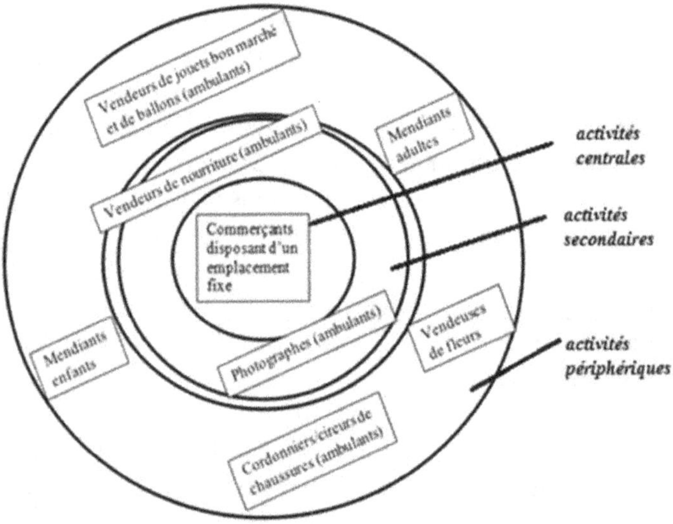

Figure 6 : Schéma des activités à Gateway

Des activités secondaires et périphériques aux statuts précaires

La fragilité du droit d'exercice

Les personnes exerçant les métiers que nous avons qualifiés de secondaires et périphériques ne disposent pas réellement d'un droit à exercer. Leurs activités informelles ne font pas l'objet d'une reconnaissance administrative. Ils sont plus ou moins tolérés par les autorités présentes sur place. Gateway of India étant une place ayant fait l'objet de nombreuses attaques terroristes, la présence policière est particulièrement élevée. C'est donc la police qui sera considérée comme l'autorité administrative de référence. Pour avoir le droit d'exercer sur place, il est donc nécessaire d'être accepté par la police. Pour ce faire, il n'existe qu'une seule solution qui consiste à payer régulièrement les pots-de-vin à la police. Cette corruption ne fait pas l'objet d'une organisation très élaborée. Elle est exercée de manière arbitraire et sommaire. Lorsque les policiers veulent de l'argent, ils partent tout simplement à la recherche des travailleurs ambulants. Lorsqu'ils parviendront à physiquement arrêter un vendeur, photographe, mendiant, cordonnier, etc., ils exigeront de lui un bakchich qui devra être payé sur le champ. Lorsque les policiers partent à la « chasse » des travailleurs ambulants, c'est-à-dire plusieurs fois par jour, ces derniers s'enfuient en courant tous azimuts. Cette fuite spontanée et massive est souvent spectaculaire et va donner lieu à d'importants mouvements de foules. Cette situation pèse sur le quotidien de travailleurs qui sont constamment à l'affût de l'arrivée des policiers. À de nombreuses reprises, les travailleurs ambulants ont pu nous faire part d'un sentiment de harcèlement. Ce sentiment semble être particulièrement intense lorsque les policiers chercheront à interpeller les travailleurs ambulants plus de 3 fois par jour. Lorsque c'est le cas, il sera pour eux difficile d'exercer leurs activités, leurs revenus pourront alors chuter de plus de la moitié. Lors de notre présence sur place, nous avons à deux reprises pu constater des phases durant lesquelles « le harcèlement » des policiers a duré plus de dix jours. Dans un tel cas de figure, les recours envisageables sont assez maigres et périlleux. Un extrait du journal de bord permet d'illustrer la toute-puissance policière :

« Jeudi 20 h. Nous croisons un photographe que nous avons déjà interviewé. Il nous salue et nous discutons. Il n'a pas son gros sac de photographe habituel sur lui et nous lui demandons pourquoi. Il nous expliquera qu'en ce moment il ne fait pas bon être photographe à Gateway. Il nous explique que les photographes ont tenté de mettre de fin au harcèlement des policiers en leur tendant plusieurs guets-apens. Des photographes se sont cachés derrière les buissons afin de photographier les policiers en flagrant délit de corruption. Une dizaine de photographies ont été envoyées au commissariat central de la ville. Lorsque les policiers de Gateway ont appris qu'ils avaient été photographiés à leur insu, ils ont décidé de doubler les montants à payer pour l'ensemble des travailleurs présents sur place. Les photographes ont eu droit à un traitement spécial, car la somme à payer a été multipliée par 4, du matériel a été confisqué et deux personnes ont été arrêtées ».

Un coût d'opportunités particulièrement élevé pour les activités en marge de la périphérie

En économie, la notion de coût d'opportunité fait référence à la perte de biens ou d'avantages auxquels on renonce lorsqu'on procède à un choix. Dans notre cas de figure, ce coût est particulièrement élevé pour les personnes appartenant à la communauté de Solapour. Ces derniers font le choix d'habiter sur place ce qui implique un coût de vie élevé. On pourrait considérer qu'en vivant à Gateway, les membres de la communauté de Solapour renoncent à une vie « de pauvre classique ». Contrairement aux autres populations sans-abris de Bombay, ils vont être contraints dans leur quotidien d'engager d'importantes dépenses pour satisfaire des besoins primaires tels que se nourrir ou se laver. En habitant au pied du palace Taj Mahal et de l'Arc de triomphe de Gateway, il leur est interdit de faire de feu et de préparer leur propre nourriture. La totalité de la nourriture qu'ils consomment est achetée aux vendeurs ambulants ou aux restaurants du quartier. Ils disposent généralement d'un tarif préférentiel auprès des vendeurs ambulants : un verre de thé au lait habituellement vendu 5 roupies sera proposé au prix de 3 roupies (soit 4 centimes). Ces conditions de vie sont particulièrement difficiles à gérer au regard du régime alimentaire des individus de la communauté de Solapour qui ne sont pas végétariens, ce qui est assez rare en Inde. Les personnes de cette communauté consomment généralement deux repas par jour. Le repas du matin est constitué d'un ou de plusieurs verres de thé au lait. Le soir, les individus de la communauté partagent un repas collectif composé de riz, de lentilles, de chapatis (pain non levé) et d'un plat de viande préparé en sauce (au regard des normes culinaires françaises, on pourrait parler de sauce préparée à la viande). Ces repas sont généralement achetés à des vendeurs ambulants qui viennent à Gateway expressément pour leur vendre des repas à base de viande aux membres de la communauté. Entre les repas du matin et du soir, il n'y a pas à proprement parler de véritable temps de repas. Les individus consommeront, en fonction de leurs moyens, des fruits, des snacks, et du thé au lait. Les enfants de plus de 6 ans devront généralement se « débrouiller » pour se trouver de la nourriture. Plusieurs solutions s'offrent aux enfants. Ils peuvent tout d'abord acheter leur propre nourriture. Il est en effet fréquent que les enfants les plus âgés qui aident leurs parents dans les activités de vente disposent de leur propre argent. Lorsque les parents s'absentent sur des laps de temps assez courts, ils confient la vente des jouets à leurs enfants qui garderont alors pour eux les éventuelles recettes. Les enfants vont également pouvoir s'acheter de la nourriture avec l'argent qu'ils obtiennent en mendiant. Pour les enfants les plus jeunes, une solution consiste à se nourrir grâce aux aliments qu'ils parviennent à trouver. À Gateway, les poubelles publiques sont inexistantes, si bien que les touristes jettent à même le sol la nourriture achetée et non consommée. Il est fréquent de voir les enfants consommer les restes des touristes.

Cette situation est fréquente, car la nourriture vendue sur place est destinée aux touristes de passage et non pas à une clientèle qu'il faudrait fidéliser. Les aliments vendus sont souvent de mauvaise qualité. Les samossas (beignets de légumes) sont par exemple très faiblement garnis en légumes et le chai (thé au lait) est très faiblement dosé en lait. Les aliments que l'on retrouve le plus fréquemment au sol sont les kulfis (glaces indiennes) qui au lieu d'être préparés avec du lait, des arômes et des fruits secs, sont ici préparés avec de l'eau, du colorant alimentaire et une forte dose de sucre. Les Kulfis constituent donc un aliment fréquemment consommé par les enfants l'après-midi. La troisième solution offerte aux enfants pour trouver de la nourriture réside dans la mendicité de nourriture. Les enfants se rendent alors auprès des touristes qui se restaurent en leur demandant par un geste sans équivoque (geste portant la main à la bouche) de la nourriture, des jus de fruits, des sodas, ou de l'eau. La mendicité pour de la nourriture pourra aussi bien s'exercer auprès des touristes étrangers que de touristes indiens. Dans certains cas de figure, nous avons pu constater des vols de nourriture. Face au refus de donner de la nourriture, celle-ci pourra être arrachée de la main des touristes. Ces actes ont été constatés pour les enfants issus des familles les plus vulnérables portant les traces physiques d'une malnutrition. En ce qui concerne la nourriture, il est important de noter que les personnes issues de cette communauté ne se trouvent pas dans une situation d'insécurité alimentaire totale, car ils peuvent, si besoin est, bénéficier tous les soirs d'une distribution de nourriture offerte par un temple se trouvant à proximité. Cependant, les membres de la communauté ne fréquentent quasiment jamais cette distribution de repas. La vie sur place a également un coût en termes d'accès à l'eau. Aucune source d'eau potable gratuite n'est à disposition aux individus de la communauté de Solapour. Ces derniers doivent demander de l'eau auprès des commerçants disposant d'un stand qui rempliront leurs bouteilles vides. Ce service pourra être refusé ou dans certains cas tarifé. L'accès à l'eau courante n'est également pas garanti. Les individus de la communauté utilisent l'eau des toilettes publiques afin de se laver et doivent payer lorsqu'ils souhaitent utiliser la douche. La vie à Gateway est donc caractérisée par son coût de vie élevé. Ce mode de vie de la communauté de Solapour qui entraîne de nombreuses dépenses dans la vie quotidienne est mal perçu par les autres acteurs travaillant sur place, mais également par d'autres acteurs tels que les chauffeurs de taxi ou les policiers. Ces dépenses quotidiennes d'argent sont souvent qualifiées de dépenses inutiles et futiles.

La dynamique intégrative de Nana

Un centre et une périphérie

Dans le quartier de Nana, certaines activités occupent une place centrale alors que d'autres se trouvent plutôt à la périphérie. Les activités centrales sont celles qui sont exclusivement tournées vers la prostitution, ces activités pourraient parfaitement fonctionner de manière autonome. À l'inverse, nous considérons que les activités périphériques dépendent de ces activités centrales. Nous identifions deux activités centrales. D'un côté, la prostitution et les activités à caractère pornographiques qui s'exercent dans les différents établissements de Nana. Dans ces établissements officiels du Nana Entertainment Plaza, la prostitution est fortement réglementée. Les filles et ladyboys y travaillant y sont salariées. Si elles décident de partir avec un client, elles doivent reverser un pourcentage à la Mamasan (tenancière). Les personnes travaillant dans ces établissements disposent d'une légitimité sur le plan administratif. La deuxième activité centrale que nous reconnaissons est la prostitution de rue exercée par les personnes de moins de 25 ans. La prostitution de rue de jeunes filles et de jeunes transsexuelles constitue une source d'attraction qui est tout aussi importante que la prostitution ayant lieu dans les établissements. À la périphérie de ces deux activités centrales, nous trouvons une multitude d'acteurs qui viennent en quelque sorte se greffer à l'activité prostitutionnelle centrale. Dans ses activités périphériques, nous retrouvons tout d'abord des activités liées à la prostitution et qui occupent une place de second rang. Il s'agit là de la prostitution de femmes et de transsexuels ayant plus de 25 ans. Ces personnes, qui sont minoritaires en nombre, ne constituent en général pas le premier choix des touristes sexuels. Les revenus auxquels les prostituées de plus de 25 ans peuvent prétendre sont de deux à vingt fois inférieurs au revenu des prostituées de moins de 20 ans. Une prostituée âgée de 18 ans pourra par exemple avoir quatre clients dans la même soirée alors qu'une prostituée âgée de plus de 35 ans devra parfois se contenter d'un client par semaine. Dans ses activités périphériques, nous retrouvons également la mendicité qui pourra à la fois être exercée par les enfants et les adultes. Les vendeurs ambulants de nourriture font également partie des activités périphériques, ces derniers sont assez nombreux et proposent une nourriture qui sera en grande partie destinée aux personnes travaillant sur place. Nous plaçons finalement dans ses activités périphériques les bars de rue qui ouvrent à 2 h du matin après la fermeture des établissements du Nana Entertainment Plaza. Ces activités périphériques contribuent certes à l'animation globale de la place, mais elles demeurent des activités secondaires qui ne sauraient être considérées comme vitales. Les différentes activités sont représentées dans le schéma ci-dessous :

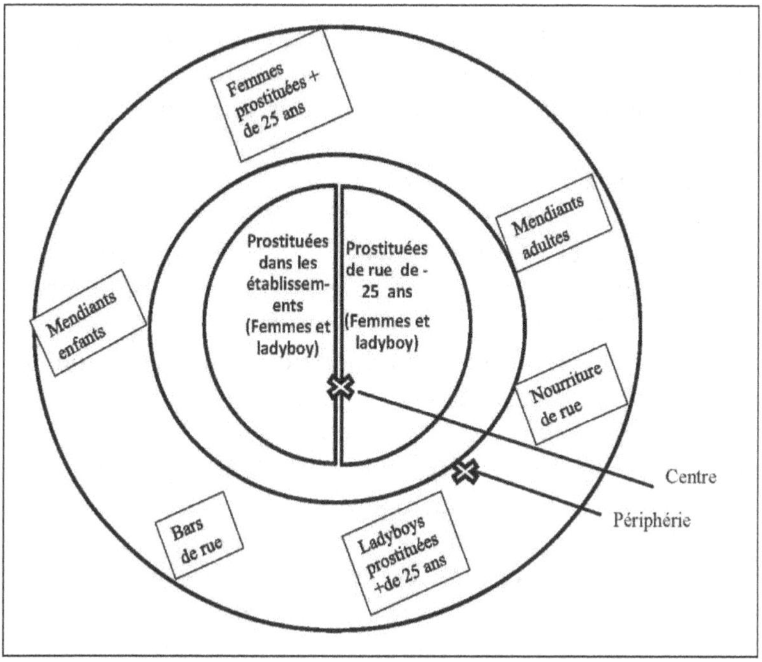

Figure 7 : Schéma des activités à Gateway

Une harmonie de rue, ou Nana l'écovillage de la prostitution et de la mendicité

Un intérêt commun

Nous constatons qu'il existe à Nana une certaine cohésion entre les différents acteurs se trouvant à la périphérie des activités prostitutionnelles centrales. Les acteurs situés à la périphérie ne se trouvent pas dans une situation de concurrence comme cela peut être le cas en Inde. Ils s'inscrivent au contraire dans une configuration qui repose sur la satisfaction des besoins de tous ce qui incite à la collaboration. Cette collaboration entre les acteurs se trouvant à la périphérie repose sur un schéma que l'on pourrait qualifier de gagnant-gagnant (Axelrod, 1996). Les individus ne cherchent pas à récupérer la plus grande part de l'argent dépensé par les touristes, mais cherchent à parvenir à un compromis dans lequel ils pourront tous voir leurs gains augmenter. Nous ne sommes donc pas ici dans un modèle classique où la relation avec le touriste se limite à une interaction simple entre le client et le vendeur. Les interactions avec les touristes s'intègrent dans des processus complexes, nous pouvons parler d'une véritable économie de la périphérie. Les individus exerçant dans les activités périphériques sont unis par une même préoccupation : coopérer afin que les touristes passent plus de temps possible sur l'espace public et non pas dans les établissements. Il sera donc question d'amuser les touristes pour qu'ils fassent le choix de la rue et non pas des établissements. Il existe donc une véritable culture de la rue. Les personnes travaillant dans la rue exercent de manière transparente aux yeux de tous. Cette logique s'oppose à celle qui est pratiquée dans les établissements où les touristes disposent d'une certaine confidentialité. La collaboration entre les différents acteurs de la périphérie ne repose pas sur la philanthropie, mais sur des processus de négociations collectifs dans lesquels on cherche à préserver les intérêts de chacun. Cette stratégie coopérative suppose une entente mutuelle, des capacités d'écoute, de la confiance, autant d'éléments qui se construisent dans le temps. Cette configuration qui demande un investissement de l'ensemble des acteurs est le signe d'une professionnalisation. Ce qui est particulièrement intéressant, c'est que les enfants mendiants sont au cœur de ces processus, car c'est sur eux que va reposer la circulation des intérêts.

Les enfants au cœur de l'intérêt collectif

Les enfants mendiants vont endosser trois fonctions transversales contribuant à l'intérêt collectif.

<u>Une incitation à la consommation</u>

Sur le plan économique, les enfants vont inciter à la consommation. Si la recherche de la nourriture ne constitue pas leur principal objectif, ils se feront néanmoins fréquemment offrir de la nourriture par les touristes. Lorsqu'un touriste achète de la nourriture aux enfants, il contribue à l'économie locale. Les enfants se feront le plus souvent offrir de la nourriture dans la dernière partie de la soirée lorsqu'ils mendient en groupe. Les touristes offriront donc souvent de la nourriture à des groupes de trois ou quatre enfants. Cet effet de groupe est une aubaine pour les restaurateurs. Dans une semaine typique, les enfants parviendront à se faire inviter à trois ou quatre reprises. Cette nourriture offerte par les touristes sera généralement tarifée à un prix majoré d'environ 25 %. Lorsque les enfants se trouvent dans un groupe étendu de six ou sept enfants, ils deviennent un public particulièrement apprécié par les restaurateurs. Ainsi, pour le touriste acceptant d'acheter un repas à six enfants, l'addition sera d'environ 10 €. La consommation n'est pas uniquement réservée aux aliments. Les enfants se feront parfois inviter dans les bars de nuit ; dans un tel cas de figure, l'achat de six sodas sera également facturé aux alentours de 10 €. Il arrive que l'addition soit beaucoup plus élevée. Il n'est pas rare qu'un touriste fortement alcoolisé accepte d'acheter de la nourriture ainsi que plusieurs verres de soda aux groupes d'enfants, l'addition peut alors avoisiner les 50 euros.

Des enfants-facilitateurs

Dans certaines situations, les enfants pourront avoir un rôle d'intermédiaire dans la vente d'alcool ou de nourriture. Dans la dernière partie de soirée, lorsque les enfants prennent le temps de discuter avec les touristes, ils seront susceptibles de les guider dans le quartier. S'ils apprennent au cours de leurs discussions que les touristes sont à la recherche d'un établissement ou d'une rue précise, ils n'hésiteront pas à les amener jusqu'au lieu désiré. S'ils apprennent que les touristes souhaitent se restaurer ou boire de l'alcool, ils les guideront également vers les bars de rue avec lesquels ils ont le plus d'affinités. Un extrait de mon journal de bord permet d'illustrer cette fonction de facilitation :

« Thia et sa petite sœur aperçoivent un touriste américain. Elles se dirigent vers lui en lui proposant des chewing-gums. Le touriste répondra qu'il ne veut pas de chewing-gums, mais qu'il veut de la bière. Thia lui demande alors quel type de bière il souhaite boire. Le touriste répond qu'il souhaite de la bière fraîche. Thia le prend par la main sur une dizaine de mètres en le guidant vers un bar de rue. Elle amène le touriste jusqu'à une grande glacière, elle soulève le couvercle. Le touriste semble étonné. Thia le regarde dans les yeux et lui dit de choisir la bière et d'aller s'asseoir sur les tabourets qui se trouvent en face »

Des enfants-témoins

La collaboration entre les enfants mendiants et les adultes va également concerner la prostitution. Les enfants collaborent avec les femmes prostituées se trouvant à la périphérie, c'est-à-dire âgées de plus de 25 ans. Il est fréquent que ces dernières incitent leurs clients à acheter des chewing-gums et des fleurs aux enfants. J'ai d'abord été amené à penser qu'il s'agissait d'une forme d'empathie. Cependant, avec le temps ethnographique, je me suis rendu compte que cette incitation à acheter se déroulait dans une configuration bien particulière. Cette demande intervient généralement lorsque les prostituées tentent d'apprécier la générosité de leur client. Il ne s'agit alors pas de clients d'une simple passe, mais au contraire de clients souhaitant passer plusieurs jours avec la même femme. Lorsque les femmes incitent les hommes à acheter des objets aux enfants, elles souhaitent évaluer la rentabilité d'une relation qui durera plusieurs jours et dont le prix n'est généralement pas fixé à l'avance. Au cours de mes conversations avec des femmes prostituées, j'ai également pu me rendre compte que cette « évaluation » du touriste pouvait dépasser le cadre strictement financier. En observant le comportement des touristes avec les enfants, certaines femmes m'ont affirmé pouvoir juger de la bonté d'un homme en considérant qu'un homme qui est généreux avec les enfants ne peut être qu'un homme ayant un « bon cœur ».

Les enfants protégés

Les enfants vont faire l'objet d'une véritable bienveillance de la part de l'ensemble des acteurs se trouvant dans une position périphérique. Les commerçants sont conscients du poids économique des enfants et de l'importance d'être en bons termes avec eux. Les commerçants n'entravent jamais la mendicité des enfants même lorsqu'elle sera effectuée auprès de leurs clients qui ne souhaitent pas être dérangés par les enfants. Les commerçants proposant de la nourriture laissent les enfants s'asseoir aux tables réservées aux clients lorsque des places sont disponibles. Dans certains cas de figure, j'ai pu apercevoir des commerçants se sentir redevables envers les enfants. Un extrait du journal de bord permet d'illustrer ce sentiment :

« Il est 3 h 30 (du matin). Thia, sa sœur, et quatre autres filles qui vendent des roses ont réussi à se faire inviter par un touriste. Les filles sont assises dans un bar de nuit qui propose également de la nourriture. Les filles ont consommé plusieurs sodas, elles ont également consommé un plat de riz sauté chacune. Lorsque le touriste demande l'addition, la patronne lui annonce le prix de 1800 bahts. L'homme paye sans broncher, il quitte la table en saluant les enfants qui le remercient. Les filles sont assises sur deux tables différentes et occupent donc la moitié du stand qui est composée de quatre tables. La patronne du bar donne 50 bahts à Thia en lui demandant très gentiment et très poliment aux enfants de partir, ce qu'elles feront sans broncher ».

Au-delà des interactions financières et économiques, les relations entre les enfants mendiants et les adultes exerçant des activités périphériques pourront également être d'ordre affectif. Il est fréquent que les femmes âgées de plus de 25 ans nouent des relations individuelles avec les enfants. Nous avons pu observer des comportements qui s'approchent de liens maternels. Il est fréquent que ces femmes connaissent les enfants par leurs prénoms et il n'est pas rare de voir les enfants s'asseoir sur les genoux de ces femmes lorsqu'ils veulent prendre une petite pause. On peut penser que ces relations particulières trouvent peut-être racine dans les biographies de ces femmes. Une grande partie d'entre elles ont des enfants qui vivent dans les villages avec les grands-parents et pour certaines d'entre elles, leurs interactions avec leurs propres enfants se limitent à une ou deux rencontres par an. On constate également une très grande proximité entre les enfants mendiants et certaines femmes d'origine khmère travaillant dans les stands alimentaires. La proximité semble alors être renforcée par la dimension linguistique. La présence d'enfants à Nana est rare. Les enfants mendiants sont les seuls qui fréquentent Nana, ils sont donc connus de tous. Ils ont l'exclusivité de l'enfance : ils sont les enfants de Nana et vont à ce titre bénéficier d'une certaine protection collective.

Une reconnaissance informelle des activités informelles

Les collaborations entre les personnes se trouvant à la périphérie sont envisageables, car les relations avec l'Institution le permettent. Ces activités ne font pas l'objet d'une reconnaissance administrative, mais elles bénéficient d'une reconnaissance informelle. Tout comme dans notre cas de figure indien, l'institution de référence ayant la capacité à délivrer ces autorisations informelles à exercer est la police. Il est donc en quelque sorte possible de considérer que la police fait partie de cette harmonie périphérique et se trouve intégrée dans cette configuration collaborative. La « collaboration » avec la police rend possible l'exercice d'activités qui ne sont pas réellement dans la légalité telles que la mendicité des enfants, la prostitution de rue ou la vente d'alcool sur l'espace public. Cette présence sur l'espace public est monnayée. La présence des policiers n'est pas forcément visible pour les touristes passant quelques jours à Nana. Cependant, une présence prolongée à Nana permet assez facilement d'identifier les nombreux policiers en civils. Leur présence est assez visible, ces derniers circulent auprès des commerçants afin de récolter l'argent de la corruption et interviennent lorsque les bagarres éclatent sur l'espace public. D'après la population locale, cette forte présence policière s'expliquerait également par la volonté de contrôler le trafic de stupéfiants qui est aussi bien destiné aux touristes qu'aux locaux.

L'ensemble des acteurs présents sur place doit s'acquitter d'une « taxe » auprès de la police. Les patrons des bars de rues doivent verser de manière hebdomadaire une somme d'argent à la police pour pouvoir exercer. Cette somme va varier au regard de la taille du bar. Pour les mendiants, la donne est différente. Ces derniers doivent tout d'abord payer pour ne pas être expulsés du territoire. Leur simple présence en Thaïlande est illégale, ils n'ont aucun droit de séjour. Cette situation n'est pas sans conséquence sur leur mode de vie en Thaïlande. Les enfants se trouvant en situation irrégulière ne pourront par exemple pas s'inscrire à l'école. Les individus originaires du Cambodge travaillant à Nana doivent payer un forfait à la police pour ne pas risquer l'expulsion. Ces frais sont payés de manière mensuelle par les personnes travaillant dans les stands et qui occupent un emploi fixe et salarié. La somme à payer sera calculée en fonction de l'activité occupée. Pour les personnes exerçant dans la rue sans employeur, plusieurs situations sont envisageables. Certains acceptent de payer la police de manière mensuelle et peuvent ainsi exercer sans craindre l'expulsion. Cependant, une grande partie des mendiants refusent de payer de manière régulière. Ils se contenteront de payer lorsqu'ils sont arrêtés par la police, la somme demandée est alors plus importante que celle exigée tous les mois. Cette situation peut être considérée comme étant risquée, car lorsqu'une famille entière sera arrêtée, la somme à payer pourra être importante. Les familles préféreront parfois se faire expulser que de payer, mais cette situation s'avère également coûteuse, car une fois renvoyés au Cambodge, ils devront régler les passeurs afin de pouvoir rentrer à nouveau en Thaïlande. Pour les prostituées travaillant dans la rue, les rapports avec la police sont plus conflictuels. La police va en effet tirer la plus grande partie de ses revenus en « rackettant » les prostituées travaillant dans la rue. Ces dernières ne doivent pas s'acquitter d'une « taxe » de manière régulière, mais elles devront payer lorsqu'elles se feront arrêter. Tous les soirs, une dizaine de prostituées sont arrêtées par la police. Elles sont menottées et amenées dans des camions pick-up jusqu'au poste de police de Lumpini (se trouvant à une dizaine de minutes de Nana). Une fois arrivées sur place, elles devront payer 1000 bahts (environ 25 €) afin de partir librement. Ces arrestations reposent le plus souvent sur des critères discriminatoires, elles visent le plus souvent les prostituées transsexuelles. Les ladyboys vont en quelque sorte servir de bouc émissaire pour l'ensemble des acteurs se trouvant dans cette position périphérique. Les prostituées transsexuelles âgées de moins de 25 ans sont prioritairement visées, car ayant du succès auprès des touristes et disposant souvent d'un réseau de proximité sur lequel compter, elles sont les plus susceptibles de payer facilement la police.

Mendicité des enfants et tourisme à Gateway : entre l'icône et l'invisibilité

Lors de nos observations, nous avons pu dresser une typologie des interactions entre les enfants mendiants et les touristes. Notre typologie est basée sur les profils types des touristes, chaque catégorie de touriste va donner lieu à un type de mendicité particulière.

Les touristes indiens coutumiers de la mendicité : une mendicité routinière

La première catégorie que nous avons identifiée est celle des touristes indiens. Ces derniers se différencient des autres touristes, car ils sont coutumiers de la mendicité. En Inde, il est fréquent de rencontrer des enfants mendiant dans des postures que l'on pourrait qualifier de spectaculaires. Les enfants sont souvent mises en scène dans des postures qui indiquent à la fois la soumission et la souffrance (à genoux, allongés sur le ventre, faussement endormis). On ne retrouve pas de telles formes de mendicité à Gateway of India. La présence des mendiants ne suscite pas donc d'intérêt particulier pour les touristes indiens. Sur le plan touristique on pourrait considérer que la présence ou non de mendiants n'a pas d'incidence pour les touristes indiens, elle n'influence ni leur visite de Gateway, ni leur appropriation de l'espace. Lorsque nous avons cherché à interroger les touristes indiens sur la mendicité des enfants, ils ont souvent fait part de leur incompréhension de notre démarche. Un ingénieur en visite à Bombay nous dira ainsi :

« Pourquoi s'intéresser à ces personnes ? Ils n'ont rien de particulier. Pourquoi ne vous intéressez-vous pas aux personnes qui ont fait de grandes choses ? Ces gens-là n'ont rien fait de leur vie, ils ne feront rien. Ces enfants-là auront la même vie que leurs parents. Intéressez-vous plutôt aux personnes qui dorment à l'Hôtel Taj, eux ils font de grandes choses. »

Lors de nos observations, nous avons également pu mettre en avant le fait qu'entre les touristes indiens et les enfants mendiants, la communication est souvent réduite à une simple communication non verbale. Un extrait du journal de bord permet d'illustrer ce propos :

« 15 h 15. Lorsqu'elles nous aperçoivent, Sheila et Angeli (deux sœurs, âgées respectivement de 8 et 5 ans) viennent nous saluer, elles s'assoient à nos côtés. Après une dizaine de minutes, elles s'éloignent pour aller mendier. Il fait très chaud, la foule n'est pas nombreuse, car la chaleur est écrasante. Elles abordent les rares touristes qui se dirigent vers l'Arc de triomphe. Au loin, les filles aperçoivent un jeune couple de touristes indiens avec 2 enfants. Sheila et Angeli s'approchent de la femme en tendant leurs mains afin de demander une pièce. Cette femme, d'un simple hochement de tête, fait comprendre aux filles qu'elle n'a pas l'intention de donner, Sheila et Angeli s'éloignent sans insister.

15 h 20. Sheila et Angeli aperçoivent un couple de touristes indiens. Elles s'approchent aussi vers eux en tendant la main. Cette fois-ci, l'allure est plus vive. La femme du couple se rend compte que les enfants s'approchent afin de demander de l'argent, elle fait un hochement de tête à peine perceptible afin de signaler qu'elle n'a pas l'intention de donner de l'argent. Les filles qui se trouvent à une quinzaine de mètres comprennent et rebroussent chemin ».

Les touristes indiens sont largement majoritaires à Gateway of India ; cependant, lorsqu'on s'intéresse aux interactions entre touristes et mendiants, on s'aperçoit que ce sont les touristes occidentaux qui sont très grandement majoritaires. Les touristes indiens ne sont que très rarement démarchés par les enfants mendiants, ces derniers vont porter moins d'intérêt aux touristes indiens qu'aux touristes occidentaux. Les enfants iront généralement à la rencontre des touristes indiens uniquement lorsque les touristes internationaux sont absents. Lorsque les touristes indiens donnent aux enfants, leur langage corporel est caractérisé par un certain minimalisme. Le don se fait généralement sans contacts visuels, les touristes indiens se contentent de tendre la main pour donner une pièce sans réellement regarder les enfants qui mendient. Ces échanges ne donneront généralement pas lieu à des échanges verbaux. Sur le plan de la communication, nous pouvons parler d'une interaction unilatérale, car elle ne suppose pas de réciprocité, le touriste indien n'est pas à la recherche du feedback immédiat. Sur le plan symbolique, le refus de prêter une attention particulière au mendiant revient à positionner le don comme étant totalement indépendant de toute stratégie de communication. En d'autres termes, le touriste indien cherche à être maître de son don, nous parlerons donc d'un « don maîtrisé ». Ces interactions entre touristes indiens et enfants mendiants ne peuvent pas être perçues comme relevant d'une indifférence à la mendicité, mais au contraire comme relevant d'un rapport différent à la mendicité. Pour ces touristes, la présence sur l'espace public d'enfant mendiant est habituelle. Lorsqu'ils donnent aux enfants, leur geste est donc routinier.

Touristes internationaux faussement insensibles à la mendicité et « mendicité crescendo » inconfortable

La deuxième catégorie que nous avons identifiée est celle des touristes internationaux que nous qualifions de « faussement insensibles à la mendicité ». Leur attitude peut paraître semblable à celles des touristes indiens, car ils semblent vouloir éviter ou tout du moins ignorer la présence d'enfants mendiants. Ces touristes ne cherchent ni la sympathie ni les interactions avec les mendiants. Nos observations nous révèlent un certain malaise face à la mendicité. Ces touristes tentent dans un premier temps d'éviter toute interaction avec les enfants en feignant de ne pas entendre et voir leurs sollicitations. Cet épisode d'ignorance est généralement suivi par une phase de communication non verbale dans laquelle les touristes internationaux tentent de faire signifier aux enfants qu'ils ne souhaitent pas leur donner l'argent. Pour ce faire, ils secoueront le plus souvent la tête, ou feront un signe de la main. Contrairement à ce qui est constaté avec les touristes indiens, cette communication ne va pas donner lieu à l'arrêt de la mendicité. Les enfants vont poursuivre leurs mendicités en adoptant des stratégies basées sur l'insistance, la répétition et le harcèlement. Face à l'attitude des touristes refusant l'interaction, celle-ci leur sera imposée. Lorsque ces touristes restent figés dans leur posture d'ignorance ou se contentent d'une communication non verbale basique, on constate souvent une escalade d'engagement dans les formes de mendicités agressives. Les touristes qui par exemple refusent de regarder les enfants seront poursuivis sur de longues distances par les mains tendues pour signifier la demande de don. Parfois, des techniques déployées auront pour but d'entraver la libre circulation des touristes. Les enfants pourront dans ce cas tirer sur les vêtements des touristes ou encore se placer à leurs pieds pour ralentir leurs déplacements. Cela peut sembler anecdotique, et nous regrettons de ne pas avoir mis en place d'outils pour le quantifier, mais au cours de nos observations, nous avons pu constater que cette situation d'indifférence entraînant une mendicité agressive était plus fréquente lorsque les touristes portaient des lunettes de soleil. Cette situation, qui rappelle celle des joueurs de poker qui tentent de cacher leurs émotions en portant des lunettes de soleil, fait également écho aux recherches ayant pu mettre en avant le poids des expressions faciales dans la communication sociale (Keltner & Kring, 1998) et notamment l'importance de la zone des yeux (Messinger, Mattson, Mahoor, & Cohn, 2012). Un extrait du journal de bord permet d'illustrer cette configuration :

« Vivia, Mittlesh et Mahesh (Frères et sœurs âgés respectivement de 4,8 et 9 ans) sont assis au pied du petit mur se trouvant devant les toilettes publiques. Lorsqu'ils aperçoivent un couple de touristes occidentaux âgés d'une quarantaine d'années (tous deux portant des lunettes de soleil), ils se lèvent aussitôt et se dirigent vers eux en courant les mains tendues. Les touristes continuent d'avancer vers l'Arc de triomphe, la tête levée en ignorant totalement la présence des enfants. On perçoit tout de même chez eux un certain malaise, une certaine rigidité corporelle. En voyant qu'ils sont ignorés par les touristes, Mittlesh commence à tirer sur les manches de l'homme. Ce dernier continue d'avancer comme si les enfants n'étaient pas présents, il n'échange même pas un regard. Vivia (la plus jeune et plus petite du groupe) se met alors devant ses jambes pour l'empêcher d'avancer. Cependant, ce touriste ne l'ayant pas vu manque de la renverser dans son élan de marche. Mahesh se place également devant l'homme pour le freiner dans sa marche. Les touristes continuent leur chemin en ignorant la présence des enfants, ils continuent d'avancer comme si les enfants n'étaient pas présents. Cette scène dure 2 ou 3 minutes. Voyant que leur stratégie de mendicité ne fonctionne pas, Mittlesh va donner une grande claque dans la tête de sa petite sœur Vivia afin de la faire hurler de pleurs, elle la prendra ensuite sur le dos et se placera devant l'homme en lui tirant la manche. Vivia hurle. Face à ces cris, l'homme s'arrête, et va pour la première fois poser son regard sur les enfants. Il discute avec sa femme. Le couple de touristes semble bouleversé. L'homme sortira aussitôt de son portefeuille un billet d'un dollar qu'il donnera aux enfants. Ces derniers prennent le billet et laissent le couple partir ».

Dans la situation que nous venons de décrire, nous pouvons considérer qu'il s'agit d'une mendicité par contrainte. L'objectif est d'amener les touristes vers un point de rupture au-delà duquel ils préfèrent donner de l'argent plutôt que de continuer à subir la gêne occasionnée par les enfants. Ces formes de mendicité nécessitent des compétences sociales et interactionnelles de la part des enfants. Ces derniers perçoivent l'état de malaise des touristes et s'engagent dans des formes de harcèlements dont l'efficacité repose souvent sur un effet de groupe. Ce type de mendicité sera une source de désagrément pour les touristes et aura des conséquences sur leur expérience touristique et leur appréciation de Gateway of India. Pour ces touristes, la mendicité contribue au sentiment d'insécurité. Sur des forums dédiés au tourisme en Inde, un touriste sud-africain écrira à propos de Gateway :

« Ma première impression fut que la sécurité sur les sites touristiques indiens est une blague. Les mendiants prennent pour seule cible les touristes. Les personnes locales n'endossent pas leurs responsabilités vis-à-vis des mendiants qui agissent comme de véritables piranhas. Visité en décembre 2011 »

Dans ce groupe de touristes « faussement insensibles à la mendicité », nous classons la majorité des touristes étrangers. Ces derniers s'opposent catégoriquement à tout don, car pour eux, donner revient à inciter à la mendicité.

Les touristes occidentaux bienveillants et mendicité imagée édulcorée

Le troisième type d'interaction que nous avons pu identifier concerne celle entre les enfants mendiants et les touristes occidentaux que nous qualifions ici de « bienveillants ». Les touristes en question sont généralement adeptes d'une forme particulière de tourisme qualifié en anglais « poorism » et que l'on pourrait traduire en français de « pauvrisme ». Ce néologisme construit à partir de la contraction des mots pauvreté et tourisme, fait référence au tourisme motivé par la volonté d'approcher de près la pauvreté. Cette tendance que l'on retrouve aussi dans les favelas de Rio, les townships de Soweto et les bidonvilles de Bombay fait de la pauvreté un véritable gage d'authenticité. Voir la pauvreté et la vie quotidienne des pauvres, c'est voir le vrai pays. Contrairement aux catégories précédemment citées, ces touristes ne sont pas indifférents à la mendicité. La mendicité est ici un véritable centre d'intérêt, voire une attraction. En venant en Inde, ils s'attendent à voir une grande pauvreté et espèrent côtoyer des populations locales ; les enfants mendiants vont pouvoir satisfaire ces aspirations. Cet intérêt pour la pauvreté est souvent centré autour de la pauvreté des enfants.

À notre grand étonnement, nous avons pu constater que cette tendance à faire connaissance avec la pauvreté était dans notre cas de figure exacerbée par un effet « Slumdog Millionaire ». Un nombre important de touristes nous ont avoué vouloir visiter l'Inde après avoir vu le film Slumdog Millionaire. Ce film aux 8 oscars, qui met en scène la débrouillardise et l'intelligence pratique d'un enfant des bidonvilles de Bombay qui devient millionnaire, a contribué à façonner une image exotique et romantique de la pauvreté appréhendée sous l'angle du dynamisme et de la créativité. Ce lien entre cinéma et voyage correspond à un phénomène identifié par les chercheurs qui utilisent le terme de tourisme induit par le cinéma (Hudson & Ritchie, 2006). En ce qui concerne les visites de bidonvilles, il s'agit d'un lien notoire. Le film « La Cité de Dieu » s'est ainsi traduit par une forte augmentation des visites des bidonvilles de Rio (Freire-Medeiros, 2011) ; pour ce qui est du film « Slumdog Millionaire », les visites des bidonvilles de Bombay auraient augmenté de 25 % après la sortie du film (Ma, 2010). En Inde, le tourisme est donc parfois motivé par la volonté de « visiter les pauvres » (Zunigo, 2007). Dans cette forme atypique de tourisme, les individus cherchent à se détacher des attributs généralement associés au tourisme tels que la détente ou la consommation.

Ces touristes adeptes du « pauvrisme » vont rechercher l'interaction avec les enfants mendiants. Lorsque les enfants se dirigent vers eux en tendant la main, ils chercheront à enrichir l'interaction en établissant une communication verbale en anglais. Ils demandent des renseignements aux enfants afin de connaître leurs noms et leurs âges. La plupart des enfants sont dans l'incapacité de répondre verbalement à cette communication, car ils ne parlent pas anglais. Les touristes chercheront donc dans un troisième temps à adapter leur communication à cette configuration. Ils adoptent alors ce que les linguistes identifient comme un langage adapté à l'étranger (Tellier & Stam, 2010). Cette communication est mixte. Elle est à la fois basée sur la gestuelle, mais également sur une communication verbale dans un anglais rudimentaire, caractérisé par un débit ralenti et une prononciation accentuée des mots. Ces interactions concernant des adultes et des enfants, il serait également possible d'évoquer ce que les linguistes nomment « Langage adressé à l'enfant » (B. Freed, 1981). Les enfants acceptent le plus souvent ces interactions en tentant de comprendre et de répondre aux différentes sollicitations. Un extrait du journal de bord permet d'éclairer l'attitude des enfants lors de ces interactions :

Sanjit et Kavita sont assis devant nous en face des toilettes publiques. Lorsqu'ils aperçoivent un couple de touristes, ils se lèvent immédiatement et se dirigent vers eux en ayant la main tendue. Lorsqu'ils arrivent devant le couple, la femme qui s'exprime en français ne cesse de répéter « qu'est-ce qu'ils sont beaux ces enfants », elle caresse les cheveux de Kavita. Elle est ensuite étonnée par les tatouages que Sanjit porte sur son bras. Elle prend son bras pour le caresser et lui demande en français « à ton âge tu as déjà des tatouages ? ». Les enfants se laissent toucher sans problèmes ; ils se tiennent devant le couple en souriant et en rigolant. Ils discutent entre eux et éclatent de rire. La femme engage par la suite la conversation en anglais. « What is your name ? », « How old are you ? ». Voyant qu'ils ne comprennent pas, elle s'engage dans une communication gestuelle. Elle répète, en se montrant du doigt, « Me, Sandrine. Me, Sandrine », puis elle pointe Kavita du doigt en répétant « You. You ». Kavita comprend ce qui lui est demandé et répond « Kavita ». Sanjt imite aussitôt et indique son nom en se montrant du doigt. La femme leur demandera alors, en joignant des gestes à sa parole, si elle peut les prendre en photo. Lorsque les enfants comprennent, ils posent aussitôt en faisant des grimaces et en rigolant. Le mari dit alors à sa femme de poser avec les enfants. Elle fait comprendre aux enfants qu'elle souhaite poser avec eux. Les enfants acceptent. La femme s'accroupit entre les deux enfants, ces derniers font un grand sourire pour la séance photo. Une fois les photos prises, le mari sort des billets de sa poche et donnera un billet de 10 roupies à chaque enfant.

Ce comportement des enfants contraste avec la mendicité agressive déployée avec les touristes « faussement insensibles » à la mendicité. Lorsque nous avons demandé aux enfants pourquoi de telles différences dans les comportements existaient, ils nous ont dit que lorsque les touristes étaient gentils avec eux, il ne servait à rien de trop insister dans leurs demandes, car les touristes qui prennent le temps de parler avec les enfants ne partent jamais sans rien donner. Il n'est pas rare que certains « touristes bienveillants » distribuent aux enfants des cadeaux tels que des jouets ou des stylos. Ces objets qui sont le plus souvent achetés à l'étranger indiquent que la rencontre avec des enfants défavorisés est une rencontre programmée à l'avance : les enfants constituent un véritable centre d'intérêt. La mendicité des enfants a donc une certaine légitimité, ou tout du moins une raison d'existence dans ce contexte particulier.

Ces touristes seront confrontés à des formes de mendicité plus douces. Ils vont être associés à deux formes de mendicité. La première qui concerne uniquement les enfants peut être qualifiée de passive. Il s'agira pour les enfants d'incarner une image de la pauvreté qui correspond aux attentes des touristes. L'enfant mendiant devra incarner l'image d'une pauvreté romantique et dynamique pouvant facilement être photographiée par un touriste à la recherche d'images pittoresques. La subtilité de cette mendicité résidera dans la capacité des enfants à mettre en scène une pauvreté acceptable et photographiable. Cette pauvreté ne doit pas être trop spectaculaire et violente. Il s'agit d'une mise en scène « édulcorée » adaptée aux touristes occidentaux. Elle contraste avec les formes de mendicité spectaculaires destinées à la population locale que l'on retrouve dans les différents endroits de ville. Dans ces cas de figure, l'objectif est de persuader les passants indiens que leurs dons sont de nature à satisfaire des besoins vitaux et immédiats des enfants. De telles formes de mendicités destinées à la population locale n'auraient pas les mêmes effets pour les touristes occidentaux. Des formes de mendicités « extrêmes » se placeraient au-delà des seuils de tolérances des touristes. Ces derniers sont plus à la recherche d'images pittoresques que pathétiques : des enfants trop sales, dévêtus, mutilés ou qui se placent dans des formes de soumissions extrêmes ne seraient pas adaptés aux touristes bienveillants à la recherche d'une image positive de la pauvreté. La mise en scène devra néanmoins cadrer avec ce que l'on pourrait qualifier de « seuil minimum de pauvreté : les apparences physiques et vestimentaires des enfants devront être connotées par les touristes à de la pauvreté. Cette gestion de la mise en scène de la pauvreté est un exercice commun à l'ensemble des mendiants, quels que soient le genre, l'âge et la localisation géographique des mendiants. Nous pouvons ici parler de mendicité passive, car le rôle essentiel des enfants réside ici dans la gestion de leur image. Il ne s'agit pas pour eux de verbaliser leur mendicité ou de mettre en œuvre des stratégies collectives de harcèlement. Cette forme de mendicité n'engage pas une action corporelle particulière. Les enfants doivent ici uniquement se contenter de sourire et de participer aux séances photo.

La deuxième forme de mendicité à laquelle seront confrontés les « touristes bienveillants » sera exercée par de jeunes femmes de 16 à 30 ans et sera caractérisée par une dimension plus active. Cette forme de mendicité découle souvent de la mendicité passive des enfants que nous venons de mentionner.

En effet, lorsque les enfants parviennent à identifier des touristes qui cherchent à établir des interactions avec eux, les femmes appartenant à la communauté de Solapour vont prendre le relais pour s'engager dans des formes de mendicité plus élaborées. Les enfants endossent en quelque sorte une fonction de rabatteur dont la mission est de cibler les donneurs potentiels. Dans cette mendicité, les jeunes femmes s'adressent aux « touristes bienveillants » en ayant de jeunes enfants dans les bras. Elles demandent aux touristes d'acheter de la nourriture pour les enfants. Ces femmes, qui sont capables de s'exprimer correctement dans un anglais basique, disposent d'un argumentaire bien rodé construit autour de l'alimentation de leurs enfants. Elles insistent sur le fait qu'elles ne veulent surtout pas d'argent, mais au contraire de la nourriture pour leurs enfants. Si les touristes acceptent, les femmes conduisent les touristes dans une échoppe qui se trouve à une centaine de mètres. Sur le chemin qui mène jusqu'à l'échoppe, les femmes mendiantes tentent d'engager la conversation autour des enfants et de la vie familiale. Une fois arrivées dans l'échoppe, les femmes demandent aux touristes si elles peuvent acheter du lait en poudre et demandent aux touristes de passer eux-mêmes la commande auprès des employés de l'échoppe. Il se trouve que dans cette échoppe favorite des femmes mendiantes, le lait en poudre n'est vendu qu'en boîte d'un kilo au prix de 200 roupies (environ 3 euros). Au moment de payer, les touristes qui ne s'attendent généralement pas à un tel prix acceptent tout de même de régler les produits. En sortant de l'échoppe, les femmes ne cessent de remercier les touristes et ces derniers chercheront souvent à photographier cet instant. Lorsque les touristes quittent Gateway, les femmes retournent à l'échoppe avec leur lait en poudre qui leur sera racheté au prix de 150 roupies (environ 2,20 euros).

Les « fous de l'Inde » : des touristes qui recherchent la mendicité

La quatrième catégorie répertoriée est celle des touristes « fous de l'Inde ». Cette terminologie fait référence à l'ouvrage de Régis Airault (2000) intitulé « Fous de l'Inde, Délires d'Occidentaux et sentiment océanique ». L'auteur, ancien psychiatre rattaché au consulat français de Bombay, décrit ce que l'on peut nommer de « syndrome indien ». Les symptômes de ce syndrome concernent aussi bien des crises d'angoisse et une hyperémotivité que des bouffées délirantes à tendance mystique. Les origines de ces troubles résident notamment dans les divers dépaysements que procure l'expérience indienne : rapports sociaux, religion, rapport à la mort... Ce syndrome se traduit dans les cas les plus sévères par la présence de touristes occidentaux errants dans les rues des certaines villes indiennes. Ces derniers, qui ont le plus souvent prévu de rester quelques jours en Inde, y restent des mois, des années et pour certains disparaissent à jamais. Sans vouloir porter un diagnostic psychiatrique, nous utilisons ici cette terminologie de manière large en nous référant aux touristes dont les dimensions spirituelles et émotionnelles vont fortement marquer leur représentation de l'Inde et leur rapport à la pauvreté et à la mendicité des enfants.

Les interactions que ces « fous de l'Inde » ont avec les enfants mendiants sont assez proches de celles que nous avons décrites au sujet des « touristes bienveillants ». La distinction entre les deux catégories se fait sur trois niveaux. Le premier niveau concerne la proximité physique. Les touristes appartenant à la catégorie des « fous de l'Inde » font souvent la démarche de se rendre d'eux-mêmes auprès des enfants. Ils pourront par exemple aller à leur rencontre en s'asseyant avec eux à même le sol lorsqu'ils sont en train de jouer ou de se reposer. Ils chercheront souvent le contact physique avec les enfants en n'hésitant pas à caresser les têtes ou les bras des enfants. Ils adopteront des attitudes similaires avec les jeunes mères de famille, en s'asseyant à leurs côtés afin de pouvoir porter leurs nourrissons dans les bras. Le deuxième niveau de distinction concerne le temps passé sur place auprès des enfants. Ce temps est relativement long, il dépasse les 15 minutes, mais n'excède que très rarement l'heure. La troisième différence entre ces touristes et ceux appartenant à la catégorie des « touristes bienveillants » réside dans le rapport à l'argent. Les touristes « fous de l'Inde » refuseront catégoriquement tout don d'argent en considérant que l'argent dénature les rapports sociaux. Lorsqu'ils décident de donner aux enfants ou aux mères de famille, ce qui n'est pas toujours le cas, il s'agira essentiellement de dons de nature alimentaire. Les enfants auront droit à un snack acheté à l'un des vendeurs ambulants se trouvant sur place. Les mères de famille essayeront d'entraîner ces touristes dans leur échoppe favorite afin d'acheter du lait en poudre. Un extrait de blog d'une touriste italienne se rendant pour la première fois à Gateway permet d'illustrer ces interactions et cette émotivité :

« Pendant que je me promène, mes yeux ne peuvent décoller de ces enfants pieds nus, qui mendient et jouent, de ces belles femmes avec saris colorés assises dans la rue, des musiciens... Je ressens le besoin immense de parler avec eux. Lorsqu'Alessandro (son compagnon) s'absente, j'en profite pour prendre les enfants dans mes bras. Une mère me dit "Pas d'argent, pas d'argent : achète pour bébé à manger". Je cours aussitôt dans une pharmacie, j'achète du lait en poudre pour eux. Au bout de deux secondes, j'ai trois enfants qui rient autour de moi et tirent sur mon t-shirt, je veux tous les prendre ! J'achète ensuite du chocolat pour eux. Mon compagnon réapparait et me découvre avec tous les enfants et les chocolats. Me regardant avec beaucoup de douceur, il sourit et dit, Laia, viens, allons-y. Mon bonheur est immense, je tremble. »

Les touristes paternalistes

La dernière catégorie de touristes que nous avons identifiée est celle des touristes paternalistes. Au cours de nos observations, nous avons pu être confrontés à ce type de touristes à deux reprises. Nos deux cas de figure concernent des touristes européens masculins qui se rendent régulièrement en Inde. Ces derniers ont pu, au cours de leurs nombreuses visites en Inde, établir des rapports personnels et exclusifs avec certaines familles de la communauté de Solapour. Contrairement aux autres formes de mendicité que nous avons évoquées, dans ce cas de figure les membres de la communauté de Solapour refuseront de collaborer entre eux. Les familles qui ont pu nouer des relations avec des touristes « paternalistes » veilleront à ce que ces derniers ne nouent pas d'autres contacts avec des personnes issues de la communauté. Ces touristes ont la particularité de se sentir investis d'une mission vis-à-vis des individus avec lesquels ils entretiennent des liens privilégiés. Lorsqu'ils se rendent en Inde, ils passent beaucoup de temps avec les familles de Solapour qu'ils connaissent. Ils dorment à Gateway avec les populations sans-abri, ou invitent ces derniers à passer des nuits dans les hôtels avoisinants. Ils prennent leurs repas avec les familles dans les restaurants se trouvant à proximité. Lorsqu'ils repartent d'Inde pour se rendre dans leur pays d'origine, ils laissent généralement des sommes d'argent importantes. Il n'a pas été facile de mener nos recherches sur ces touristes qui sont rares, mais qui d'après les dires des membres de la communauté ne sont pas inhabituels. Les familles avec lesquelles ils ont des attaches ne les quittent jamais d'une semelle et s'opposent à tous contacts. Nous avons néanmoins pu engager une discussion très brève avec un de ces touristes. Ce dernier, un ingénieur suédois gagnant très confortablement sa vie, nous a affirmé que les individus de la communauté étaient sa seule et unique famille. D'après lui, il se rend en Inde, uniquement afin de rendre visite aux personnes de la communauté de Solapour qu'il considère comme sa famille. D'autres informations nous ont été rapportées par les membres de la communauté, mais il est difficile de se prononcer sur la fiabilité de ces renseignements.

Tourisme et mendicité des enfants à Nana : entre Troubadour et parasite

Un public diversifié

Les touristes qui fréquentent le quartier de Nana sont caractérisés par une certaine hétérogénéité. Afin de décrire cette diversité, nous avons fait le choix d'une typologie permettant de sommairement rendre compte des spécificités de chaque type de touristes.

Les touristes accidentels

La première catégorie de touristes que nous identifions est celle que nous qualifions de « touristes accidentels ». Elle fait référence aux touristes qui ont fait le choix de séjourner à Nana sans savoir que le quartier est totalement organisé autour des activités sexuelles. De nombreux hôtels se trouvant à Nana appartiennent à de grands groupes hôteliers internationaux. La réservation d'un séjour dans de tels hôtels peut très facilement se faire sans que l'on ait l'idée des activités principales du quartier. Ces touristes « accidentels » sont assez facilement repérables sur l'espace public. Le premier critère de distinction peut se faire au regard de critères démographiques : la grande majorité des touristes sexuels voyagent seuls ou en groupe d'hommes. Les touristes voyageant en couple ou en famille rentreront donc le plus souvent dans la catégorie des touristes « accidentels ». L'attitude adoptée sur l'espace public permet également de différencier ces touristes des touristes sexuels. Ils semblent le plus souvent gênés par les activités à caractère sexuel. Cette gêne peut être visible dans les démarches à vives allures, le regard baissé ou fuyant. On peut dans certains cas apercevoir des mères de famille cacher les yeux de leurs enfants afin qu'ils ne voient pas les scènes érotiques qui se jouent sur l'espace public.

Les Curieux

La deuxième catégorie que nous avons identifiée est celle des « touristes curieux ». Ces derniers ne viennent pas à Nana pour avoir des relations sexuelles, mais ils souhaitent voir les fameux quartiers rouges de Bangkok. Ces touristes, qui peuvent aussi bien être seuls qu'en groupe (groupes mixtes composés d'hommes et de femmes) se promènent souvent dans le quartier sans réellement consommer les produits vendus sur place (aliments, boissons, massages, prostitution…). Ils visitent Nana, comme certains touristes visitent le quartier de Pigalle à Paris.

Les touristes sexuels

Le troisième groupe que nous avons identifié est celui des touristes sexuels. Ces derniers ne forment pas un groupe homogène, nous déclinerons ce groupe en trois sous-catégories.

Les touristes sexuels cherchant la discrétion

Certains touristes sexuels fréquentant Nana se démarquent par rapport aux autres par leur volonté d'être les plus discrets possible. Ces touristes, se trouvant le plus souvent seuls, approchent les prostituées de manière discrète en cherchant à ne pas se faire remarquer par les autres touristes présents. Contrairement aux autres touristes sexuels, ils ne prennent pas réellement le temps de choisir les prostituées ni le temps de négocier les conditions de la prestation. Ils ne résident généralement pas à Nana lors de leur séjour en Thaïlande. Ils viennent dans le quartier et repartent avec une prostituée. Ces touristes choisissent le plus souvent les premières prostituées qu'ils rencontrent ou celles qui se trouvent dans les lieux offrant le plus de discrétion, tels que les parkings ou les ruelles sombres. Les personnes rentrant dans cette catégorie sont souvent à la recherche des relations sexuelles avec des ladyboys.

Des touristes sexuels consommateurs réfléchis

Les touristes rentrant dans cette catégorie se rendent à Nana en espérant y trouver une relation sexuelle tarifée, mais celle-ci ne constitue pas pour eux une obligation. Contrairement aux touristes cherchant la discrétion, ces touristes prennent le temps de choisir leur partenaire sexuel. Ces touristes ne sont pas particulièrement fidèles au quartier de Nana, ils fréquentent également les quartiers Paptong et Soi Cowboy qui sont également organisés autour des activités prostitutionnelles pour touristes occidentaux. Ces touristes fréquentent le quartier seuls ou en groupe.

Les touristes sexuels adeptes de l'action

Les touristes rentrant dans cette catégorie revendiquent et assument ouvertement le caractère sexuel de leur séjour en Thaïlande. Pour eux, la présence à Nana n'est pas uniquement motivée par la possibilité d'avoir des relations sexuelles tarifiées, mais il s'agit également d'un centre d'amusement. Ces touristes restent le plus souvent à Nana pendant l'ensemble de leur séjour sans sortir du quartier. Leur devise de vacances pourrait être résumée dans l'adage « lots of fun quickly gone » (beaucoup d'amusement rapidement envolé) que l'on entend fréquemment à Nana. Pour ces touristes, l'essentiel est de s'amuser. Ils s'attendent à un divertissement permanent et fréquenterons par exemple uniquement des bars et des restaurants ayant des hôtesses pouvant offrir des prestations sexuelles et qui cherchent constamment à séduire les clients. Dans certains cas, cette addiction à l'action se traduit par une volonté permanente d'amuser l'ensemble des personnes se trouvant sur l'espace public, aussi bien les commerçants, les prostituées que les enfants mendiants. Ces touristes prennent ainsi une part active au spectacle permanent qui se déroule sur l'espace public.

Des rythmes de mendicité maîtrisés, le jeu de synchronisation

À Nana, la mendicité va suivre différents temps : à chaque temps va correspondre une forme particulière de mendicité.

Une mendicité passive d'échauffement

La mendicité des enfants débute aux alentours de 18 h. Ce sont les touristes que nous avons qualifiés d'« accidentels » qui sont alors visés. Ces couples, personnes âgées ou familles qui séjournent à Nana sans participer à l'économie sexuelle, regagnent généralement leurs hôtels à partir de 18 h après avoir passé la journée à profiter des différentes attractions et visites touristiques de la ville. La mendicité destinée à ce public est essentiellement une mendicité passive. Les enfants mendient le plus souvent assis en tenant dans leurs mains un gobelet. Les enfants vont parfois adopter des positions spectaculaires de soumission. Ils se placeront alors à genoux en tendant au bout de leurs bras un gobelet. Dans certains cas de figure, ils placeront leurs mains par terre en collant leur visage au sol. Cette mendicité d'échauffement repose sur une mise en scène que l'on pourrait qualifier de primaire. Il s'agit en effet de mettre en scène une pauvreté qui véhicule l'idée que le don des passants peut aider les enfants à remplir certains besoins primaires. Si nous parlons d'un temps d'échauffement, c'est parce que les enfants ne vont pas exclusivement se consacrer à la mendicité lors de cette première partie de soirée. Les enfants passeront une plus grande partie de leur temps à jouer entre eux et à se restaurer. Ils ne mendient pas de manière systématique, mais disposent d'une certaine liberté. Nous pouvons également parler de mendicité d'échauffement, car les enfants vont littéralement se réveiller de ce premier temps de mendicité. J'ai pu constater au cours de nos observations que lorsque les enfants arrivaient sur place, ils semblaient parfois fatigués. En discutant avec eux, je me suis rendu compte que si les enfants bâillaient à 18 h c'est parce qu'ils venaient à peine de se réveiller. Ces enfants regagnent en général leur domicile entre 7 h et 8 h le matin et se lèvent donc juste avant de se rendre à Nana.

Une mendicité qui s'active

Le deuxième temps de mendicité débutera vers 21 h. Les enfants vont alors cesser de mendier de manière passive pour s'engager dans des formes de mendicité plus actives. Ce deuxième temps de mendicité coïncide avec l'arrivée progressive des prostituées travaillant dans la rue. Lors de ce deuxième temps de mendicité, les enfants se focaliseront sur un public qui fréquente le quartier de manière sporadique à savoir les touristes que nous avons identifiés de « curieux », mais également les touristes sexuels « cherchant à être discrets » et les « touristes consommateurs réfléchis ». La mendicité prendra des formes différentes en fonction du public visé.

Une mendicité primaire basée sur la culpabilité

La mendicité auprès des « touristes curieux » sera de nature verbale et reposera sur un répertoire faisant référence aux besoins primaires de l'enfant. Ces touristes sont facilement identifiés par les enfants qui parviennent sans problèmes à distinguer les promeneurs des consommateurs. Avec ces touristes, l'objectif est de mettre en avant des discours construits autour de la culpabilité. En demandant de l'argent aux touristes, les enfants précisent que les dons leur permettront d'une part de pouvoir rentrer chez eux dormir, et d'autre part, de ne pas de se faire battre par leurs parents. Cet extrait du journal de bord relatant une interaction entre Chhaya, un garçon âgé de 6 ans et un couple de touristes canadiens permet d'illustrer cette thématique de la culpabilité :

« Chhaya : Donnez-moi 10 bahts. S'il vous plaît, donnez-moi 10 bahts.

Touristes : Pourquoi veux-tu ces 10 bahts ? Que vas-tu faire avec cet argent ?

Chhaya : Moi j'ai envie de dormir, si tu me donnes 10 bahts je pourrai rentrer chez moi dormir, je suis fatigué, donnez-moi 10 bahts.

Touristes : Alors tu vas rentrer dormir

Chhaya : Oui, si je n'ai pas d'argent quand je rentre chez moi mon père va me boxer, si je rentre sans argent mon père va me boxer ».

Cette mendicité primaire mise en scène par les enfants trouve un support dans la fréquente association entre tourisme sexuel et exploitation. En ayant recours à de tels discours, les enfants se placent volontairement « en dehors de l'enfance », c'est-à-dire en dehors des cadres de références occidentaux qui associent l'enfance à l'innocence. La mendicité trouve alors un appui dans le cadre prostitutionnel du quartier. Ce discours est chargé de culpabilité : les enfants se trouvent dans l'espace public sans la présence d'adultes, ils sont au cœur d'un quartier dont l'activité est organisée autour de la prostitution, ils sont en train d'exercer une activité à une heure où ils devraient être en train de dormir. Ces associations impossibles supportent la thématique de culpabilité. Les enfants, conscients qu'ils sont perçus comme déviants aux yeux de touristes, n'hésiteront pas à s'engager dans les thématiques de l'abus et de l'exploitation en se présentant par exemple comme des enfants battus (ce qui, d'après nos données ethnographiques, n'est pas le cas).

Une mendicité irritante

Ce type de mendicité est principalement destiné aux touristes sexuels « cherchant à être discrets » et aux « consommateurs réfléchis ». Ces touristes restent généralement à Nana sur des périodes très courtes, ils trouvent une partenaire sexuelle et repartent. Il s'agit donc pour les enfants de les aborder rapidement avant qu'ils ne quittent Nana. L'objectif est de perturber ces touristes dans leur quête d'une relation sexuelle.

Pour les touristes qualifiés de « consommateurs réfléchis », il s'agira de s'engager dans des formes de mendicité qui se rapprochent d'un harcèlement. Les enfants suivront les touristes sur de longues distances en répétant continuellement les mêmes phrases (ex « Donnez-moi 10 bahts ») ou se contenteront de suivre les touristes en tendant un gobelet. Cette stratégie a pour objectif de contraindre le touriste au don afin qu'il puisse se focaliser sur la recherche d'une partenaire. Cette stratégie s'avère être efficace. De nombreux touristes donneront de l'argent aux mendiants afin d'être en paix. D'autres refuseront de donner, les enfants cesseront de suivre ces touristes après 3 à 4 minutes d'insistance.

Pour les touristes cherchant la discrétion, l'approche sera un peu différente. La mendicité aura dans ce cas de figure pour objectif d'entraver cette tentative de discrétion. Les enfants approcheront ces touristes de manière bruyante et voyante. Lorsque les enfants parviennent à identifier ces touristes en discussion avec les femmes ou ladyboys, ils les approcheront en hurlant au loin « give me 10 bahts, give me 10 bahts (donnez-moi 10 bahts, donnez-moi 10 bahts) ». Ce cas de figure concerne le plus souvent de jeunes hommes cherchant des relations sexuelles tarifées avec des ladyboys. Cette approche est d'une grande efficacité, car les touristes vont soit donner de l'argent aux enfants afin d'avoir la paix, soit quitter le quartier rapidement en renonçant à la prostitution. Dans ce dernier cas de figure, les enfants auront fait fuir le potentiel des prostituées.

Les « mendicités irritantes » reposent en grande partie sur la mobilité des enfants. Ces derniers seront amenés à se déplacer fréquemment et rapidement lors de cette phase de mendicité. Les interactions avec les touristes étant ici uniques, les mendiants ne sont pas très soucieux de laisser une mauvaise impression aux touristes.

Une mendicité d'amusement, une mendicité déguisée centrale

Le troisième temps de mendicité débutera vers minuit et se prolongera jusqu'à 2 h du matin. Cette phase de mendicité concerne les touristes que nous avons qualifiés « d'adeptes de l'action ». Lors de cette troisième phase de mendicité, les enfants passent de la mendicité à la vente de chewing-gums. Les chewing-gums sont achetés avec l'argent récolté lors des premières phases de mendicité. Les enfants achètent entre 10 et 20 paquets au prix de 5 bahts pièce. Leur objectif est de vendre l'ensemble des chewing-gums au cours de la soirée au prix de 20 bahts pièce. Les enfants placent leurs paquets dans des paniers en plastique qu'ils ne quitteront plus de la soirée. La particularité de cette mendicité-vente réside dans la manière d'approcher le touriste. La stratégie de mendicité ne repose plus sur un harcèlement ou un sentiment de culpabilité, mais il s'agit au contraire de tout faire pour les amuser touristes. Cette forme de mendicité nous paraît centrale, car les enfants vont devenir une source d'attraction. Ils vont contribuer à l'animation globale de Nana. Ces enfants deviennent une source de dépaysement, car ils se trouvent en décalage par rapport aux conceptions occidentales de l'enfance ce qui constitue en soi en attraction. Ils occupent l'espace public sans la présence d'adultes, ils se trouvent dans un quartier dédié à la prostitution, ils sont sur l'espace public la nuit. L'objectif des enfants est alors de se faire remarquer. Cela passe tout d'abord par l'apparence physique. Les enfants sortiront des lunettes de soleil ou des chapeaux en papier qu'ils fabriquent eux-mêmes avec du papier journal. Les enfants adopteront également des comportements qui attirent l'attention ce qui n'est pas une tâche aisée dans cet espace public bruyant et lumineux où les sources d'attraction sont nombreuses. Les enfants interpelleront les touristes de manière physique avec des tapes amicales. Les personnes ayant un gros ventre auront par exemple systématiquement droit à la tape sur le ventre. Les enfants chercheront également à mettre en œuvre des stratégies verbales. L'amorce consiste alors à établir des interactions verbales avec les touristes en les interpellant en anglais. Quelques mots en anglais suffisent généralement pour engager la conversation. Un extrait du journal de bord permet d'illustrer la nature de ces interactions :

« Ary (une fille âgée de 7 ans) se trouve en face du Nana Hotel. Lorsqu'elle aperçoit un touriste américain âgé d'une cinquantaine d'années, elle court vers lui en lui tendant son panier. Elle s'approchera vers lui en criant « Hey big man, hey big man (Hé le gros, hé le gros) ». Lorsqu'elle arrive à sa hauteur, elle lui donnera une grande tape dans le ventre en lui disant « you are a big man (vous êtes gros vous) ». Celui-ci éclate alors de rire, et engagera la conversation avec Ary. Il lui demandera alors « do you really think I am big ? » (penses-tu réellement que je sois gros ?) en prenant son ventre dans ses mains. Ary lui répondra alors « no, you are good, you

are a good looking man (non vous êtes bien, vous êtes beau) ». L'homme éclatera de nouveau de rire et prendra Ary par la joue en lui disant qu'elle est vraiment mignonne et gentille. Ary lui demandera alors de lui acheter un paquet de chewing-gum, car en lui achetant un paquet ils deviendront amis. L'homme demande alors le prix, lui tend un billet de 20 bahts et dira qu'il est content de désormais être son ami. »

Cette mendicité des enfants contribue à l'amusement des touristes adeptes de l'action. En agissant de telle sorte, les enfants s'inscrivent dans l'animation globale de la place, ils contribuent à l'effort collectif. Cette mendicité peut parfois se réduire à être un bon public en se contentant de rigoler aux blagues des touristes cherchant à contribuer au spectacle permanent. La situation est alors en quelque sorte paradoxale, car c'est le spectateur, en l'occurrence les enfants, qui est payé pour assister aux spectacles mis en scène par les touristes. Il s'agira alors d'alimenter les blagues des touristes, de les féliciter lorsqu'ils prononceront quelques mots en thaïlandais, de leur apprendre des mots en thaïlandais, de leur serrer la main en ayant recours à des poignées de mains élaborées et ludiques. Certains touristes cherchent à entrer en contact avec les enfants. Lorsque les enfants se dirigent vers eux, ils feront en sorte d'entretenir l'interaction afin qu'elle puisse durer le plus longtemps possible. Les enfants vont souvent jouer avec les adultes et discuter avec eux. Les touristes leur poseront une multitude de questions concernant leur prénom, leur âge, leur scolarité ou encore leurs conditions de vie. Les enfants répondront généralement aux questions personnelles par des mensonges. Les enfants acceptent ces interactions avec les touristes, mais ils y mettront fin lorsque le temps est suffisant pour exiger aux touristes d'acheter les produits qu'ils vendent. Ces interactions dureront environ 5 minutes. Dans cette forme de mendicité déguisée, les enfants vont en quelque sorte monnayer leurs interactions humaines. Même si cette prestation humaine tarifée n'engage aucune sexualité, elle rappelle la relation entre la prostituée et le client. Il s'agit en effet d'une relation humaine artificielle et tarifée faisant l'objet d'une mise en scène maîtrisée. Si les adultes s'amusent en compagnie des enfants, la situation n'est pas pour autant réciproque. Les enfants facturent leur compagnie pour un temps déterminé. La tarification est ici assumée contrairement à la situation indienne où la tarification est déguisée. Il s'agit là d'une forme de pouvoir, car les enfants sont plus ou moins en mesure de maîtriser leurs prestations et de fixer le prix, contrairement à l'Inde où les enfants ne sont pas à l'abri de se retrouver avec des crayons de couleur ou un jeu de cartes.

Cette mendicité qui est une combinaison d'approches verbales et tactiles peut être considérée comme une forme de mendicité secondaire. Le touriste sait que son don ne vise pas à remplir un besoin primaire de l'enfant. Contrairement aux formes de mendicité précédemment citées, les enfants chercheront à nouer des contacts personnels avec ces touristes qui séjournent à Nana. Ils savent qu'ils seront amenés à les rencontrer de nouveau au cours de la semaine, il convient donc d'être en bons termes avec eux afin qu'ils puissent donner tout au long de leur séjour. Cette mendicité d'amusement se pratiquera également dans la dernière partie de la soirée sous une forme plus douce.

Une mendicité hyperactive

Les établissements du Nana Entertainment Plaza ferment à 2 h du matin. Cette fermeture des établissements coïncide avec un moment d'effervescence qui donnera lieu à ce que nous avons qualifié de mendicité hyperactive. En effet, à la fermeture des gogos-bars, les femmes et des transsexuels qui n'ont pas pu trouver un homme pour passer la soirée vont se retrouver simultanément sur l'espace public. Ces dernières vont généralement rester un temps dans la rue après la fin de leur travail. Elles discutent entre elles, achètent de la nourriture à emporter, certaines tentent de trouver un client dans la rue. De nombreux touristes sexuels viennent à Nana pour assister à la fermeture des bars en espérant pouvoir trouver une prostituée à moindre coût. En venant à 2 h du matin, ils espèrent pouvoir trouver une prostituée travaillant dans les établissements sans passer par les schémas traditionnels. Ces femmes travaillant dans les bars sont généralement plus onéreuses que celles travaillant dans la rue. Les clients souhaitant s'offrir leurs services sexuels doivent tout d'abord se rendre dans les bars et consommer, puis ils devront verser une commission à la Mama-san (tenancière) avant de régler directement à la prostituée. S'ils parviennent à trouver une prostituée à la fermeture du bar, les touristes n'auront plus à payer les consommations et les commissions. Les filles/ladyboys travaillant dans les bars sont généralement recherchées, car elles ont une meilleure réputation que celles travaillant dans la rue. Elles seraient à la fois plus jeunes, plus attractives et seraient moins susceptibles d'être porteuses de maladies sexuellement transmissibles. À 2 h du matin, cette foule est décuplée par la présence de nombreuses prostituées travaillant en freelance qui profitent de la fermeture des bars pour s'exposer sur l'espace public, car elles ne risquent pas d'être arrêtées par les policiers qui suspendent leurs contrôles pendant une heure, ne pouvant pas faire la distinction entre les personnes travaillant dans les bars (dont la prostitution est plus ou moins officiellement tolérée) et les personnes travaillant en freelance (dont la prostitution est plutôt illégale). Lors de ce temps d'agitation, les enfants seront à l'affût des touristes. Il s'agira pour eux de gêner les touristes sexuels qui sont à l'affût des prostituées qui quittent le quartier. Certains enfants abandonnent alors la vente de chewing-gum pour une heure en se contentant de mendier avec un simple gobelet. La foule étant très dense et animée, les enfants insistent moins auprès des touristes en passant en un temps record d'une cible à une autre. Nous pouvons ici évoquer une forme de mendicité hyperactive. Les enfants ne prennent pas de pauses et sont sans relâche aux aguets pendant près d'une heure. Ils approcheront souvent les touristes de manière désordonnée. Lors de cette phase de mendicité, les enfants sont amenés à prendre des risques, car ils traversent constamment la rue en se faufilant entre les voitures.

Une mendicité d'amusement douce destinée aux touristes ivres

La dernière phase de mendicité débutera vers 3 h du matin. Les établissements de Nana étant fermés, la mendicité se déplace sur l'avenue Sukhumvit où des bars de rues vont s'installer sur le trottoir jusqu'à 5 h du matin. Les personnes qui se trouvent dans ces bars de rue sont souvent fortement alcoolisées, ils sont parfois trop ivres pour pouvoir prétendre s'offrir les services d'une prostituée pour la nuit. Les personnes fréquentant ces bars ne sont pas forcément à la recherche d'une relation sexuelle, mais veulent plutôt passer leur soirée à boire. Cette configuration se répercute sur les rythmes de mendicité qui se ralentissent. Les touristes sont assis et non plus debout, ils sont statiques et non plus mobiles. Les enfants ne sont plus contraints de leur courir derrière. Dans cette dernière partie de soirée, les enfants sont le plus souvent en groupe, ils exerceront une mendicité d'amusement de manière collective. Nous utilisons le terme de mendicité douce, car la mendicité se fera sur des laps de temps plus longs. Les enfants prendront le temps de discuter avec les touristes en s'asseyant par exemple à leurs côtés pendant plusieurs dizaines de minutes. Lorsqu'ils discutent avec les touristes, ils chercheront réellement à comprendre et se faire comprendre. Ils n'hésiteront pas par exemple à demander aux enfants les plus âgés ou aux entraîneuses travaillant dans les bars de nuit de faire office de traducteurs. Ce dernier temps de mendicité correspond également à celui des jeux. Les enfants vont parfois se divertir pendant plusieurs heures sans mendier. Lors de cette dernière partie de soirée, les enfants chercheront également à se faire offrir des repas, ces temps de repas seront pour eux de véritables temps de pause.

Lors de cette dernière phase, les enfants vont principalement s'engager dans des formes de mendicité déguisées en vendant des chewing-gums, mais également des roses. Les enfants parviennent généralement à vendre l'ensemble de leurs paquets de chewing-gums lors d'une soirée. Leur objectif est de vider leurs paniers avant la levée du jour. Lorsqu'il leur reste moins de 3 paquets, j'ai pu constater qu'ils freinent leurs activités. Les enfants tentent alors de se maintenir à 3 paquets tout au long de la soirée, car s'ils avaient un panier vide, les parents pourraient les obliger à refaire le plein de chewing-gums. Ces 3 paquets constituent généralement une marge de sécurité. Ils savent qu'ils seront en mesure d'atteindre leur quota de vente. Pour se débarrasser de leurs paquets restants et être certains de rentrer à la maison le panier vide, ils braderont quelquefois les paquets à 5 ou 10 bahts. Il m'est à plusieurs reprises arrivé de me faire discrètement offrir les paquets restants, les enfants préférant retourner auprès des parents les paniers vides. Lorsque les enfants parviennent à rapidement vendre l'ensemble des chewing-gums, ce qui est le cas environ trois à quatre fois par semaine, ils passeront à la vente de roses. Cette activité sera principalement exercée par les filles. Les roses sont vendues entre 50 et 100 bahts, l'objectif de vente se situe entre 3 à 6 roses par soir. Les filles aborderont dans les bars de rues les hommes se trouvant en compagnie d'entraîneuses. Ces dernières incitent parfois les touristes à acheter des fleurs, car elles apprécient le geste. La vente de roses vise également les hommes qui se rendent à leurs hôtels accompagnés de leur compagne d'un soir. La vente de roses est une activité qui est caractérisée par sa nature aléatoire. Les filles peuvent aussi bien vendre 5 roses à 100 bahts à un même homme que ne rien vendre du tout. Lors de cette dernière partie de soirée, ce sont réellement les hommes en état d'ébriété qui seront ciblés. Il existe une véritable « économie de l'homme saoul ». Ce dernier est apprécié des patronnes de bars qui pourront surfacturer les consommations, apprécié par les serveuses pour ses généreux pourboires, apprécié des ladyboys, car en étant ivre il est moins susceptible de distinguer la femme d'un transsexuel, apprécié par les enfants qui pourront lui vendre des roses desséchées et fanées au prix fort.

Une mendicité primaire interdite

En Inde, nous avons décrit une configuration dans laquelle l'argumentaire de la mendicité repose sur l'idée que les dons des touristes visent à satisfaire des besoins primaires des enfants. Dans la configuration thaïlandaise, il semblerait que la situation soit inversée. En effet, la mendicité repose essentiellement sur les touristes « adeptes de l'action ». Pour ces derniers, une mendicité qui véhiculerait l'idée que les dons des passants visent à satisfaire des besoins primaires serait nuisible. De telles références sont en opposition avec la fonction du lieu qui est l'amusement. Se référer aux besoins primaires peut être un tabou pour des touristes cherchant des relations sexuelles tarifiées et de l'amusement. Pour ces derniers, l'image d'une trop grande misère et de besoins primaires non satisfaits pourrait avoir des conséquences sur leur rapport à la relation sexuelle tarifiée. Comme le décrit Roux (2011), les touristes se complaisent à entretenir des discours liés à la libre volonté de la prostitution. Ils n'hésitent pas à faire de la prostitution une activité presque privilégiée, une opportunité pour ceux et celles qui s'y engagent. Sur le plan symbolique, se référer à des besoins primaires, c'est questionner la moralité de la relation sexuelle tarifiée. De tels questionnements ne cadrent pas avec cet espace dans lequel les valeurs morales sont temporairement suspendues (Roux, 2011). Il n'est pas opportun de chercher à culpabiliser des touristes cherchant à dépenser leur argent en s'amusant : les mendiants ne peuvent pas jouer sur le registre de la mendicité primaire. Les mendiants vont au contraire s'engager dans des mendicités reposant sur des critères que l'on pourrait qualifier de secondaires. Il s'agit d'une mendicité construite autour de l'idée que le don vise à satisfaire un besoin secondaire non primordial, mais au contraire accessoire. Cette configuration pousse les mendiants vers la vente d'une prestation humaine à savoir l'amusement. La mendicité plus traditionnelle qui consiste à vendre l'image d'une pauvreté symbolisant les inégalités sociales est ainsi reléguée au second plan.

UN BILAN DE LA MENDICITÉ

Bilan financier

Dans les tableaux ci-dessous, nous avons procédé à un récapitulatif d'une journée ou d'une soirée de mendicité. Il s'agit là d'une estimation des revenus. Dans le cas de figure thaïlandais, nous nous sommes basés sur l'activité des filles qui contrairement aux garçons vont vendre des roses. Les gains des filles sont généralement plus importants que ceux des garçons. Le bilan financier se fera au niveau individuel. Dans le cas de figure indien, le bilan est effectué au niveau familial et non pas individuel. Comme nous avons pu le voir, la mendicité des enfants peut déboucher sur la mendicité des adultes ; nous avons donc fait le choix de comptabiliser les revenus de manière conjointe. Dans les tableaux ci-dessous, nous avons fait le choix de nous intéresser aux gains minimaux et maximaux de la mendicité sans procéder à un calcul des moyennes. La vie des mendiants dans nos deux terrains est caractérisée par cette dimension aléatoire qui est inhérente à la mendicité. Le calcul de moyenne s'oppose au caractère contrasté et manichéen de la vie des mendiants qui conçoivent leurs activités au jour le jour et non pas à moyen ou long terme.

Thaïlande				
Public	***Temps de mendicité***	***Activité***	***Gain Minimal***	***Gain maximal***
Touristes accidentels	Mendicité primaire d'échauffem ent	Mendicité passive	35 bahts	100 bahts
Curieux	Mendicité primaire de culpabilité	Mendicité active	35 bahts	100 bahts
Touristes sexuels cherchant la discrétion et consommateurs réfléchis	Mendicité irritante	Mendicité active	35 bahts	200 bahts
Les touristes sexuels adeptes de l'action	Mendicité d'amusemen t	Vente de chewing-gum	35 bahts	400 bahts
Tous les touristes	Mendicité hyperactive	Mendicité hyperactiv e	15 bahts	40 bahts
Les touristes sexuels adeptes de l'action (le plus souvent ivres)	Mendicité d'amusemen t douce	Vente de chewing-gums, Vente de fleurs	0 bahts	500 bahts
Total PAR ENFANT			**155 bahts** **4 EUROS**	**1340 bahts** **35 EUROS**

Tableau 4 : Bilan de la mendicité à Nana

Inde				
Public	***Type de mendicité***	***Activité***	***Gain Minimal***	***Gain maximal***
Touristes indiens coutumiers de la mendicité	Mendicité routinière	Mendicité passive	5 roupies	15 roupies
Touristes internationaux faussement insensibles à la mendicité	Mendicité crescendo inconfortable	Mendicité active	0 roupies	70 roupies
Les touristes	Mendicité imagée	Mendicité	10 roupies	370 roupies

occidentaux bienveillants	édulcorée	passive et active		(inclus la revente de lait en poudre)
Les « fous de l'Inde»	Mendicité imagée	Mendicité active et passive	0 roupies	200 roupies (inclus la revente de lait en poudre)
Total PAR FAMILLE			**15 roupies 0,22 EUROS**	**655 roupies 9,60 EUROS**

Tableau 5 : Bilan de la mendicité à Gateway

Ces tableaux nous indiquent que la mendicité à Nana et à Gateway of India est une activité extrêmement fluctuante. Même si les techniques de mendicité sont parfaitement maîtrisées par les enfants, ils ne sont pas en mesure de s'assurer de revenus réguliers. La mendicité permet néanmoins de générer des sommes importantes d'argent. Dans la configuration thaïlandaise, une famille composée de trois enfants est par exemple assurée de pouvoir gagner environ 12 euros par jour ce qui constitue un revenu confortable sachant que le salaire minimum par jour est d'environ 7 euros (cette somme correspond à une promesse électorale qui sera mise en application en 2012). Ce tableau nous indique également que la mendicité peut être une activité très lucrative. La situation est plus contrastée en Inde où les revenus des mendiants peuvent être extrêmement faibles. Lors d'une « bonne » journée, les gains seront relativement importants, c'est-à-dire près de 4 fois supérieurs à ceux gagnant le salaire minimum journalier fixé à environ 160 roupies (2,30 euros), et près de 2,4 fois supérieurs aux revenus des personnes occupant les plus petits statuts dans la fonction publique.

Une polyvalence stratégique

Comme nous venons de le voir, les formes de mendicité sont extrêmement diversifiées. La palette des mendicités que les enfants sont capables de mettre en place va d'une mendicité passive et soumise à une mendicité hyperactive. Cette polyvalence s'oppose aux mendicités que l'on retrouve dans les quartiers avoisinants Nana et Gateway of India. Dans ces quartiers qui juxtaposent les terrains touristiques, les enfants sont engagés dans des formes de mendicité uniques. Cette capacité à adapter la mendicité aux publics peut être considérée comme une forme d'intelligence de rue que tous les mendiants ne possèdent pas. Cette polyvalence des enfants est le signe d'une véritable professionnalisation de la mendicité. En comparant les styles de mendicités pratiquées à Nana et à Gateway of India avec celles pratiquées dans les rues avoisinantes, on constate que pour mendier auprès des touristes internationaux il est nécessaire de disposer d'un certain nombre de compétences. Au cours de mes observations de terrain, j'ai eu la chance de pouvoir observer les enfants venus des rues avoisinantes s'exercer à la mendicité à Nana. Suite à une rafle de la police, les mendiants khmers exerçant habituellement à Nana se sont absentés pendant deux jours. Pendant leur absence, d'autres familles exerçant généralement leur mendicité à quelques dizaines de mètres de là ont essayé de pratiquer à Nana. J'ai pu relater cette expérience dans mon journal de bord.

« Lorsque j'arrive devant le Nana Hotel, je constate avec étonnement qu'une famille de mendiants qui se trouve généralement à la sortie du BTS (métro aérien) est présente. Cette famille est composée de deux femmes d'une vingtaine d'années, de deux nourrissons, et d'une petite fille qui paraît être âgée d'environ six ans. Cette fille mendie généralement dans une position assise à la sortie du métro. Ce qui est très intéressant, c'est que c'est la première fois que je les observe ici. L'approche hésitante de la petite fille semble indiquer qu'il s'agit de la première fois qu'ils viennent mendier sur ce terrain. J'ai pu observer à de nombreuses reprises cette petite fille à la sortie du métro. Je l'ai souvent trouvée très à l'aise dans sa mendicité ; assise derrière un grand gobelet, elle se contente de grands sourires. J'ai pu

observer que cette mendicité était efficace avec les touristes qui descendent du métro pour regagner leurs hôtels. Cependant, ici, les repères ne sont plus les mêmes, car elle mendie debout. Elle semble perdue. Je l'observe pendant près d'une heure et je la trouve très maladroite. J'ai parfois envie de lui donner un coup de main pour lui montrer comment avoir plus de succès sur ce terrain. J'ai tellement observé les enfants ici que je suis devenu familier avec leurs approches. Elle n'ose pas rentrer dans les bars comme le font les autres enfants. Elle se met timidement devant la terrasse et tend son gobelet sans que personne ne la voit. Les touristes passent devant elle sans même l'apercevoir. N'ayant pas de succès à la terrasse des bars, elle retourne voir sa mère et va tenter de mendier en position assise comme elle le fait d'habitude. Le constat est le même, les touristes passent devant sans même la regarder. Après quelques minutes, elle se met à nouveau debout et retente sa chance auprès des passants, elle semble vraiment confuse. Elle ne sait pas auprès de qui mendier : elle demande aussi bien aux touristes qu'aux prostituées. Elle traversera la rue pour essayer de mendier sur le trottoir d'en face, mais ça sera également un échec. Lorsqu'elle arrivera au niveau du stand des soupes, elle se fera jeter par la vendeuse qui lui dira d'aller plus loin. Elle retourne donc auprès de sa mère pour mendier assise comme elle le fait avec succès du côté du BTS. J'aperçois alors la mère de cette petite fille discuter avec une mendiante du quartier. Suite à cette discussion, une mendiante vendeuse de roses (âgé d'environ huit ans) habituée des lieux essaye de lui montrer l'exemple. Lorsqu'elle ira proposer ses fleurs aux personnes assises dans le bar, la petite nouvelle la suit en tendant son gobelet. Je suis assis au même point habituel, et lorsqu'elles arrivent à ma hauteur la vendeuse de fleurs me salue, je lui demande si tout va bien, elle me répond que oui. Elle me demande de donner 5 bahts à la petite nouvelle, elle me demande de lui donner 5 bahts, car la petite nouvelle n'a jusqu'à présent pas réussi à récolter de l'argent… Après avoir tenté de mendier dans ce secteur pendant près d'une heure, la famille décide de retourner sur son point habituel à la sortie du métro ».

On pourrait faire des constats similaires à l'égard de notre terrain indien. À chaque fois que j'ai pu observer les enfants originaires des bidonvilles avoisinants s'essayer à la mendicité auprès des touristes internationaux, cette mendicité s'est soldée par un échec. Mendier auprès des touristes requiert une certaine capacité à pouvoir lire la rue et anticiper le comportement des passants. Cette mendicité relève d'un véritable apprentissage. Cette capacité à lire la rue sera idéalement associée à une capacité d'agir dans la rue. Les enfants doivent pouvoir se faire remarquer au milieu de l'animation permanente bruyante tout en identifiant les touristes fréquentant la rue. Les enfants mendiants à Nana et à Gateway développent donc des capacités de synchronisation entre les publics présents et le style de mendicité déployé. Cette polyvalence dans la mendicité me paraît exceptionnelle. Comme nous l'avons évoqué dans notre partie consacrée à la revue de littérature, la mendicité est rarement diversifiée. Les mendiants vont généralement tenter d'adopter des comportements standardisés afin de pouvoir s'assurer de la sympathie d'un réseau de donneurs habituels. Afin d'être perçus comme crédibles, les mendiants vont généralement avoir un registre unique de mendicité. Dans notre configuration touristique, la donne est différente. Les interactions entre mendiants et touristes sont caractérisées par leur caractère unique ou tout du moins sporadique. Les enfants devront donc agir avec une certaine vitesse d'exécution pour nouer des relations de sympathie et d'empathie avec les touristes lors d'une interaction unique. Cette sympathie réside le plus souvent dans l'image même de l'enfance. L'enfant met en scène son enfance. C'est autour de l'image de l'enfant que se construisent les interactions avec les touristes. Dans les formes de mendicités qui nous paraissent centrales, les enfants parviennent à établir des contacts interpersonnels et parfois à se constituer un réseau d'habitués sur des périodes extrêmement courtes. Nous allons dans le paragraphe qui suit nous intéresser à ces mendicités qui nous paraissent centrales.

Bilan des interactions : Des mendicités pédocentrées primordiales

Dans nos deux terrains, certaines formes de mendicité nous paraissent plus centrales que d'autres. En Inde, la mendicité que nous avons qualifiée d'image édulcorée nous paraît être au cœur de notre problématique. En Thaïlande, c'est la mendicité dite « d'amusement » qui nous paraît cruciale. Ces formes de mendicités sont capitales, car elles vont tout d'abord générer les plus gros revenus, ce qui n'est pas négligeable. Ces mendicités sont, au sens propre du terme, vitales. Ces mendicités sont également essentielles, car les enfants y consacreront la majeure partie de leur temps. Ces mendicités reposent sur une mise en scène de l'enfance ce qui nous amène à parler de mendicité pédocentrée. Dans le cas de figure thaïlandais, l'enfant dépayse et amuse. Dans le cas de figure indien, l'enfant incarne l'Inde authentique et une vision acceptable de la pauvreté. Cette mise en scène de l'enfance à travers la mendicité contraste avec les autres mendicités décrites dans lesquelles le rôle de l'enfant est d'importuner les touristes. Ces mendicités seront considérées comme réussies lorsqu'elles laissent à la fois les enfants et les touristes dans un état de satisfaction. Il s'agit donc pour les enfants d'établir des relations positives avec des adultes. Cette compétence repose sur les interactions et suppose une capacité à pouvoir communiquer avec les adultes étrangers. Des extraits de mon journal de bord permettent d'illustrer la nature de ces interactions.

« (Nana) Il est 3 h du matin. Je croise les filles qui se promènent en groupe (filles âgées entre 6 et 10 ans). Elles vendent des roses. Elles parviennent à se faire payer un repas par un touriste japonais âgé d'environ quarante ans. Les trois filles restent près d'une demi-heure avec ce touriste. Elles discutent pendant une demi-heure en anglais. J'ignore la nature de la conversation, mais l'interaction semble être entretenue. Thia qui parle mieux anglais que les autres filles fait souvent office de traductrice-interprète. Vers 3 h 45 du matin je croise les mêmes filles en compagnie d'un touriste américain âgé d'environ 65 ans (gros ventre, barbe, chemise

colorée à fleurs). Ce dernier semble connaître les filles, il leur a acheté des fleurs la veille. Il sort trois sucettes de sa poche et en donne une à chacune. Vers 4 h 30 du matin, les trois filles sont assises à côté d'un touriste français âgé d'environ 30 ans. Il vient d'arriver de Paris et découvre le quartier. Il est assis sur un tabouret dans un bar de rue. Lorsque les filles l'approchent, il leur offre un verre de coca. Le touriste invite les filles à s'asseoir avec lui. Les filles restent en sa compagnie pendant une dizaine de minutes, elles discutent avec lui. Lorsque les filles quittent le touriste, il fouille dans sa poche et sort un billet de 20 bahts et précise que c'est pour les 3 enfants ».

(Gateway) Ravi et Adi sont assis devant le stand des taxis bleus. Ils partagent une mangue. Une touriste qui semble être âgée d'une vingtaine d'années s'approche d'eux et s'assoit à leur côté. Ravi jette aussitôt le noyau de la mangue derrière lui d'un grand geste brusque. La jeune femme rigole et tente d'engager une conversation. À la distance où nous nous trouvons, nous ne pouvons pas entendre ce qui est dit. Je constate que la communication est essentiellement basée sur la gestuelle. Les gestes d'Adi indiquent qu'il a faim, il tente de faire comprendre à la jeune femme qu'ils veulent manger. Cette dernière part et revient une minute plus tard avec 2 samossas qu'elle donnera aux enfants. Les enfants les dévorent, ce qui semble indiquer qu'ils avaient réellement faim. La touriste regarde les enfants manger, elle semble émerveillée. La conversation reprend. Au bout de quelques minutes, la femme se lève et embrasse les enfants qui se lèvent également pour la remercier. La femme quitte Gateway en empruntant le même chemin par lequel elle est arrivée, elle ne prend pas la peine de visiter la place. Il se peut qu'elle soit uniquement venue dans le but de rencontrer les enfants. »

Dans ces extraits, les touristes viennent de pays différents et ont des profils très différents. Ils partagent tous le fait de vouloir entrer en contact avec les enfants. Ils utilisent de l'argent ou de la nourriture en contrepartie de ces échanges avec les enfants. Dans ces interactions, les enfants démontrent de réelles capacités communicationnelles. Si les enfants ne sont pas toujours en mesure de répondre à l'ensemble des questions posées par les touristes, ils réussissent le plus souvent à se faire comprendre. Les touristes prennent généralement le temps d'expliciter leurs questions en accompagnant le geste à la parole et en s'exprimant dans un anglais basique. Certains touristes iront jusqu'à faire la leçon d'anglais aux enfants en leur apprenant du vocabulaire. Les enfants vont ainsi manifester des compétences d'adaptation. Ils tenteront de renvoyer une image positive d'eux-mêmes, car comme nous avons pu le voir, ils représentent une attraction touristique. Lors de ces mendicités pédocentrées, les enfants vont également faire preuve de compétences sociales et relationnelles. Ils sauront en effet communiquer et comprendre les autres, ils s'adapteront à leur environnement immédiat et se comporteront de manière acceptable (Gresham & Elliott, 1990 ; Guerrero & Jones, 2003 ; Marlowe, 1986). Afin d'établir des relations positives avec les touristes, les enfants vont aussi faire preuve d'une certaine gestion de leurs émotions comme nous pouvons le constater dans cet extrait de journal de bord.

« 4 h du matin. Je croise un touriste italien prénommé Francesco avec qui j'ai pu discuter il y a 2 jours. Il dit être un tueur à gages. Il est assis devant les marches qui se trouvent sous les voies du métro aérien. Lorsque j'arrive à sa hauteur, je m'aperçois qu'il est blessé à la tête. Il a des traces de sang sur son col. Il est ivre, son état d'ébriété s'étend au ton de sa voix. Il répète sans cesse « je vais les égorger, je vais les égorger ». Les passants ont peur de lui, ils évitent de s'approcher de lui de trop près. Il est vrai que son physique est impressionnant et qu'il semble très énervé. Je m'installe à dizaine de mètres de lui pour l'observer. Après quelques minutes, Franco se tait et reste assis en regardant le ciel. Je croise Thia, je lui demande si elle est au courant de ce qui vient de se passer. Elle m'apprend que Franco a eu une altercation avec les chauffeurs de taxi qui stationnent à quelques mètres de là. Thia s'assoit à côté de moi. Au bout d'une minute, elle se lève soudainement pour aller rejoindre Franco. Elle s'assoit à côté de lui. Je prends peur, j'ignore quelle peut être sa réaction. Je décide alors de me rapprocher d'eux pour intervenir en cas de problème, je crains que Franco devienne violent avec Thia. Franco reste d'abord figé dans sa posture en fixant le ciel. Au bout d'une minute, il regarde Thia et sourit. Thia lui

demandera s'il va bien, et se propose d'aller chercher de l'eau pour lui. Elle ira au Seven/Eleven (épicerie se trouvant à quelques mètres) et reviendra avec une bouteille d'eau fraîche. Lorsque Thia lui donnera la bouteille d'eau, Franco lui demandera combien il lui doit. Elle lui demandera 7 bahts (le prix de vente au magasin), il lui en donnera 50. Franco prend sa bouteille et quitte le quartier. J'interpelle aussitôt Thia pour la réprimander. Je lui dis que ce qu'elle vient de faire est dangereux, car Franco aurait pu réagir différemment. Je lui demande pourquoi elle n'a pas eu peur. Elle me dit qu'elle était en réalité effrayée, mais comme elle connaissait déjà Franco et qu'elle savait qu'il donnait de l'argent aux enfants, elle se devait d'aller auprès de lui pour essayer de ramener un peu d'argent ».

Cette capacité des enfants à gérer leurs émotions et leurs comportements afin d'établir des relations positives avec leur environnement correspond à des compétences qui sont de plus de plus mises en avant sur le plan éducatif et psychologique. On considère notamment que les habilités sociales sont de nature à favoriser les apprentissages (Hartas, 2011 ; Rimm-Kaufman, Pianta, & Cox, 2000 ; Webster-Stratton, Reid, & Stoolmiller, 2008).

Après avoir consacré ce chapitre à la description des mendicités, nous allons désormais tenter d'apprécier l'acceptation de la mendicité dans nos deux terrains.

CHAPITRE 6
Acceptation de la mendicité

Dans les premières parties de cet ouvrage, nous nous sommes arrêtés sur la description des différentes formes de mendicité. Nous allons désormais essayer de comprendre comment ces mendicités s'inscrivent dans leurs environnements immédiats. En suivant la procédure préconisée par la Grounded Theory, qui implique d'effectuer des aller-retour entre l'analyse et le recueil de données, nous avons pu formuler des hypothèses de terrain sur l'acceptation de la mendicité. D'après nos observations, la mendicité est mieux acceptée en Thaïlande qu'en Inde où elle fait l'objet d'une stigmatisation. Pour vérifier ces propos et nous engager dans une approche triangulée, nous avons fait le choix d'inclure dans notre recherche une dimension quantitative. Nous avons tenté de produire un indicateur permettant de comparer objectivement l'acceptation de la mendicité des enfants dans nos deux terrains. Pour ce faire, une échelle psychométrique intitulée « Échelle de la mendicité et du travail des enfants » a été élaborée. Cette dénomination indique que dans certains cas de figure la mendicité des enfants est perçue comme une forme de travail (ex. : vente de chewing-gums). Cette échelle sera présentée comme une étude de cas. Dans un souci de cohérence, nous présenterons à la fois les éléments méthodologiques ainsi que les résultats.

PROTOCOLE DE RECHERCHE

Instrumentation

Nous avons élaboré un questionnaire psychométrique de 20 items intitulé Échelle de la mendicité et du travail des enfants. Cet outil repose sur une échelle de Likert en 5 points, 1 correspondant à « Pas du tout d'accord » et 5 à « Tout à fait d'accord ». Les résultats sont donc exprimés en moyennes allant de 1 à 5 : plus la moyenne est proche de 5, plus la perception de la mendicité est mauvaise. Les questionnaires, traduits en anglais, en hindi et en thaïlandais, sont construits autour de trois axes. Le premier axe vise à mesurer la perception de la mendicité en général. Les deuxième et troisième axes sont focalisés sur les activités exercées par les enfants, ils visent à mesurer la perception des touristes et de la population locale sur la mendicité des enfants et le travail des enfants. Voici des exemples d'items :

Items portant sur la perception générale sur la mendicité :

- ✓ Mendier est une activité malhonnête
- ✓ Des fois, les gens n'ont pas d'autre choix que de mendier

Items portant sur la perception sur la mendicité des enfants :

- ✓ Il est acceptable pour un enfant de mendier
- ✓ Un enfant peut apprendre des choses intéressantes en mendiant

Items portant sur la perception sur le travail des enfants :

- ✓ Un enfant qui travaille dans la vente ambulante est un enfant sans avenir
- ✓ Un enfant peut s'épanouir en travaillant dans la vente ambulante

Participants

Au cours de notre recherche, des questionnaires ont été distribués à 113 participants. Notre objectif étant de nous intéresser à l'environnement immédiat des enfants, nous avons à la fois interrogé la population locale et les touristes. Rentrent dans notre catégorie « population locale » les individus qui travaillent à Nana et Gateway et qui cohabitent avec les mendiants. En Inde, il s'agit essentiellement de vendeurs ambulants et de photographes ; cette population est exclusivement masculine. Dans le cas thaïlandais, nous avons établi une différenciation entre 3 différentes sous-catégories de population locale. La première sous-catégorie est composée de ce que nous avons qualifié de « locaux ambulants ». Il s'agit essentiellement de prostituées travaillant dans la rue en freelance, mais nous intégrons également dans cette catégorie deux hommes, le premier exerce en tant que vendeur de fruits, le second en tant que voyant. La deuxième sous-catégorie intitulée « ladyboys ambulantes » est composée de transsexuels prostitués travaillant dans la rue en freelance. La dernière sous-catégorie de population locale intitulée « locaux sédentaires » fait référence aux femmes travaillant dans les différents établissements de Nana, essentiellement les bars.

Le deuxième groupe auprès duquel nous avons enquêté est celui des touristes. En Inde, nous avons distingué les touristes indiens et les touristes internationaux. En Thaïlande, les touristes nationaux étant inexistants, nous avons uniquement pris en compte la catégorie des touristes internationaux

.

Terrain				
Type de population	Gateway		Nana	
	Hommes	Femmes	Hommes	Femmes
Locaux	Locaux Indiens		Locaux sédentaires	
	16	0	0	16
			Locaux ambulants	
			2	13
			Ladyboys ambulantes	
			18	
Touristes	Touristes étrangers		Touristes étrangers	
	7	8	16	0
	Touristes indiens			
	10	7		
TOTAL	(N = 48)		(N = 65)	

Tableau 6 : Tableau récapitulatif de la population interrogée

Déroulement

Les questionnaires ont été administrés en avril et mai 2011. Dans les deux terrains, la passation des questionnaires s'est déroulée dans la rue en face à face par des enquêteurs posant les questions et recueillant les réponses. Avant toute passation, il était indiqué que la participation était anonyme et qu'il n'y avait ni de bonnes ni de mauvaises réponses aux questions posées. La durée de passation était d'environ 10 minutes. En Inde, la passation des questionnaires a été assurée par des étudiants de démographie de troisième cycle. La passation a été effectuée à 4 différentes reprises sur la place de Gateway of India. La passation s'est déroulée sur une période deux semaines. Aucune méthode particulière d'échantillonnage n'a été utilisée. Nous avons néanmoins pris le soin d'administrer les questionnaires à des jours et des heures différents et d'interroger les personnes de manière aléatoire.

En Thaïlande, la passation s'est avérée plus complexe. Contrairement à ce que j'avais pu connaître en Inde, je n'avais pas dans mon réseau de connaissances des étudiants prêts à me donner un coup de main au titre de l'amitié ou de la solidarité étudiante. J'ai dans un premier temps essayé de prendre en charge tout seul la passation des questionnaires en m'engageant dans la voie du questionnaire auto-administré. Dans une telle démarche, le rôle de l'enquêteur est de distribuer les questionnaires aux participants qui répondent eux-mêmes de manière autonome. Cependant, cette tentative fut un échec. Les locaux en plein milieu de leur travail n'avaient pas réellement 10 minutes à consacrer au questionnaire : ce fut particulièrement le cas pour les prostituées qui craignaient de laisser filer de potentiels clients. Les touristes n'étaient quant à eux souvent pas intéressés par la démarche. Ne maîtrisant pas la langue thaïe et n'étant pas particulièrement doué pour insister auprès des touristes, j'ai envisagé de recruter une équipe thaïlandaise. J'ai dans un premier temps cherché à recruter des personnes bilingues travaillant dans le tourisme. Cette tentative fut un échec, car les personnes rencontrées étaient peu enclines à travailler à Nana, qui est plus la nuit. J'ai alors eu l'idée d'embaucher des personnes qui ne soient pas freinées par la réputation du quartier et j'ai pensé qu'une prostituée pourrait parfaitement convenir. De nombreuses prostituées avaient le « profil de l'emploi ». Il n'est pas rare de rencontrer à Nana des prostituées bilingues ayant fait des cursus universitaires. J'ai proposé l'emploi à « Amy », une prostituée que je connaissais et dont je savais que le niveau d'anglais était bon. En discutant avec cette dernière, je me suis rapidement rendu compte qu'elle était consciente des enjeux d'un questionnaire et des démarches méthodologiques qui lui sont associées. Amy m'apprendra qu'elle a occupé un emploi dans le télémarketing quelques années auparavant, et qu'une de ses missions était justement de faire passer des questionnaires par téléphone. Lorsque nous abordons la question de la rémunération, elle me fait savoir qu'elle est prête à accepter le travail du moment qu'elle ne perd pas d'argent en renonçant à son activité prostitutionnelle. Sachant qu'Amy rencontre en moyenne un client par soir, nous convenons d'une rémunération de 1000 bahts (environ 25 euros) par soir avec un objectif de 10 à 20 questionnaires à remplir. Lorsque nous préparons la passation, Amy me suggère de payer les participants, car elle craint qu'il soit difficile de leur demander de consacrer leur temps au questionnaire, le prix de la compensation sera fixé à 20 bahts (environ 50 centimes d'euros). Cette stratégie s'est avérée efficace, il aura fallu 3 soirs pour recueillir 65 questionnaires. L'incitation financière a largement contribué à ce succès. Les touristes ont largement plaisanté sur le fait que recevoir de l'argent d'une Thaïlandaise dans ce cadre prostitutionnel est assez rare. La passation a été effectuée à des heures différentes sur des horaires qui s'échelonnent de 20 h à 5 h du matin. Les questionnaires destinés aux touristes ont été recueillis de manière aléatoire sans réellement mettre en place des techniques d'échantillonnage particulières. Pour les questionnaires destinés à la population locale, nous pouvons parler d'un échantillonnage par « boule de neige ». Les locaux interrogés se sont souvent passé le mot sur la possibilité de se faire rémunérer en répondant au questionnaire.

Méthode d'analyse des données

Des analyses de consistance interne (alpha de Cronbach) ont été utilisées pour valider l'ensemble des items de notre échelle. Les résultats ont été décrits à l'aide de moyennes puis comparés par une série d'analyse de variance univariée (Anova) et un test T, le cas échéant. Lorsque l'analyse le requérait, des évaluations post-hoc par des tests LSD ont été effectuées. Le seuil de signification statistique pour tous les tests a été fixé à 0,05. Les analyses ont été réalisées à l'aide du logiciel SPSS 19 pour Windows.

RÉSULTATS

Analyse de la cohérence interne

Les résultats montrent que la valeur de l'indice alpha de Cronbach est de. 75, ce qui est très satisfaisant, puisqu'il dépasse le seuil minimum requis de. 70 (Peterson, 1994). Nous obtenons ainsi, pour cette échelle composée de vingt éléments, une cohérence interne satisfaisante. L'analyse complète des éléments ne suggère pas la suppression d'un item en particulier.

Tests des hypothèses : Test T

Représentation de la mendicité selon le terrain

Terrain	N	Moyennes	Écart-type
Nana	65	3,07	0,45
Gateway	48	3,50	0,58

Tableau 7 : Représentation de la mendicité selon le terrain

Le test T montre que les terrains interviennent significativement sur la représentation de la mendicité (t [111] = - 4,40, p< . 00002). À Nana, les personnes interrogées se représentent la mendicité de façon plus positive que celles interrogées à Gateway (MNana = 3,07, é. t. = 0,45 vs MGateway = 3,50, é. t. = 0,58).

Analyse de la variance (Anova)

Nationalité	N	Moyennes	Écart-type
Étranger	31	3,07	0,49
Indien	33	3,72	0,51
Thaï	49	3,06	0,39
Total	113	3,26	0,54

Tableau 8 : Représentation de la mendicité selon la nationalité des interrogés

La nationalité des personnes interrogées intervient significativement sur la représentation de la mendicité (F [2,110] = 24,154, p< . 0001). Les Indiens ont une représentation de la mendicité et du travail des enfants plus négative (M = 3,72, é. t = 0,51) que les Thaïlandais (M = 3,06, é. t = 0,39, p< . 0001) et les touristes étrangers (M = 3,07, é. t.=0,49, p< . 0001)

Sous-catégorie	N	Moyennes	Écart-type
Locaux ambulants	15	3,08	0,45
Locaux sédentaires	16	3,13	0,33
Ladyboys ambulantes	18	2,97	0,41

Tableau 9 : Représentation de la mendicité selon les locaux thaïlandais

Il n'y a pas de différences significatives entre les locaux ambulants, les locaux sédentaires et les ladyboys (F [2,46]=0,707, p< . 498)

Origine	N	Moyennes	Écart-type
Local indien	16	3,82	0,54
Local thaï	49	3,06	0,39
Touriste étranger Inde	15	3,01	0,37
Touriste étranger Thaïlande	16	3,13	0,59
Touriste indien	17	3,63	0,48
Total	113	3,26	0,55

Tableau 10 : Représentation de la mendicité selon le type de la population interrogée

On relève un effet principal du type de population sur la représentation de la mendicité et du travail des enfants ($F_{[4,108]} = 12{,}564$; $p < .0001$). Les comparaisons post-hoc (test LSD) montrent que les locaux indiens (M = 3,82, é. t. = 0,54) ont une représentation plus négative de la mendicité que les locaux thaïlandais (M = 3,06, é. t. = 0,39 ; $p < .0001$), les touristes étrangers en Inde (M=3,01, é. t. = 0,37 ; $p < .0001$) et en Thaïlande (M=3,13, é. t. = 0,59 ; $p < .0005$).

On note que cette représentation ne diffère pas significativement entre les locaux Indiens et les touristes indiens (M=3,63, é. t. = 0,48 ; $p < .76$).

Les données montrent également que les touristes indiens jugent la mendicité des enfants plus sévèrement que les touristes étrangers en Inde (M=3,63 vs M=3,01, $p < .002$)

Ces résultats viennent confirmer notre hypothèse de terrain de départ. Notre approche nous permet d'affirmer que la mendicité est moins bien perçue à Gateway qu'à Nana. Lorsqu'on s'intéresse de manière plus détaillée à ces résultats, nous constatons que la différence entre ces deux terrains ne se fait pas au niveau des touristes, mais au contraire au niveau de la population locale. C'est en effet la population indienne qui perçoit la mendicité et le travail des enfants le plus négativement. Ces résultats ont pu orienter notre démarche ethnographique. Nous nous sommes ainsi largement focalisés sur la question de la répercussion du tourisme international sur les rapports que pouvaient entretenir les mendiants avec la population locale. Dans les paragraphes suivants, nous allons revenir en détail sur ces interactions entre la population locale et les mendiants. Nous allons plus particulièrement nous focaliser sur la situation indienne. Nous avons en effet déjà pu précédemment démontrer que la mendicité était une activité qui avait sa place dans l'animation touristique globale de Nana, nous avons été jusqu'à parler d'écovillage de mendicité et de la prostitution. Dans le cas de figure indien, la mendicité est au contraire fortement stigmatisée.

La mendicité stigmatisée de Gateway of India : La mendicité à Gateway, un marketing déloyal

Les interactions entre les mendiants et les populations locales sont fondamentales, car elles se trouvent au cœur du processus de socialisation. En nous inscrivant dans une perspective interactionniste, il est possible de construire une analyse à partir de points de vue des acteurs. Une telle posture suppose d'une part de considérer les individus comme des acteurs pragmatiques qui doivent continuellement négocier et ajuster leurs comportements quotidiens, et d'autre part d'interpréter les actions humaines sur le plan symbolique. En nous situant dans une perspective goffmanienne, nous allons dans les paragraphes qui suivent appréhender l'espace public comme un théâtre à ciel ouvert dans lequel le script plus ou moins écrit à l'avance est incarné par des acteurs allant endosser des rôles.

Des enfants en décalage

Un mode de vie décalé, voire déviant

Notre approche quantitative nous soutient dans l'idée que la mendicité est une activité stigmatisée à Gateway. Nos observations nous indiquent que cette stigmatisation ne se limite pas à l'activité de mendicité, mais concernent l'ensemble de la communauté. La population locale va en effet considérer que les individus de la communauté de Solapour sont différents des autres individus exerçants à Gateway et méritent à ce titre d'être distingués. Ces différences reposent tout d'abord sur les modes de vie. Celui de la communauté de Solapour est perçu comme étant en décalage par rapport aux normes sociales indiennes traditionnelles. Sur le plan de la vie familiale, les individus de la communauté de Solapour se démarquent des autres individus. Ils disposent tout d'abord d'une structure familiale à Gateway contrairement aux autres vendeurs ambulants qui ont le plus souvent migré à Bombay sans leurs familles. Il en résulte donc que l'ensemble des femmes et des enfants travaillant et mendiant à Gateway appartiennent à la communauté de Solapour. Cette dernière a une véritable vie de famille alors que les vendeurs ambulants exercent uniquement sur place pendant quelques heures de la journée. La vie familiale de cette communauté de sans-abris se fait au grand jour, elle est visible de tous, ce qui n'est pas sans conséquence sur les jugements qui sont portés sur la communauté. Les individus de Solapour ne disposent pas d'intimité. Les conflits familiaux, qu'il s'agisse de disputes de couple ou de conflits entre parents et enfants, se feront aux yeux de tous. Lors de notre présence sur place, à plusieurs reprises nous avons pu assister à des scènes de ménage. Nous avons alors été particulièrement frappés par l'indifférence des personnes de la communauté face à ces conflits qui pouvaient parfois être violents. Cette indifférence contraste avec la curiosité des passants et des autres vendeurs ambulants. Si l'on devait résumer cette situation, on pourrait dire que lorsqu'une dispute éclate au sein de la communauté, les passants et les vendeurs ambulants sont focalisés sur la scène alors que les individus de la communauté l'ignorent. Lorsque les disputes éclatent au sein de la communauté, nous avons été interpellés par l'attitude des enfants continuant à jouer comme si de rien n'était. Pour expliquer cette indifférence totale des enfants, nous avons dans un premier temps émis l'hypothèse d'une stratégie de coping basée sur l'évitement. Nous avons pensé que les enfants développaient des mécanismes de protection basés sur l'évitement afin de ne pas être trop heurtés par les scènes de violence conjugale. Cependant, en nous engageant dans une ethnographie nous rapprochant des modes de pensées des participants, il nous est apparu qu'il ne s'agissait pas d'une stratégie d'évitement, mais au contraire d'un rapport au domaine privé et intime différent. Les individus de la communauté de Solapour accouchent, meurent, mangent, ont des rapports sexuels, dorment, se lavent sur l'espace public. Ils vivent sur un espace géographique très limité et doivent s'accommoder de cette promiscuité physique. En reprenant la terminologie de la psychologie sociale, il serait possible d'évoquer la notion de « bulle proxémique » que l'on peut définir comme une zone physique de sécurité émotionnelle individuelle (Hall, 1971). Cette « bulle » qui est généralement importante dans les sociétés occidentales, où il est important de garder une certaine distance physique entre les individus, semble être ici extrêmement réduite. Cette exposition de l'intimité sur l'espace public n'est pas sans conséquence sur l'image renvoyée à la population locale qui perçoit les conflits comme le signe d'un manque de pudeur et d'une incapacité à contenir ses émotions en public. Les différences entre les mendiants et le reste de la population locale concerneraient également les valeurs.

Des mendiants autodestructeurs

D'après la population locale de Gateway, les individus de la communauté de Solapour voueraient un véritable culte à l'argent. La cupidité les pousserait à mendier sans répit au prix d'efforts inhumains. Ce culte de l'argent serait le principal frein à l'insertion sociale. La mendicité imposerait de sacrifier l'éducation des enfants, de renoncer aux propositions de travail et de se priver des aides des pouvoirs publics. Cet argent est essentiellement fourni par des touristes porteurs de devises étrangères, il s'agit donc d'un culte à une monnaie étrangère. Des extraits d'entretiens permettent d'illustrer ce regard péjoratif sur ce qui est identifié comme relevant de la cupidité :

« Ces gens-là (la communauté de Solapour) ne pensent qu'à l'argent. Le gouvernement leur a offert des maisons, ils ont des terrains dans leur village, mais eux ils ne pensent qu'à l'argent. Même les enfants, ils n'ont que cela en tête. Ils vivent ici toute l'année, meurent ici, attrapent des maladies, les femmes se font violer, se font frapper par la police, ils acceptent tout cela, car ils savent que les touristes vont leur donner de l'argent. Ils n'ont qu'une

chose en tête, l'argent des touristes » (Amit, photographe à Gateway of India)

« Les mendiants que tu vois ici ne sont pas des gens bien. Ils sont obsédés par l'argent. Ils ne dorment pas, ils mendient tout le temps, tous les jours, qu'il fasse chaud, qu'il pleuve, ils sont là à demander de l'argent. Même pendant les attaques terroristes ils mendiaient. Ils ne pensent qu'à l'argent. Ils ont perdu leur dignité à cause de l'argent, les enfants n'ont pas de vêtements, pas de chaussures, pas d'éducation, mais ils ne pensent qu'à mendier ». (Rohit, photographe à Gateway of India)

Cette présumée cupidité est perçue péjorativement par la population locale. D'après Murove (2008), la condamnation de la cupidité est une invariante universelle. On la retrouve dans la bible avec le mythe du « culte du veau d'or ». Dans l'antiquité classique, la cupidité s'oppose à la notion d'euthymie représentant une vie idéale harmonieuse et modérée. On considère alors que la cupidité inhibe les capacités intellectuelles tout en créant un état de dépendance. Dans certaines sociétés traditionnelles africaines, la cupidité est associée à la sorcellerie, car à cause d'elle, il devient difficile d'anticiper les motifs et les intentions des personnes. Les discours de la population locale travaillant à Gateway semblent être en phase avec ce type d'argumentaire. La population mendiante est décrite comme une population compulsive ayant une addiction aux devises étrangères tellement forte qu'elle en perd toutes ses facultés mentales. Nous pouvons préciser que dans la religion hindouiste, l'accumulation de l'argent n'est pas perçue comme un mal. Le terme sanskrit « Artha », difficilement traduisible en français, fait de la prospérité matérielle un des quatre principaux objectifs de l'existence humaine. Dans la religion hindouiste, il est tout à fait acceptable de prier pour de l'argent, les prières à Lakshmi, déesse de la richesse et de la prospérité, sont monnaie courante. Cependant, il est du devoir de chaque individu de surmonter la cupidité et de mener une vie très simple en se focalisant sur les choses les plus importantes de la vie qui ne peuvent pas être achetées. Cet idéal de vie simple est en contradiction avec l'image d'une communauté qui dilapide son argent. En effet, pour la population locale, les sacrifices exigés par la mendicité contrastent avec la facilité qu'ont les mendiants à dépenser. En considérant les efforts et les stratégies complexes mis au point par les mendiants pour avoir de l'argent, la population locale comprend mal comment ils peuvent la dépenser aussi rapidement. Leur mode de vie est en quelque sorte autodestructeur.

Comme nous l'avons décrit précédemment, la vie de sans-abris à Gateway est caractérisée par un coût de vie élevé. Au-delà de ces dépenses imputables à des critères géographiques, c'est le mode de vie des mendiants qui est perçu comme prodigue. Cette vie « de dilapidation » concerne tout d'abord les habitudes alimentaires caractérisées par une consommation de viande quotidienne. Une telle dépense peut être perçue comme relevant d'une dépense inutile. En effet, en Inde, la consommation de viande est le plus souvent exceptionnelle : les Indiens consomment annuellement en moyenne 5,1 kg de viande par habitant alors que dans les autres pays asiatiques en voie de développement cette consommation est de 48,2 kg (F.A.O, 2009). Les habitudes alimentaires des mendiants sont également caractérisées par une consommation de snacks qui sont initialement destinés aux touristes. Les mendiants sont, au même titre que les touristes, les clients des vendeurs ambulants. Bien qu'ils bénéficient de tarifs préférentiels, la population locale considère que cette consommation de snacks relève de l'excès. Le mode de vie des mendiants est également caractérisé par des dépenses qui ne répondent pas à la satisfaction de besoins primaires. Les mendiants vont, aux yeux de tous, jouer à des jeux d'argent, boire de l'alcool, se faire tatouer, acheter des vêtements. Un certain nombre de vendeurs ambulants se rendent à Gateway dans l'unique but de vendre des produits aux individus de la communauté de la Solapour. Nos observations confirment en quelque sorte les dires de la population locale travaillant sur place. À plusieurs reprises, nous avons pu constater que les mendiants dépensent dans la journée l'argent qu'ils ont pu gagner, et ce quelle que soit la recette de la journée. Ce rapport à l'argent contraste fortement avec celui de la population locale travaillant sur place qui considère l'épargne comme une vertu. Ces derniers épargnent de l'argent pour l'envoyer à leurs familles qui ne résident pas à Bombay. Cette mise en avant de l'épargne correspond à une véritable tendance économique indienne qui se distingue par un très fort taux d'épargne des ménages. En Inde, ce taux était de 37.7 % en 2007-2008 (Budhedeo, 2010) alors qu'il n'était que de 9 % dans la zone euro (OCDE, 2008b) et de 5 % en Thaïlande (Kobsak, Pootrakool Thammanoon, Sodsrichai Kiatipong, 2005). Cette culture indienne de l'épargne n'est ainsi pas partagée par les mendiants. Des extraits d'entretiens et du journal de bord permettent d'illustrer ces différences dans le rapport à l'argent :

Extrait du journal de bord

« Lorsque nous croisons Garima (femme âgée d'environ 25 ans, veuve, mère de 3 enfants de 3 pères différents tous décédés), elle vient vers nous avec un grand sourire. Elle nous invite à nous asseoir avec elle à proximité des toilettes publiques. Un vendeur de thé passe, elle insiste pour nous offrir un verre de thé. Pendant que certains d'entre nous discutent avec les enfants, Garima va s'engager dans une conversation avec Archana (une de mes guides). Une vendeuse ambulante de saris passe dans le coin, Garima l'interpelle. Avec l'aide d'Archana, elle passe en revue sous les moindres coutures les différents tissus qui lui sont présentés. Elle choisit un tissu orange qui lui coûtera 150 roupies. Après environ une demi-heure de discussion, elle nous quittera en précisant qu'elle se rend au cinéma pour aller voir le film blockbuster hindi « Tees Maar Khan » qui vient de sortir au cinéma. Lorsqu'elle nous quitte, Archana nous expliquera que Garima vient de lui confier qu'elle avait réussi quelques heures auparavant à se faire acheter (et donc à revendre) deux boîtes de lait en poudre. (Janvier 2010) »

Extrait d'entretien

«« Ici tout le monde travaille dur. L'argent est difficile à gagner. Certains travaillent dans les bateaux, d'autres vendent des glaces. Même ceux qui travaillent au Taj Mahal travaillent dur. Moi, l'argent que je

gagne ici, ce n'est pas pour moi. Je ne vais pas aller m'amuser à boire et faire la fête avec l'argent que j'ai en poche. Moi, j'ai une famille, j'ai une maison, j'ai des parents. L'argent que je gagne c'est pour eux, ce n'est pas pour moi. Ma fille et mon fils suivent des cours du soir là où j'habite.

Ici à Bombay ? Non à Dhoraji (ville qui se trouve dans l'état du Gujarat).

J'aimerais que ma fille puisse se marier avec quelqu'un de bien. J'ai envie que mes parents puissent vivre en paix sans se demander s'ils vont avoir de quoi à manger le lendemain. C'est pour toutes ces raisons, que moi je vis simplement et que je travaille dur. Quand je vois ces mendiants, quand je vois ce groupe, je suis obligé de me dire que ces gens-là n'aiment pas leur famille et surtout qu'ils n'aiment pas leurs enfants. Ils ne les envoient pas à l'école, car s'ils sont à l'école ils ne sont pas ici en train de ramener de l'argent. C'est de la maltraitance. Que deviendront ces enfants s'ils ne sont pas scolarisés ? Ils n'apprennent rien. Ils vont donc faire la même chose toute leur vie, c'est-à-dire mendier. Le gouvernement leur a donné des logements, ils n'en veulent pas. Les enfants peuvent aller à l'école gratuitement et avoir un repas là-bas. Mais ils n'y vont pas. Je ne comprends pas leur vie, quand ils gagnent dix roupies, ils en dépensent 20. Parfois, ils vont boire du thé à l'Olympia (restaurant connu du quartier) alors qu'ils peuvent l'acheter ici pour 3 roupies. S'ils gagnent 500 roupies un jour, ils disparaissent pendant une semaine et n'iront pas mendier, ils feront tout leur possible pour dépenser cet argent ». (Un vendeur de ballons géants) »

Dans leurs jugements, les vendeurs locaux ne prennent généralement pas en compte les spécificités liées aux conditions de vie d'une population de sans-abris. Au-delà de l'impossibilité de préparer leur propre repas, d'autres facteurs viennent s'opposer à toute logique d'épargne. Les individus de la communauté de Solapour sont nombreux et leur présence sur place est tolérée par les pouvoirs publics sans réellement être acceptée. Cette précarité ne permet pas réellement de s'engager dans une quelconque accumulation de biens. Des facteurs physiques et matériels rendraient également une telle opération complexe. Les mendiants ont comme seul lieu d'agencement les hautes branches des arbres, ces coffres forts naturels sont d'une efficacité limitée lors des périodes de mousson. Les rapports avec l'institution vont également s'opposer à une logique d'épargne. Il est en effet fréquent que les maigres biens des mendiants soient arbitrairement confisqués par l'entité administrative municipale (B.M.C : Bombay Municipal Corporation). Lors de notre présence sur place, nous avons par exemple pu assister à la confiscation d'une poussette qui avait été donnée par une touriste. Des facteurs démographiques peuvent également entrer en ligne de compte. Sans nous engager dans une démarche statistique, il nous semble pouvoir affirmer que l'espérance de vie à Gateway n'est pas très élevée. Au regard de ces critères, un mode de vie reposant sur l'épargne ne nous paraît pas réalisable.

Entre assignation d'identité et déni d'identité

À Gateway, la mendicité a mauvaise presse. Elle ne constitue pourtant pas réellement une gêne sur le plan économique. La majorité des touristes se trouvant à Gateway sont des touristes indiens que nous avons décrits comme indifférents à la mendicité. La mendicité n'a pas d'impact sur les flux touristiques, elle ne constitue pas non plus une gêne pour les vendeurs, les mendiants vont au contraire consommer et créer de la richesse. C'est donc davantage sur le plan symbolique que la mendicité sera décriée. La population locale semble être particulièrement hostile à l'image que peuvent renvoyer les mendiants. Gateway of India est une vitrine de Bombay. La place est connue dans toute l'Inde, son arc de triomphe est un symbole national. Face à cet arc de triomphe est érigée une statue de Chhatrapati Shivaji, premier empereur de l'empire Maratha qui libéra une grande partie de l'Inde de la présence musulmane moghole au XVIIème siècle. Cette statue symbolise l'identité régionale, car Chhatrapati Shivaji, qui est originaire de la région du Maharashtra (dont Bombay est la capitale), est aujourd'hui le symbole de la défense de la culture et de la langue Marathi. Les individus de la communauté de Solapour sont de culture marathis, ils s'identifient aux revendications régionales. La plupart des individus de la communauté sont nés sur place et ont des parents et parfois même des grands-parents qui sont nés au pied de l'hôtel Taj Mahal. Ils peuvent être considérés comme des autochtones, contrairement aux vendeurs ambulants qui sont le plus souvent des migrants originaires du nord de l'Inde. Malgré ce statut d'autochtones, les individus de la communauté ne vont pas pour autant être associés à Gateway. Leur présence est au contraire perçue comme étant illégitime. Gateway serait en quelque sorte souillée par la présence de mendiants décrits comme des sauvages tant dans leur apparence physique caractérisée par la nudité des pieds et parfois même du corps, que dans leurs conduites antisociales. Ce qui constitue une gêne, ce n'est pas tant la mendicité en elle-même, mais l'image qu'elle peut renvoyer auprès des touristes internationaux. La population locale regrette que ces touristes puissent associer l'Inde à des populations mendiantes. Cette gêne est particulièrement élevée lorsque les touristes occidentaux auront à faire face à des formes de mendicité agressive. D'après les vendeurs ambulants, les formes de mendicité agressive sont nuisibles à l'image du pays tout entier. Un extrait de notre journal de bord permet d'illustrer ces propos :

« Anshuman, un vendeur de thé que nous connaissons bien, est en train de nous raconter sa version des attaques terroristes de Bombay. Il sait que nous nous intéressons à la mendicité des enfants. Il s'arrête soudainement de parler et nous demande de regarder ce que font les enfants. Angeli et Pallavy (deux filles âgées d'environ 10 ans) sont en train de pourchasser un couple de touristes en tirant fortement sur les manches de l'homme du couple. Elles l'empêchent d'avancer en se plaçant constamment devant lui au niveau de son ventre. La scène dure environ 2 minutes. Après deux minutes, voyant que les touristes n'ont pas l'intention de donner de l'argent, les filles cessent de mendier. Anshuman se plaint alors de la situation. Il reproche tout d'abord aux policiers de ne pas être intervenus. Il nous dit que la mendicité devrait être interdite à Gateway, car les touristes rentrent chez eux en pensant que tous les Indiens sont des mendiants. Il nous dira que même s'il travaille sur place depuis plus de cinq ans, à chaque fois qu'il assiste à ce genre de scène, il ne peut s'empêcher de penser à ce que les touristes vont raconter sur l'Inde

lorsqu'ils rentrent chez eux. Il nous dira que les touristes ne sont pas idiots, et qu'ils sont conscients du fait que les enfants mendient pour donner de l'argent aux parents qui ne font rien de leur journée. Il nous dit craindre que les touristes en rentrant chez eux puissent raconter que les Indiens sont fainéants et maltraitants envers leurs enfants ».

Il est difficile de se prononcer sur de tels propos qui peuvent paraître justifiés pour les touristes occidentaux qui feront l'expérience de mendicités agressives. Nous pouvons néanmoins affirmer que toutes les mendicités mises en place par les enfants ne répondent pas à des schémas agressifs. Lorsque des relations « positives » entre touristes occidentaux et mendiants existent, elles laisseront généralement la population locale perplexe. Ces derniers peinent à comprendre comment certains touristes peuvent en même temps chercher à éviter les vendeurs ambulants et rechercher la présence d'enfants mendiants. Ils ne comprennent pas l'empathie que peuvent ressentir les touristes à l'égard d'une population qui les mène en bateau. Ils ne comprennent pas comment ces touristes internationaux peuvent chercher le contact avec des enfants qu'ils trouvent malhonnêtes. En d'autres termes, cette mendicité des enfants constitue pour eux un marketing déloyal face auquel ils sont impuissants. Ils ne sont pas de véritables mendiants ayant besoin d'aide pour se nourrir et se vêtir. Les mendiants s'attirent donc la sympathie des touristes grâce à des procédés malhonnêtes, cette mendicité est en quelque sorte une mendicité dénaturée qui relève de la filouterie. Pour la population locale, les mendiants n'ont aucune légitimité à exercer sur place. Bien qu'ils soient de réels autochtones natifs de Gateway, aux yeux de la population locale, les mendiants n'ont pas leur place. Cette mendicité de Gateway est d'autant plus dérangeante qu'elle se trouve être dénaturée, car elle ne vise pas à répondre à des besoins primaires vitaux. Les individus de la communauté de Solapour ne sont plus de véritables mendiants aux yeux de la population locale, ils sont au contraire des escrocs dont la présence à Gateway est illégitime. Nous pouvons considérer que nous sommes ici dans une situation où les mendiants se trouvent dans un déni d'identité. En considérant leur présence illégitime, on fait tout d'abord abstraction de l'histoire de la communauté de Solapour dont la présence sur place remonte à plus de 50 ans. D'autre part, ne plus considérer ces individus comme des mendiants, c'est ignorer l'occupation traditionnelle de cette communauté en confinant la mendicité à des formes extrêmes. Pour les touristes bienveillants, on se retrouve dans une situation inverse, car les individus de la communauté sont assignés à une identité de mendiant. Ces touristes s'attendent à rencontrer des enfants pouvant être associés à la pauvreté. En faisant le choix de mendier auprès des touristes internationaux, les mendiants devront se conformer à cette identité assignée.

La mendicité auprès des touristes étrangers, une trahison

Les interactions avec les touristes internationaux reconfigurent la mendicité traditionnelle. Les nouvelles mendicités destinées aux touristes reposent sur des approches « édulcorées » qui décrédibilisent la mendicité auprès de la population locale. Il devient ainsi impossible de mendier auprès des Indiens et des touristes internationaux simultanément.

Aux yeux de la population locale, c'est la recherche de la nourriture qui va rendre la mendicité légitime. Lorsque la recherche de la nourriture ne constitue plus le fondement de la mendicité, celle-ci devient illégitime, on se trouve en quelque sorte dans une situation d'usurpation du statut de mendiant. Cette usurpation est aggravée par le fait que la nourriture de base, telle que le lait en poudre, n'est pas consommée par les mendiants, mais au contraire revendue. Cette nourriture de base est revendue par les mendiants, alors qu'un bon nombre de travailleurs ambulants de Gateway luttent pour pouvoir s'acheter de tels produits. Refuser de la nourriture de base afin de s'acheter des snacks ou de la viande revient à trahir les populations locales les plus vulnérables qui travaillent pour s'acheter une telle nourriture.

Ce statut de traître va également naître dans les interactions privilégiées entre les mendiants et les touristes internationaux. En Inde, les relations avec les étrangers occidentaux sont généralement réservées aux Indiens issus de milieux privilégiés. Communiquer et interagir avec l'étranger demande un certain nombre de compétences et une certaine éducation scolaire. Les rencontres entre les populations vulnérables et riches étrangers sont donc théoriquement peu probables. En faisant le choix de réserver leur mendicité aux touristes, les mendiants s'affranchissent des voies traditionnelles de socialisation internationale. Ils se placent dans une position de transgression par rapport aux normes sociales. Cette transgression est d'autant plus forte qu'elle est le fait de femmes et d'enfants qui sont traditionnellement assignées aux sphères privées et domestiques. Cette dimension relationnelle est intéressante à étudier, car elle permet de mettre en avant les pesanteurs sociales pouvant exister au sein d'une société. La dimension relationnelle est à ce titre aujourd'hui reconnue comme un indicateur permettant d'évaluer le bien-être dans les populations fortement vulnérables (N. Jones & Sumner, 2011).

En choisissant un tel mode de vie, les individus de la communauté de Solapour perdent donc leur identité de groupe vulnérable et n'ont plus leur place dans le spectre des populations vulnérables indiennes. En acceptant cette aide internationale, ils s'excluent des schémas traditionnels de solidarité. Cette préférence pour l'étranger semble heurter une sensibilité nationaliste. Un vendeur ambulant de thé nous dira à propos des mendiants :

« Vendeur de thé : « Ils ne pensent qu'à l'argent. Quand ils voient les touristes américains, c'est comme s'ils voyaient de l'argent en train de marcher ».

Archana (assistante de recherche) : « Et toi, tu leur donnes parfois de l'argent ? »

Vendeur de thé : « Moi ? Je ne suis pas stupide, je ne vais pas donner de l'argent à ces enfants. Eux, comme je te disais, ils ne pensent qu'à l'argent des étrangers, si tu es indien, ils ne te regardent même pas. Moi, les enfants me connaissent, ils savent qu'avec moi il faut rester correct. Mais avec les autres vendeurs, ceux qui sont là le matin, je t'assure que des fois ils les prennent de haut. Surtout les enfants, ils nous parlent mal, ils nous crient dessus. Ils se croient tout permis quand ils ont de l'argent. Ils oublient d'où ils viennent. Eux, ils préfèrent les étrangers, alors c'est normal que nous les Indiens on ne leur donne rien. Faut pas croire, des fois quand c'est calme, et qu'il n'y a pas beaucoup de touristes étrangers, ils se retrouvent sans argent. Tu vois la différence, en ce moment tu peux les voir en train de rigoler, ils sont contents, mais quand ils n'ont pas d'argent, ils sont assis là au même endroit, mais ils ne font aucun bruit. Dans ces moments-là, ils regrettent de préférer les étrangers aux Indiens. Ils préfèrent les étrangers, c'est normal que les Indiens ne donnent rien, c'est eux qui ont choisi leur mode de vie. Ici, tout le monde travaille dur. Les gens s'aident quand c'est possible. Les photographes par exemple, c'est comme une famille, ils s'entraident. Les vendeurs de ballons c'est pareil. Quand nous avons des problèmes avec la police, nous arrivons tous à nous unir pour discuter avec eux pour régler les problèmes. On se respecte, car on travaille ici, on se connaît plus ou moins, on sait qui vient des mêmes régions, qui parle les mêmes langues. Nous sommes tous indiens ; mais ceux-là, ce n'est pas pareil. Ils se sentent différents de nous, ils préfèrent les étrangers aux Indiens, alors pourquoi on irait les aider ? »

D'après la population locale, ce pacte avec les étrangers est comparable à une forme de traîtrise. Mendier auprès d'étrangers reviendrait à céder son identité pour des devises étrangères. Cette mendicité véhiculerait l'image d'une Inde incapable de subvenir aux besoins des plus vulnérables, mais également une absence de solidarité chez les Indiens.

Une mendicité édulcorée défavorable aux plus vulnérables

La mendicité auprès des touristes permet d'accroître la qualité de vie de la plupart des membres de la communauté, mais elle contribue à la stigmatisation. Pour la population locale, les individus de la communauté de Solapour ne sont plus de vrais mendiants, ils sont désormais perçus comme des escrocs. Notre ethnographie nous a permis de mettre en avant le fait que tous les mendiants n'allaient pas tirer profit du tourisme international. Mendier auprès de ces touristes nécessite de réelles compétences sociales et relationnelles. Ceux qui disposent de ces compétences et qui savent comment établir des rapports positifs avec les touristes internationaux parviennent à améliorer considérablement leur vie grâce à d'importantes rentrées d'argent. Cependant, pour les mendiants de la communauté ne sachant pas s'accommoder du tourisme international, la situation devient catastrophique. Ces derniers se retrouvent enfermés dans un cercle vicieux. D'une part, ils ne peuvent plus mendier auprès des Indiens, car ils sont assimilés à des escrocs. D'autre part, ne sachant pas comment mendier auprès des touristes étrangers, leurs sources de revenus sont très réduites. Cette situation est d'autant plus injuste qu'elle repose sur un paradoxe faisant que les mendiants les plus pauvres portant les traces physiques de la pauvreté sont handicapés dans leur mendicité auprès des touristes internationaux. Pour ces mendiants, le tourisme international n'apporte pas de bénéfices, ils ne profitent que des résidus des dons généreux en partageant par exemple les repas pris en commun dans la communauté. Le tourisme international est donc favorable aux populations sachant s'en accommoder et défavorable aux populations les plus vulnérables. Au-delà des bénéfices ou des préjudices économiques, le tourisme international va créer des tensions entre les mendiants et la population locale. Certes, le tourisme exonérera du statut de mendiant, mais il va conférer un statut de malhonnête. Leurs formes élaborées de mendicité seraient préjudiciables à l'image de l'Inde. Les mendiants passent donc d'un statut de mendiant à un statut de malhonnête ennemi de la Nation.

CHAPITRE 7
Vers une conceptualisation de la mendicité

VERS UNE REDÉFINITION DE LA MENDICITÉ : POUR UNE TYPOLOGIE DES MENDICITÉS

Se focaliser sur le mendiant

Dans la première partie de ce chapitre consacrée à la conceptualisation, notre objectif sera ambitieux, car nous tenterons de redéfinir la mendicité. Au regard de la littérature existante qui nous paraît insuffisante sur le plan définitionnel, un tel exercice s'impose. La mendicité est en effet le plus souvent définie de manière minimale autour de deux grandes idées. D'une part, on se complaît à expliquer que la mendicité s'exonère de la logique du don et du contre-don en ce que le mendiant reçoit de l'argent sans réellement proposer en retour. D'autre part, on insiste sur le fait que la mendicité est une activité fortement stigmatisée. Cette approche de la mendicité nous semble insuffisante à plus d'un titre. D'une part, ce minimalisme sous-entend qu'il est préférable de définir la mendicité au cas par cas au regard des circonstances locales. En ce qui nous concerne, nous affirmons qu'une approche plus globale et conceptuelle de la mendicité est envisageable. D'autre part, cette approche classique de la mendicité ne confère pas au mendiant un rôle actif dans la mendicité. Ce dernier est perçu comme une victime passive (de stigmatisations, d'une conjoncture économique, d'humiliations) qui ne parvient pas à s'intégrer dans les schémas classiques de socialisation. Or, les données issues de nos terrains nous indiquent que le mendiant est un agent actif de sa mendicité ; il convient donc d'élaborer une définition dynamique reconnaissant ce rôle actif du mendiant. En nous inscrivant dans la perspective de la

Grounded Theory, nous proposons de nous engager dans un travail théorique de définition à partir de nos données de terrain qui nous invitent à nous focaliser sur la figure du mendiant. Cette théorisation « enracinée » dans le terrain définit la mendicité comme une articulation de stratégies et de techniques et de politiques ayant pour but d'amener vers le don. Nous allons désormais expliciter l'ensemble de ces points.

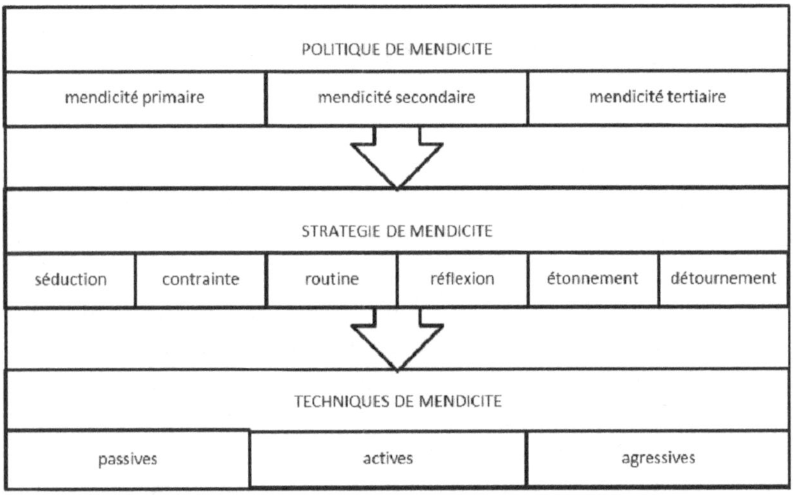

Figure 8 : Vers une nouvelle définition de la mendicité

Politique de mendicité

Définition

La politique de mendicité peut être définie comme le cadre de référence d'une mendicité. La mendicité relevant d'une mise en scène, il s'agira d'analyser la structure de cette mise en scène en s'intéressant à la nature du message renvoyé aux donneurs potentiels. Nous distinguons trois types de politiques de mendicité à savoir la mendicité primaire, la mendicité secondaire et la mendicité tertiaire.

Mendicité primaire

La mendicité primaire est celle qui est construite autour de l'idée que le don du passant peut permettre au mendiant de satisfaire un besoin primaire dont la satisfaction doit être immédiate. En d'autres termes, dans une politique de mendicité primaire, le mendiant cherchera à véhiculer l'idée que les dons des passants sont indispensables à sa survie, car ils lui permettront de se loger, de s'alimenter, de se protéger du froid, de se soigner ou d'assurer sa sécurité physique. Cette mendicité est directement ou indirectement porteuse d'un message sur les dysfonctionnements de la société.

Mendicité secondaire

Il s'agit d'une mendicité construite autour de l'idée que le don des passants peut permettre au mendiant de satisfaire un besoin secondaire. Ces besoins sont ceux qui sont nécessaires à la survie de l'homme sans pour autant être indispensables. Ici, le mendiant cherche à démontrer que le don permettra de satisfaire un besoin dont la satisfaction n'est pas vitale, mais tout du moins importante. Cette notion de vitalité est centrale. Dans certains cas de figure, des besoins primaires dont la satisfaction immédiate n'est pas vitale pourront être perçus comme des besoins secondaires. Ces besoins peuvent être de nature très diverse : se vêtir, s'éduquer, se déplacer… Cette mendicité ne va pas systématiquement être porteuse d'un message remettant en cause le dysfonctionnement de la société.

Mendicité tertiaire

La mendicité tertiaire est celle qui est construite autour de l'idée que le don du passant vise à satisfaire un besoin tertiaire. Ce besoin est ici défini comme celui pouvant améliorer la vie de l'homme. Ces besoins ne sont ni vitaux ni importants à la survie de l'homme, mais ils s'inscrivent dans des modes de vie particuliers. Les dons des passants peuvent alors être perçus comme un soutien à ce mode de vie singulier. Ces mendicités sont multiples. Elles peuvent tout aussi bien concerner les dons visant à soutenir des communautés religieuses, que les dons de mendiants demandant de l'argent pour acheter de l'alcool.

Une terminologie qui s'étend aux donneurs

Il est parfaitement envisageable d'appliquer cette classification aux donneurs. Ainsi, les individus plus sensibles à la politique de mendicité primaire pourraient être qualifiés de donneurs primaires. Pour ces derniers, la mendicité est légitime dans des situations d'urgence et est une activité de dernier recours. Les donneurs primaires peuvent aussi bien donner de l'argent que de la nourriture ou des vêtements. On pourrait qualifier de donneurs secondaires les individus dont le degré de sensibilité à la vulnérabilité est moins focalisé sur le niveau de détresse du mendiant. Pour le donneur tertiaire, le don n'est pas forcément associé à une situation de pauvreté, ce dernier est susceptible d'être réceptif à une vaste palette de mendicité.

Les Stratégies de mendicité

Définition

La stratégie de mendicité peut être définie comme l'habilité à diriger et coordonner des actions ayant pour but d'obtenir des dons. Lors de cette phase, ces actions sont élaborées à l'avance et s'organisent de manière cohérente. Ces choix reposent sur un raisonnement stratégique qui sera déterminé au regard des ressources individuelles et collectives que les mendiants vont avoir à leur disposition. La stratégie sera déterminée en fonction d'une estimation de la rentabilité de la mendicité.

La stratégie par contrainte

Dans un tel cas de figure, le mendiant cherchera à contraindre le passant au don. Le mendiant cherchera à obliger le passant au don alors que ce dernier ne souhaite pas donner. Dans une telle approche, la mendicité constitue une gêne. L'objectif du mendiant sera d'amener le passant vers un seuil de rupture au-delà duquel il préférera donner de l'argent au mendiant plutôt que de continuer à subir la gêne occasionnée par la mendicité.

La stratégie routinière

Cette stratégie de mendicité est focalisée sur les individus qui sont habitués à donner aux mendiants. Pour ces derniers, la mendicité fait partie de la vie quotidienne, donner aux mendiants est une activité routinière. Le don peut alors être perçu comme une activité qui s'inscrit dans la routine de la société de consommation. La mendicité se situe alors dans la normalité sociale, il s'agira pour les mendiants de se conformer à cette normalité mendiante.

La stratégie réfléchie et consentie

Dans la stratégie de mendicité réfléchie et consentie, il s'agira ici d'offrir aux passants la possibilité d'évaluer la mendicité. Ces derniers devront disposer d'un certain nombre d'informations leur permettant de s'assurer du bien-fondé de leur don et de l'authenticité du discours du mendiant. Le donneur devra être en mesure d'examiner l'utilité et la rentabilité de son don. Le don pourra donc être considéré comme étant raisonné et non pas impulsif.

Mendicité par étonnement, la mendicité spectaculaire

Dans cette approche, les mendiants chercheront à provoquer un étonnement ou dépaysement qui puisse inciter au don. La mendicité est alors mise en scène de manière spectaculaire. La mendicité va rompre avec son paysage immédiat ou avec les habitudes des passants. Nous plaçons par exemple dans cette stratégie les formes de mendicité mettant en scène le corps de manière inhabituelle (corps mutilés, position de soumission extrême…).

La stratégie par détournement

On parlera de mendicité détournée ou déguisée lorsque l'interaction entre le mendiant et les passants n'est pas mise avant comme relevant de la mendicité. Ainsi, dans une mendicité détournée, le don s'accompagne de la réalisation d'un service ou de l'échange d'un bien. En contrepartie de son don, le passant recevra le plus souvent un bien ou un service qui ne peut pas réellement prétendre à une facturation en dehors du cadre construit par la mendicité. Ces stratégies concernent souvent le domaine artistique. On parla ainsi de mendicité détournée lorsqu'un musicien va demander d'être rémunéré pour une prestation ne pouvant pas réellement prétendre à une rémunération. La distinction entre la mendicité déguisée et le travail peut relever d'une interprétation subjective. La performance d'un musicien jouant sur l'espace public pourra à la fois être perçue comme une performance artistique et comme une mendicité. Un accordéoniste jouant dans le métro parisien pourra par exemple être perçu comme un artiste par des touristes asiatiques peu coutumiers de l'accordéon tout en étant perçu comme un mendiant par un Parisien empruntant quotidiennement le métro.

La stratégie de séduction

On parlera de mendicité par séduction lorsque la mise en scène de la mendicité aura pour objectif de provoquer un sentiment de sympathie, d'admiration, ou d'attirance des passants.

Techniques de mendicité

Définition

La technique de mendicité fait référence à l'ensemble des gestes qui est associé à la mendicité. Ces techniques sont associées à un savoir-faire professionnel.

Des techniques passives

Les techniques de mendicité passives sont celles qui sont caractérisées par un faible niveau d'action des mendiants. L'immobilité concerne aussi bien les dimensions corporelles que verbales. Ces techniques se déploient le plus souvent dans une posture statique. Le mendiant qui se contente de mendier en position assise avec un gobelet placé devant lui est une parfaite illustration de mendicité passive.

Des techniques actives

Les techniques de mendicité actives sont celles qui vont engendrer un certain nombre d'actions corporelles et verbales. Elles impliquent une mobilité corporelle et/ou dynamique verbale.

Des techniques agressives

Toute mendicité qui entraîne des comportements physiques ou verbaux imposant une nuisance à des individus souhaitant l'éviter peut être considérée comme une mendicité agressive. La mendicité agressive est donc caractérisée par la contrainte, les passants se trouvent dans une situation dans laquelle ils ne peuvent pas facilement éviter ou ignorer la nuisance provoquée par la mendicité. Ces nuisances peuvent aussi bien concerner des dimensions psychologiques que physiques, elles peuvent être de nature instrumentale (nuisance motivée par la volonté de contraindre au don) ou pas.

Quelques précisions sur la typologie

Nous souhaitons préciser que notre typologie repose sur une classification subjective pouvant faire l'objet d'interprétations multiples. Il n'existe pas de délimitation objective entre ce qui pourrait relever d'un besoin primaire ou au contraire d'un besoin secondaire, ou de ce qui peut relever de la mendicité active ou au contraire de la mendicité agressive. Pour illustrer cette complexité à classifier, nous pouvons prendre l'exemple du besoin de se loger. Il est possible de considérer que le fait de s'abriter constitue un besoin primaire. Une personne qui mendie en affirmant avoir besoin de payer sa chambre d'hôtel ne se trouve pas forcément dans la même situation que celle affirmant vouloir payer son loyer à la fin du mois. Dans les deux cas de figure, il s'agit du même besoin. Cependant, des interprétations divergentes sont envisageables. Dans la première situation, le mendiant met en avant une situation d'urgence, s'il ne parvient pas à payer sa nuit d'hôtel il va être contraint de dormir dans la rue. Cette situation sera probablement perçue par le plus grand monde comme relevant d'un besoin primaire. Dans le deuxième cas, la gravité de la situation peut être perçue comme étant moindre. Le mendiant dispose de plusieurs recours lui permettant théoriquement de trouver une solution pour ne pas se trouver sans domicile (trouver un moyen plus rentable de gagner de l'argent, changer d'appartement afin de payer un loyer moins onéreux…). Il est donc probable qu'aux yeux de nombreuses personnes ce besoin sera perçu comme secondaire.

UNE MENDICITÉ SUPPORTABLE ?

Après avoir proposé une nouvelle définition de la mendicité, notre « quête » de conceptualisation nous amène vers un travail de modélisation. Pour atteindre le stade de la modélisation, la Grounded Theory suggère une comparaison constante à travers un processus de va-et-vient entre l'analyse et le recueil de données. En nous engageant dans une telle approche, nous avons comparé de manière systématique les données issues de nos terrains indiens et thaïlandais. Pour s'assurer de la saturation théorique des analyses, la Grounded Theory recommande d'avoir recours à un raisonnement de type hypothétique et contrefactuel. En suivant une telle démarche, nous avons été amenés à nous interroger sur « l'acceptabilité » de la mendicité. En comparant Nana et Gateway, nous avons logiquement cherché à savoir si l'on pouvait considérer que certaines formes de mendicités étaient moins préjudiciables que d'autres. Ne souhaitant pas orienter nos analyses en considérant la mendicité comme une activité condamnable a *priori*, nous avons également cherché à savoir s'il existait des formes de mendicité acceptables.

Notre analyse enracinée dans les données de terrain nous indique qu'il existe, tout du moins sur le plan théorique, des formes de mendicités que l'on pourrait considérer de supportables. Sur le plan théorique, nous qualifions de supportable une mendicité pouvant théoriquement contribuer au développement communautaire, à la protection et à l'émancipation des populations les plus défavorisées. Nous avons identifié 7 différents critères au regard desquels il est possible de considérer qu'une mendicité est supportable.

Une mendicité qui entraîne une plus-value

Le premier critère que nous identifions est celui de la plus-value. D'une manière objective, la mendicité supportable est celle qui se traduit par une amélioration des conditions matérielles des mendiants. Elle apporte une amélioration par rapport aux conditions de vie auxquelles peuvent normalement prétendre les personnes se trouvant dans une vulnérabilité extrême. Cette plus-value pourra également concerner la dimension sociale. Elle réduit alors les inégalités en permettant aux mendiants d'accéder à des positions sociales plus favorables. Certains travaux (Swanson, 2007a, 2008, 2010a, 2010 b) ont pu considérer la mendicité des enfants comme une « voie vers le progrès » lorsque les revenus engendrés permettent aux familles d'accéder à une plus grande mobilité sociale. La mendicité supportable est également celle qui va permettre aux familles d'accéder à une autonomie financière permettant de s'affranchir des statuts et des places qui sont généralement attribués aux personnes socioéconomiquement fragiles.

Une mendicité supportable consciente des générations futures

En prenant comme point d'ancrage le modèle du développement durable, nous pouvons considérer la mendicité supportable comme celle qui est soucieuse des générations futures (World Commission On Environment And Development, 1987). Cette prise en considération des générations futures a des implications à court et long terme. À long terme, la mendicité supportable est celle qui vise à ne pas être durable. En d'autres termes, l'objectif d'une mendicité supportable doit être de permettre aux générations futures de ne plus mendier. La mendicité supportable est donc celle qui s'oppose à toute logique héréditaire ou transgénérationnelle. À court terme, le mendiant exerçant une mendicité supportable doit avoir comme préoccupation de ne pas nuire aux autres mendiants. Il devra veiller à ne pas nuire à l'image de la mendicité. Des pratiques uniquement basées sur une mendicité agressive et qui auraient comme conséquence de nuire à la réputation d'un lieu sont ainsi contraires à la notion de mendicité supportable. La mendicité supportable sera donc davantage articulée autour de stratégies permettant d'établir une confiance entre donneurs et mendiants.

La mendicité supportable fait l'objet d'une reconnaissance au niveau local

La mendicité supportable va faire l'objet d'une reconnaissance locale. Elle va tout d'abord être reconnue ou tout du moins être tolérée par les différentes instances publiques locales. Dans certains cas de figure, la mendicité pourra s'intégrer au paysage économique local. Cette insertion locale pourra également se traduire par l'existence d'un réseau relationnel permettant de mobiliser des ressources locales.

La mendicité supportable s'exerce sans intermédiaires

La mendicité supportable est celle qui s'exerce sans intermédiaires. La mendicité supportable n'est donc pas une mendicité sous-traitée : on mendie pour soi, pour sa famille et non pas pour un patron, un chef spirituel, un réseau... Dans la même mesure, on peut considérer qu'une mendicité supportable est celle qui s'exerce avec une certaine transparence.

La mendicité supportable est celle qui garantit une sécurité minimale

La mendicité supportable est celle qui garantit un minimum de sécurité aux mendiants. Cette sécurité concerne aussi bien les dimensions physiques et matérielles que des dimensions psychologiques. Sur le plan psychologique, cette sécurité réside sur deux dimensions. D'un côté, les mendiants devront être en mesure de prévoir et de prédire les comportements des individus et des institutions. Cette sécurité psychologique implique également une capacité à mettre en œuvre des mendicités désincarnées. Nous entendons par désincarnation la capacité à faire reposer la mendicité sur une mise en scène et non pas sur une exposition directe du Soi – au sens psychologique du terme. La mise en scène offre une forme de protection pour les mendiants, car lorsque le passant refuse de donner, c'est la mise en scène qu'il refuse et non pas l'individu en lui-même.

La mendicité soutenable doit également garantir un sentiment de sécurité aux mendiants. Les niveaux de sécurité physique et matérielle sont intimement liés, elles influencent notamment la prise de risque. Les mendiants qui se trouveraient dans une position d'insécurité matérielle sont plus enclins à » adopter des comportements à risques que ceux dont la sécurité matérielle est garantie.

La mendicité supportable est une mendicité qui repose sur des compétences

Dans une société capitaliste, tous les individus voulant avoir accès aux profits doivent investir du temps et des efforts. D'après les théories marxistes traditionnelles, la valeur d'un bien équivaut à la somme de travail investi à sa production. Dans la mendicité, les rapports aux profits et au travail sont différents. Parfois, la mendicité offre un accès illimité au profit, car avec un très faible investissement, il est possible d'avoir accès aux gains. Lorsque la mendicité est élaborée, la donne est différente. La mendicité repose alors sur un ensemble de compétences et de savoir-faire. Ces deux configurations extrêmes vont donner lieu à des différences que l'on pourrait qualifier de « maîtrise » de la mendicité. Lorsque la mendicité est peu élaborée, le don du passant relèvera généralement du hasard ; les mendiants ne disposent pas réellement d'une maîtrise sur le don qui dépend du bon vouloir des passants. Dans le cas de figure inverse, on peut considérer qu'une mendicité élaborée qui dépend d'un savoir-faire implique un certain nombre de compétences qui permettent de s'assurer de dons réguliers, on parlera donc de mendicité maîtrisée. Cette maîtrise de la mendicité est donc un enjeu pour une mendicité supportable.

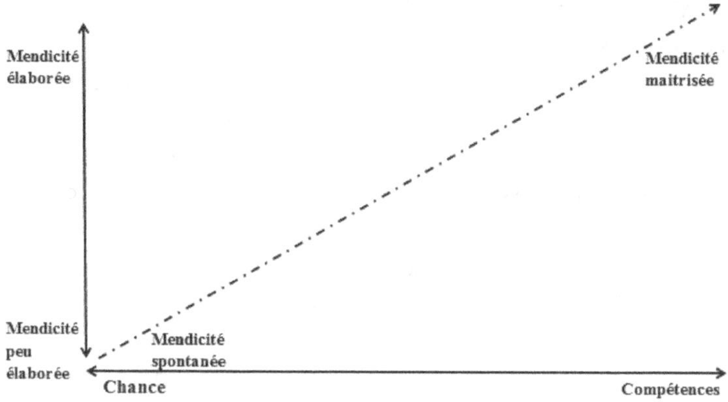

Figure 9 : Mendicité maîtrisée

La mendicité supportable est socialement, juridiquement et subjectivement acceptée

La mendicité supportable est socialement acceptée. Elle ne fera pas l'objet d'une condamnation définitive à partir d'opinions et de préjugés. Les mendiants ne sont ni méprisés, ni visés par des d'attitudes négatives pouvant leur porter préjudice. Ils ne feront pas l'objet de dénis de droits légitimes ou d'obstacles à l'insertion. Sur le plan juridique, la mendicité soutenable ne fera pas l'objet d'une condamnation pénale. En effet, dans certains pays, mendier est un crime et une telle configuration n'est pas compatible avec l'idée d'une mendicité soutenable. Sur le plan subjectif, la mendicité supportable devra préserver le Soi et l'image. Elle ne devra pas se traduire par une dégradation de dimensions telles que l'estime de soi ou la confiance. Cette mendicité sera ainsi parfaitement compatible avec d'autres aspirations sociales que celles liées à la mendicité. Elle pourra également mener à des niveaux de satisfaction personnelle.

Qu'en est-il de nos terrains ?

La plus-value

Dans les cas indiens et thaïlandais, la mendicité va contribuer à accroître les revenus des familles. Comme nous l'avons précédemment démontré, les revenus engendrés par la mendicité sont supérieurs aux salaires minimums. Les familles que nous avons étudiées appartiennent à des groupes qui se trouvent au bas des échelles sociales de leurs pays respectifs. L'Inde et le Cambodge sont des pays dans lesquels les systèmes éducatifs et les opportunités professionnelles pour les individus émanant des classes les plus faibles sur le plan économique et social sont assez limités. En faisant le choix de vivre dans un bidonville ou dans une campagne fortement paupérisée, les familles que nous avons étudiées seraient assignées à des emplois faiblement rémunérés qui leur permettent d'avoir uniquement assez d'argent pour survivre. Dans de tels contextes, la scolarité est également souvent aléatoire. Rares sont les enfants qui terminent l'ensemble de la scolarité primaire (Mali, Devendra, & Manaspure, 2012). Des études portant sur des populations vulnérables ont pu démontrer que les individus faisant le choix d'une carrière de rue pouvaient accéder à de plus grandes ressources économiques et alimentaires que ceux faisant le choix de rester dans des zones rurales pauvres ou les bidonvilles (Gross et coll., 1996 ; Panter-Brick & Todd, 1996) et que ceux faisant le choix d'activités salariales faiblement rémunérées (Wright et coll., 1993). De telles conclusions semblent cadrer avec nos observations. Nous pensons également que l'exposition au tourisme international peut-être une ressource pour ces enfants qui deviendront adultes dans un monde globalisé.

Si nous considérons qu'il est important de ne pas tomber dans une diabolisation de la mendicité, il faut également veiller à ne pas angéliser la situation. Le mode de vie des mendiants demande un certain nombre d'efforts et de sacrifices. Dans la situation indienne, la mendicité est synonyme d'une vie de sans-abri. En choisissant la mendicité, la communauté renonce à un certain nombre de conforts primaires tels que l'accès à l'eau ou un logement fixe. Ce mode de vie va également exposer la communauté entière à des maladies que l'on est plus susceptible d'attraper lorsqu'on vit sur l'espace public, telles que le paludisme ou la malaria. La mendicité auprès des touristes va exonérer du statut de mendiant traditionnel, mais il ne va pas pour autant mettre fin à la discrimination et à la stigmatisation de la communauté. Les individus passent d'un statut de mendiant à celui de malhonnête.

À Nana, la mendicité va également exiger un mode de vie difficile. Les enfants se trouvent dans l'espace public de 18 h à 7 h du matin. Ce rythme de vie décalé entraîne sûrement un certain nombre de conséquences sur le plan physique, car les rythmes chronobiologiques des enfants ne semblent pas être respectés. Les enfants sont également exposés à un ensemble de comportements pouvant paraître difficilement compatibles avec l'enfance. Leur exposition précoce à la sexualité mériterait de faire l'objet d'une étude poussée sur le plan clinique.

Dans les deux cas de figure, la mendicité semble difficilement compatible avec la scolarité. Les enfants sont au centre de la mendicité et l'économie familiale repose sur leur contribution.

Générations futures

La question qui nous paraît cruciale est de savoir comment les ressources financières issues de la mendicité des enfants sont réinvesties par les familles. Nous ne sommes pas dans la capacité de répondre à cette question. Il paraît difficile de nous engager dans une analyse projective en nous prononçant sur le devenir des enfants. Nous savons tout de même que dans nos deux terrains, les enfants ne sont pas scolarisés ce qui paraît être un frein pour une future insertion professionnelle et sociale. Dans notre terrain thaïlandais, on peut être amené à penser que les compétences linguistiques acquises par les enfants pourront leur permettre de s'insérer professionnellement dans d'autres activités que la mendicité. Le chercheur optimiste peut être amené à penser que les revenus de la mendicité seront réinvestis dans les activités permettant aux familles de s'insérer socialement. On pourrait ainsi considérer que les enfants que nous avons étudiés forment une « génération sacrifiée » s'étant spécialisée dans des formes de mendicités lucratives pour le bien-être futur de leurs familles.

Intermédiaires

Nous constatons que dans nos deux terrains, la mendicité s'exerce sans intermédiaires. Les communautés bénéficient directement des revenus générés par la mendicité. On peut tout de même constater que dans nos deux terrains, les populations mendiantes doivent s'acquitter d'un droit d'exercice auprès de la police.

Sécurité

Dans la configuration indienne, la communauté ne se trouve pas réellement dans une situation de sécurité. Comme nous l'avons précédemment indiqué, l'espérance de vie est particulièrement faible pour les hommes de la communauté. En choisissant de mendier, les individus et la communauté de Solapour s'exposent à un certain nombre de maladies tropicales. Les mendiants en Thaïlande quant à eux disposent d'un niveau de sécurité satisfaisant. Ils sont à la fois protégés par des connaissances locales bienveillantes, mais également par la police qui leur permet d'exercer en échange d'une contrepartie financière. Sur le plan psychologique, il est possible de considérer que les mendiants à Nana parviennent à mieux se désincarner de la mendicité que les mendiants à Gateway. Dans les deux cas de figure, les mendiants vont disposer d'une soupape de sécurité qui leur est offerte par les différents rôles qu'ils incarnent. Cependant, la mise à distanciation du rôle semble être restreinte dans la configuration indienne.

En puisant dans la thématique de la mise en scène, il serait possible de considérer que sur le terrain indien se joue une pièce autobiographique dans laquelle les mendiants vont jouer leur propre rôle. Le public est ainsi un public voyeur qui exige un spectacle authentique. Dans le cas de figure thaïlandais, il s'agit au contraire d'une comédie burlesque dans laquelle les acteurs auront une tendance à surjouer afin de divertir le public. Ce public a la particularité de participer au spectacle ambulant.

Reconnaissance locale

Comme les résultats de notre enquête quantitative l'indiquent, la mendicité est moins bien perçue à Gateway qu'à Nana. Dans la configuration thaïlandaise, la mendicité est intégrée au tissu économique local et ne va pas faire l'objet d'une stigmatisation. La plupart des emplois s'exerçant à Nana font l'objet d'une forte stigmatisation sociale. La prostitution, la vente d'objets pornographiques, les massages ou la mendicité sont des emplois qui ont mauvaise presse. Cependant, à Nana ces activités sont normales et l'on ne constate pas de stigmatisation basée sur la nature des activités professionnelles exercées.

À Nana, les mendiants se retrouvent dans une position assez exceptionnelle dans laquelle ils vont être amenés à stigmatiser les touristes donneurs. Les mendiants vont en effet percevoir les touristes comme des individus déviants sur le plan sexuel. Cela est particulièrement le cas lorsqu'ils se rendent à Nana en vue d'avoir des relations sexuelles avec des transsexuels. La consommation excessive d'alcool sera également perçue comme une déviance. Plus généralement, ce sont leurs comportements sur l'espace public qui seront perçus comme étant inappropriés. Un bon nombre de touristes se trouvent en décalage par rapport aux normes sociales thaïlandaises. Leur comportement sur l'espace public et leur rapport à la sexualité sont en décalage avec les normes que l'on peut retrouver en dehors du quartier. Notre recherche diffère de celle de Roux qui considère que dans les espaces dédiés à la prostitution, on constate une disparition des valeurs morales (p.126). D'après nos constats, cette suspension des valeurs morales concerne uniquement les individus personnellement engagés dans des activités sexuelles. D'après nos observations, nous pensons que les personnes n'exerçant pas directement dans les activités sexuelles conservent leurs propres normes sociales qui sont en décalage avec celles du quartier dans lequel ils travaillent. Les prostituées et leurs clients font ainsi l'objet d'une stigmatisation de la part des mendiants et des personnes n'exerçant pas dans des activités sexuelles.

Maîtrise de la mendicité

Si dans nos deux terrains nous avons pu constater des formes de mendicités élaborées, les revenus sont tout du moins aléatoires. Les mendicités sont le plus souvent adaptées aux différents publics ce qui est le signe d'un savoir-faire mendiant. Les mendiants thaïlandais se démarquent tout de même de leurs compères indiens. Ils font tout d'abord preuve d'une plus grande diversité dans leurs approches de la mendicité. Ils vont également faire preuve d'une plus grande régularité dans leurs revenus.

Acceptation de la mendicité

Sur le plan juridique, la mendicité est aussi bien interdite en Inde qu'en Thaïlande. On ne saurait donc évoquer une mendicité supportable.

Sur le plan social, des formes de mendicités traditionnelles socialement acceptées existent dans les deux cas de figure. La légitimité de ces mendicités traditionnelles est d'ordre religieux. La mendicité auprès des touristes internationaux, qui est désacralisée, ne va pas bénéficier d'une telle légitimité. Au-delà de l'environnement local immédiat, ces nouvelles mendicités ne vont pas réellement faire l'objet d'une acceptation sociale.

Sur le plan de l'acceptation subjective, les configurations indiennes et thaïlandaises méritent d'être distinguées. En Inde, les individus de la communauté de Solapour sont engagés dans la mendicité depuis plusieurs centaines d'années. La mendicité correspond à une activité exercée par leur caste. Elle est exercée avec une certaine résignation, il s'agit pour eux d'une activité familiale. Dans la configuration thaïlandaise, la mendicité de migrants khmers est une activité plus récente. La mendicité ne correspond donc pas à un choix empreint de tradition, mais répond au contraire à une logique purement économique.

Après avoir évoqué le modèle de la mendicité supportable, nous allons désormais nous pencher sur notre deuxième modélisation théorique que nous avons identifiée comme celle de la transition de la mendicité face au tourisme international.

LA TRANSITION DE LA MENDICITÉ FACE AU TOURISME INTERNATIONAL

Dans la poursuite de notre objectif de conceptualisation, nous allons désormais présenter notre deuxième modèle théorique. Cette modélisation est fondamentale, car elle introduit l'idée d'une mendicité pédocentrée, les enfants devenant une variable d'ajustement de la mendicité face au tourisme international. Dans nos deux terrains, nous avons pu constater que la mendicité pouvait fortement évoluer au contact du tourisme international. Nous avons fait le choix d'essayer de modéliser ces évolutions dans un schéma que nous identifierons comme celui de la « transition de la mendicité face au tourisme international ». Bien qu'elle soit enracinée dans nos données de terrains, cette théorisation s'applique à l'ensemble des mendicités spécialisées dans le tourisme international.

Ce schéma de la transition de la mendicité s'articule autour de quatre différentes phases.

La mendicité traditionnelle

La première phase identifiée est celle de la de mendicité traditionnelle. La mendicité est alors essentiellement tournée vers la population locale et fait l'objet d'une acceptation sociale. Cette mendicité s'inscrit le plus souvent dans un registre religieux ce qui explique souvent qu'elle soit tolérée par les populations locales. Dans certains cas de figure, cette mendicité traditionnelle peut avoir une utilité sociale, le don aux mendiants peut être valorisé. Cette mendicité traditionnelle est construite autour de la mise en scène d'une mendicité primaire. La mendicité est perçue comme légitime, car elle symbolise la solidarité avec les populations les plus vulnérables, il s'agit de permettre à ces derniers de se nourrir et se vêtir. La mendicité mettra donc en scène un état de vulnérabilité. Dans certaines sociétés, cette mendicité prendra des formes spectaculaires. L'état de pauvreté et de vulnérabilité des mendiants n'est alors pas suggéré de manière implicite, mais il est au contraire explicitement mis en avant. Ces formes de mendicités ne conviennent pas aux touristes internationaux occidentaux. Sur le plan formel, ces mendicités sont perçues par ces touristes comme étant trop violentes. Pour les touristes internationaux, les formes de mendicités traditionnelles destinées aux populations locales pourront se traduire par un sentiment d'indignement qui n'est réellement propice au don.

La confrontation

La confrontation fait référence à la situation dans laquelle les populations mendiantes vont être amenées à être à la fois confrontées à la population locale et aux touristes internationaux. Dans cette phase de confrontation, les mendiants chercheront dans un premier temps à mendier auprès des deux publics. Il s'agira alors d'essayer d'intégrer les touristes dans les schémas traditionnels de mendicité. Lors de cette phase, les mendiants découvrent qu'il n'est pas facile de concilier la mendicité vis-à-vis de ces deux publics. La confrontation au tourisme ne se traduit pas automatiquement par une mendicité auprès des touristes. Seul un certain nombre de mendiants parviendront à être efficaces auprès des touristes internationaux. Certains choisiront de ne pas changer leurs modes de mendicité et préféreront mendier auprès des populations locales. D'autres parviendront à accroître leurs revenus en mendiant auprès des touristes internationaux. Les mendiants faisant le choix de se spécialiser auprès des touristes internationaux et qui parviennent à augmenter leurs revenus de manière significative ne sont plus considérés comme une population vulnérable ayant besoin d'une aide. Ils perdent leur légitimité à mendier auprès de la population locale.

L'ajustement : l'enfance comme variable d'ajustement

La troisième phase de la transition est qualifiée d'ajustement. Il s'agit alors d'ajuster les formes de mendicité pour mieux cadrer avec les attentes des touristes. Les mendiants chercheront à adopter des stratégies pouvant attirer les touristes internationaux et les amener vers le don. Ces stratégies varient d'un terrain à un autre. Elles reposeront aussi bien sur des actions (ex. : mise en avance de compétences linguistiques, artistiques…) que sur des images (ex. : mise en scène du physique, de la tenue vestimentaire…). Cet ajustement passe souvent par la mise en avant des enfants qui peuvent plus facilement rentrer dans les interactions avec les touristes que les adultes. Les enfants vont donc en quelque sorte servir de variable d'ajustement. Dans ces nouvelles formes de mendicité, les enfants peuvent ainsi être mis au premier rang alors que dans les formes traditionnelles de mendicité, leur rôle est secondaire. Cette mendicité « pédocentrée » pourra également se traduire par la destitution de mendiants adultes qui ne peuvent exercer leurs activités traditionnelles.

L'adaptation

La dernière phase de la transition de la mendicité est celle de l'adaptation. Dans cette ultime phase, les nouvelles formes de mendicité se standardisent. Pour se faire une idée de l'intégration de ces nouvelles formes de mendicités, il convient d'analyser son acceptation dans son environnement local. Dans certains cas de figure, cette mendicité est perçue comme une perturbation qui nuit à l'activité touristique et à l'image du pays. Elle peut être perçue comme une forme de concurrence par rapport aux autres activités destinées au tourisme. Dans d'autres cas, la mendicité sera réhabilitée. La mendicité est alors perçue comme une activité légitime par la population locale qui n'est plus la cible de la mendicité. La mendicité est alors perçue comme une activité touristique quelconque qui ne se distingue pas des autres activités cherchant à profiter de devises étrangères.

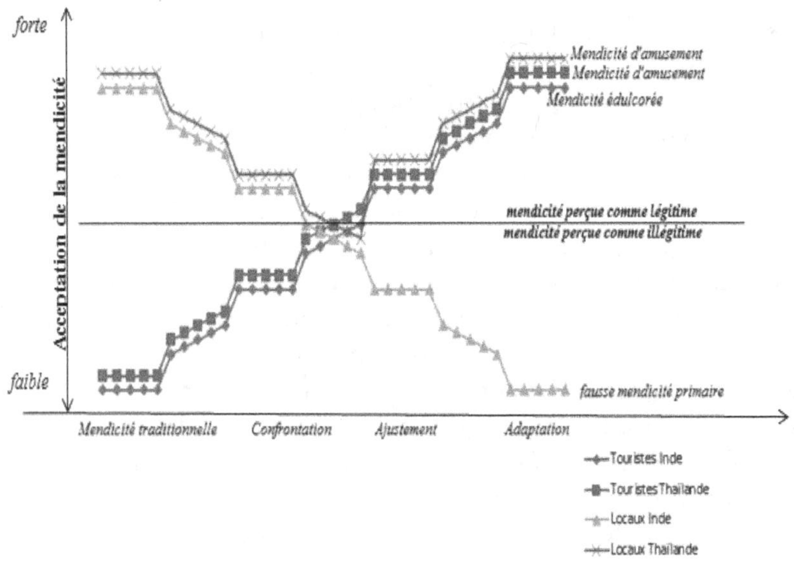

Figure 10 : Transition de la mendicité

Nous observons que les formes traditionnelles de mendicité sont acceptées par les populations locales. Il s'agit de mendicités qui trouvent une légitimité sur le plan religieux. Ces formes de mendicités traditionnelles, qui reposent sur une politique de mendicité primaire, ne sont pas appropriées pour les touristes occidentaux, car elles sont perçues comme étant trop violentes.

Lors de la phase de confrontation, nous nous apercevons que dans nos deux terrains, les mendiants vont faire le choix de se spécialiser dans une mendicité destinée aux touristes. Dans cette phase de confrontation, la mendicité auprès de la population locale va perdre de sa légitimité.

Dans la phase d'ajustement, cette spécialisation envers les touristes internationaux se confirme. Dans les deux terrains, les nouvelles mendicités reposent sur la participation d'enfants qui peuvent facilement rentrer en contact avec les touristes. Lors de cette phase d'ajustement, nous constatons pour le terrain indien que la perte de légitimité auprès de la population locale se confirme. Dans le terrain thaïlandais, la donne est inversée, car la mendicité contribue à l'animation touristique globale.

Dans la phase d'adaptation, nous constatons que les terrains indiens et thaïlandais sont contrastés. En Thaïlande, la tendance observée lors de la phase d'ajustement se confirme. La mendicité est en quelque sorte réhabilitée. Elle ne cible plus la population locale, mais elle est perçue par ces derniers comme une activité dont l'exercice auprès des touristes est légitime. Cette situation contraste avec ce qui est observé en Inde. À Gateway, la mendicité a perdu toute sa légitimité auprès de la population locale. Elle est perçue comme une activité malhonnête préjudiciable à l'image de l'Inde.

LA PÉDODÉTERRITORIALISATION DE LA MENDICITÉ

Cette dernière partie sera consacrée au concept final de notre recherche que nous avons intitulé la pédodéterritorialisation de la mendicité. Ce concept final doit être perçu comme l'aboutissement de notre travail de conceptualisation ; il s'agit en d'autres termes du scénario central de cet ouvrage venant donner sens à l'ensemble de nos analyses. Le concept de pédodéterritorialisation incarne la thèse de cet ouvrage qui illustre portant sur cette configuration particulière dans laquelle les enfants mendiants se spécialisent dans le tourisme international. Ce concept repose sur l'idée que la mendicité relève d'une mise en scène. D'après Lankeneau (1999a), l'interaction entre les mendiants et les passants repose sur une relation de type théâtral dans laquelle les mendiants sont acteurs et les passants spectateurs. L'objectif des mendiants est de captiver le public. L'objectif des mendiants est alors de proposer une mise en scène pouvant rompre avec la routine de passants blasés (Simmel, 1971) qui ne prêtent plus attention à leur environnement immédiat. Dans la configuration touristique, la donne est différente. Contrairement à la foule urbaine des grandes villes, les touristes ne sont pas blasés par leur environnement, mais ils sont au contraire enthousiasmés et stimulés par ce milieu touristique fortement chargé sur le plan imaginaire (Amirou, 2012). Ils sont également psychologiquement prêts à dépenser de l'argent (Goyal, 2005). On peut ainsi considérer que la configuration touristique est un terrain « idéal » pour la mendicité. Dans les contextes internationaux que nous avons étudiés, l'enjeu des mendiants sera de proposer un scénario pouvant captiver un public international. Notre travail ethnographique nous révèle que c'est autour de l'enfance que seront construits ces nouveaux répertoires de mendicités. Dans cette rencontre entre la mendicité et le tourisme international, les enfants deviennent une variable d'ajustement de la mendicité. Les enfants vont occuper une place centrale, car c'est sur eux que repose le lien avec les touristes. Les touristes se sentent capables de communiquer avec les enfants sans trop de difficultés. Dans le cas de figure indien, ce sont les enfants qui brisent la glace avec les touristes. En plus d'être une source de revenus, la mendicité des enfants va permettre aux adultes de s'engager dans des formes de mendicités plus élaborées. L'enfant incarne une image créative et colorée de la pauvreté, ce qui constitue une véritable attraction touristique pour des touristes assoiffés d'authenticité. Dans le cas de figure thaïlandais, l'enfant amuse et contribue à l'animation touristique globale. Sa présence nocturne sur un espace public dédié à la prostitution et sa capacité à pouvoir s'exprimer dans plusieurs langues, constitue en soi une attraction pour des touristes en quête d'amusement.

Dans les terrains étudiés, l'enfance ici peut être perçue comme une « fable » universelle pouvant captiver un public international hétérogène. Ces enfances se prêtent parfaitement à la théâtralisation, car elles sont fortement chargées sur le plan émotionnel (Burman, 1994, 2001, 2012). Lorsque la mendicité est réalisée par des enfants, elle sera évaluée au regard des normes sociales liées à l'enfance. Une mendicité destinée aux touristes occidentaux sera donc évaluée au regard des normes sociales occidentales de l'enfance. Les mendiants devront proposer une mendicité cadrant avec cette conception de l'enfance. Comme nous l'avons démontré dans notre partie descriptive, il s'agira pour les enfants de construire une mise en scène locale qui correspond aux attentes des touristes vivant à des milliers de kilomètres. Nous nous trouvons donc dans une situation de déterritorialisation dans laquelle les enfances indiennes et thaïlandaises sont déclassées et libérées de leurs définitions habituelles (Deleuze & Guattari, 1973) pour être appréhendées selon des normes occidentales. La déterritorialisation que nous étudions concerne l'enfance, nous pouvons donc parler de « pédodéterritorialisation ». Ce néologisme fait référence à la situation dans laquelle l'enfance, définie ici comme une construction sociale, va s'affranchir de sa définition habituelle dans un mouvement créatif en trouvant une réaffectation dans un nouveau territoire. Ce territoire, qui n'est pas uniquement géographique, va connaître un processus de reterritorialisation qui définira les nouveaux contours de l'enfance.

L'image et l'imaginaire sont fondamentaux dans les processus de déterritorialisation (Appadurai, 1996 ; Ianni, 1998 ; Tomlinson, 1999). En puisant dans cet imaginaire, le processus de pédodéterritorialisation va créer un espace de négociations et de conflits symboliques dans lequel de nouvelles formes de mendicité vont se définir autour de l'image occidentale de l'enfance. Le touriste international va exiger que les nouveaux répertoires de mendicité ne se trouvent pas en contradiction avec sa vision de l'enfance idéale. Les enfants devront produire les preuves que dans leur contexte, ils aspirent d'une part à cette même notion d'enfance idéale et que d'autre part, ils sont en mesure d'atteindre certains objectifs de cette enfance idéale. L'objectif des mendiants est donc d'afficher une certaine normalité pour montrer qu'un éventuel don n'aurait pas d'effets catastrophiques.

Dans le cas thaïlandais, bien que l'interaction entre le touriste et le mendiant soit libérée de toute moralité, elle n'est pas pour autant affranchie des valeurs occidentales. Si l'on devait utiliser le vocabulaire des institutions internationales, on pourrait dire que les enfants vont faire preuve d'une mise en conformité avec le droit à l'éducation. Lorsque les enfants interpellent les touristes en anglais, ils seront considérés comme étant dignes d'un don, car ils mettent en avant un savoir valorisé par l'école, à savoir la maîtrise de langues étrangères. Leur mendicité d'amusement est valorisée par le touriste, car elle indique l'existence d'une intelligence sociale. Ces enfants sont perçus comme intelligents au regard des critères occidentaux, ils méritent donc de recevoir les dons. Le processus de reterritorialisation peut alors être considéré comme souple. Une marge de manœuvre assez importante est offerte aux mendiants, qui peuvent exposer leur intelligence de plusieurs façons. Cette reterritorialisation est propice à la créativité et se traduit par une polyvalence dans les formes de mendicité. Dans la configuration indienne, les enfants disposent d'une marge de manœuvre assez réduite lors de la reterritorialisation. Pour les enfants mendiants à Gateway, « leur mise en conformité » avec le modèle occidental ne se fera pas au regard d'une valorisation de l'intelligence. Il s'agira pour ces enfants de se conformer au principe que l'on retrouve en préambule de la Convention relative aux droits de l'enfant voulant que tout enfant puisse grandir dans un climat de bonheur, d'amour et de compréhension. L'approche « édulcorée » de la mendicité vise à démontrer aux touristes que les enfants mendiants sont pauvres, mais heureux. Le don devient ainsi acceptable, car dans le pire des cas, il contribue à maintenir l'enfant dans son bonheur.

La pédodéterritorialisation ne se limite pas à une simple stratégie de mendicité, ses implications sont plus profondes. La pédodéterritorialisation va relativiser le poids des interactions et des expériences locales. En adaptant leurs mendicités à un public occidental, les enfants vont être amenés à vivre sous l'influence d'expériences internationales. Les enfants devront parvenir à générer de la proximité avec des touristes internationaux et créer une distance avec leur environnement local. Cette mise à distanciation n'est pas forcément néfaste pour ces populations vulnérables qui occupent les positions sociales les plus basses. Les enfants vont à la fois réinterpréter et standardiser une nouvelle conception de l'enfance.

La pédodéterritorialisation n'est pas uniforme. La marge de manœuvre offerte pourra être fortement réduite. Dans notre terrain indien, le touriste occidental oriente fortement la déterritorialisation, car il souhaite voir des formes de mendicités traditionnelles et authentiques. Les touristes veulent voir du terroir et non pas de la déterritorialisation. Pour cadrer avec ces attentes, les mendiants s'engageront dans des formes de mendicités primaires édulcorées. En d'autres termes, à Gateway, la recette de la mendicité ne va pas réellement changer, elle sera simplement adoucie. Cette déterritorialisation est également remise en question au niveau local. La mendicité devient au contact du tourisme une activité fortement stigmatisée. Nous nous trouvons donc dans une configuration dans laquelle la pédodéterritorialisation est à la fois réprimée et réprimandée.

Les mendiants thaïlandais se trouvent quant à eux dans une situation inversée. Le tourisme est motivé par le sexe et non pas par la découverte d'un terroir authentique. Les touristes s'attendent à de la déterritorialisation. Ils souhaitent pouvoir se sentir chez eux dans un territoire étranger : les touristes occidentaux fréquentant Nana souhaitent parler leur langue, manger leur nourriture habituelle, regarder leurs programmes télé habituels… La pédodéterritorialisation est donc ici soutenue.

La pédodéterritorialisation s'inscrit dans le caractère dialectique de la mondialisation. On présente souvent la mondialisation comme un processus paradoxal, car d'un côté, il contribue à la diffusion et au partage, tandis que de l'autre, il exclut les personnes se trouvant dans les positions les plus vulnérables pour qui la mondialisation devient une source d'exclusion supplémentaire (Chossudovsky, 2003 ; Li, 2009 ; Palmer, 2010). Grâce à cette mendicité pédodéterritorialisée, les communautés ne sont pas reléguées au rang des exclus de la mondialisation. Ils parviennent à exploiter cette ressource touristique en levant un certain nombre d'obstacles. La pédodéterritorialisation sera à l'origine de nouvelles solidarités internationales qui permettent aux mendiants de s'affranchir des solidarités nationales et locales (étatiques, communautaires, religieuses…). On déroge également aux schémas classiques de solidarité internationale souvent caractérisés par un nombre important d'intermédiaires, la solidarité s'exerce ici de manière directe.

Dans la Grounded Theory, il est fréquent de juger de la qualité d'un concept central en appréciant son niveau d'abstraction et sa transférabilité. En ce qui nous concerne, nous pouvons préciser que le concept de pédodéterritorialisation trouve des applications au-delà de la mendicité. Comme nous avons pu l'évoquer dans notre revue de littérature, les politiques internationales de développement sont souvent construites autour d'un modèle occidental d'enfance idéale. On pourrait parler de pédodéterritorialisation lorsque des dispositifs construits autour d'une conception occidentale de l'enfance s'exportent. En nous référant aux polémiques juridiques soulevées dans notre partie consacrée à la littérature, on pourrait également considérer qu'une bonne partie des législations venant réguler le travail des enfants sont des mesures pédodéterritorialisées qui ne tiennent pas compte des configurations sociales, économiques et culturelles des pays en voie de développement.

Conclusion

On pourrait sans trop de difficultés considérer que la mendicité est une activité inappropriée pour des enfants. Les enfants qui mendient se trouvent sur un espace public auquel on associe bon nombre de dangers et exercent une activité lucrative. Une telle image de l'enfant peut être perçue comme une insulte à l'idée que nous faisons d'une enfance idéale. L'image de l'enfant mendiant se trouve aux antipodes de celle de l'enfant vivant dans les sociétés occidentales et dont le rôle est de suivre une scolarité. Au regard de cet idéal, l'enfant mendiant non scolarisé qui passe son temps sur l'espace public se trouve dans un état de déviance, il se situe en quelque sorte en dehors de l'enfance. La question de l'enfant mendiant renvoie donc directement à la question de l'universalité de l'enfance, elle est révélatrice d'une tension entre universalisme et relativisme. Nous avons donc pris le temps d'interroger cette dichotomie en nous positionnant dans une posture reconnaissant l'existence d'un universalisme modeste pouvant être articulé autour de la question de l'éducation et de la scolarisation. Une telle posture s'explique par le fait que c'est par l'éducation que l'on construit l'universel. Cette reconnaissance de l'importance de la scolarisation ne permet pas pour autant de condamner *a priori* ce qui semble s'écarter du modèle occidental (travail des enfants, mendicité des enfants…). Nous avons au contraire cherché à reconnaître la complexité du problème et ne pas nous engager dans une approche binaire, dans laquelle on serait amené à choisir entre la condamnation ou au contraire l'apologie de la mendicité. Il a été important pour nous d'articuler nos analyses de ces enfances particulières dans une approche critique se détachant de toute binarité ou émotivité.

Nous avons également cherché à nous inscrire dans une approche critique de la mendicité en nous détachant des analyses qui se contentent d'analyser la mendicité comme une activité économique lambda. Nous avons au contraire pris le soin de nous focaliser sur les spécificités de la mendicité. Il a été pour nous important de ne pas perdre de vue que la mendicité n'est pas une simple requête passive d'argent sur l'espace public, mais qu'elle est porteuse d'un message sur les fonctionnements et dysfonctionnements de société en tentant d'interpeller l'attention du public. Au même titre que la religion et la politique, ces messages peuvent avoir une portée sur la communauté et les comportements individuels. La mendicité, étant porteuse d'un message destiné à l'ensemble de la société, mérite d'être considérée comme une liberté fondamentale.

Après avoir cadré notre recherche sur le plan théorique, nous avons dans nos descriptions tenté de mettre à jour les différentes dynamiques territoriales en jeu dans nos deux terrains. En nous focalisant sur les opportunités économiques, nous avons pu démontrer qu'à Gateway la mendicité était une activité exercée par défaut. Les activités exercées sur place sont fortement réglementées et ne sont pas ouvertes aux membres de la communauté de Solapour. Nous avons décrit une situation inverse à Nana où la mendicité s'intègre parfaitement dans le paysage économique ; nous avons pu qualifier cette situation d'écovillage de la mendicité et de la prostitution. Dans notre approche ethnographique, nous avons découvert des formes de mendicités basées sur le harcèlement dans nos deux terrains. Au-delà de cette approche commune, les mendicités sont spécifiques à chaque terrain. En Inde, la mendicité repose essentiellement sur l'image d'une pauvreté positive. Les enfants s'engagent dans des formes de mendicité édulcorées et imagées dans lesquelles ils tentent de véhiculer l'idée qu'ils sont pauvres, mais heureux. Les formes de mendicités reposent donc sur l'image d'une vulnérabilité acceptable. Cette mendicité est caractérisée par une certaine passivité, ce sont les touristes qui font souvent la démarche de rentrer en contact avec les enfants qui incarnent à leurs yeux une image d'authenticité. Les enfants pauvres, mais heureux vont alors devenir un gage d'authenticité ; ils remplissent ainsi une véritable attente touristique. Dans le cas de figure thaïlandais, les mendicités sont basées sur des approches, plus actives ; elles seront parfois hyperactives. La mendicité a pour vocation d'amuser, elle contribue à l'animation globale de Nana qui est entièrement organisée autour du divertissement et de la récréation.

Dans notre approche quantitative, nous avons pu démontrer que la mendicité était mieux acceptée à Nana qu'à Gateway. Nos résultats indiquent que la mendicité a particulièrement mauvaise presse auprès de la population d'origine indienne. Les mendiants de la communauté de Solapour se trouvent dans une situation délicate, car leur mendicité est fortement stigmatisée par la population locale travaillant à Gateway. Cette population locale considère la mendicité comme un marketing déloyal. Dans ce territoire où les activités périphériques sont fortement concurrentielles, on perçoit les mendiants comme des concurrents déloyaux. D'après la population locale, les individus de la communauté de Solapour parviennent à s'attirer la sympathie des touristes internationaux tout en menant une vie déviante. Cette situation est mal perçue, car les mêmes touristes qui recherchent les interactions avec les populations mendiantes vont le plus souvent fuir les vendeurs ambulants. D'après la population locale, la mendicité des enfants va également être nuisible à l'image de l'Inde. La mendicité des enfants serait perçue à tort comme le signe d'une absence de solidarité dans la société indienne. Cette situation est injuste, car la mendicité serait en réalité une activité exercée par une communauté se plaçant volontairement dans une déviance et refusant toute aide nationale. La mendicité des enfants, qui indique par ailleurs une préférence pour l'étranger, devient alors une forme de traîtrise.

Après avoir traité de la question de l'acceptation de la mendicité, nous avons fait la démarche de la conceptualiser. Pour ce faire, nous avons dans un premier temps proposé une nouvelle définition de la mendicité reconnaissant au mendiant un véritable rôle actif dans la mendicité. Dans notre approche, nous distinguons les politiques, les stratégies et les techniques de mendicité. Une fois redéfini, notre objectif aura été de modéliser la mendicité. Le premier modèle théorique que nous avons dégagé s'intéresse à ce que pourrait être une forme de mendicité supportable. Notre objectif n'est nullement de faire l'apologie de la mendicité, mais il s'agit de dégager les critères d'une mendicité qui pourrait être acceptable sur le plan théorique. Nous avons identifié 7 différents critères au regard desquels il est possible de considérer qu'une mendicité est supportable. Le premier critère que nous identifions est celui de la plus-value. D'une manière objective, la mendicité supportable est celle qui se traduit par une amélioration des conditions matérielles des mendiants. En prenant comme point d'ancrage le modèle du développement durable, nous pouvons également considérer la mendicité supportable comme celle qui est soucieuse des générations futures. En d'autres termes, l'objectif d'une mendicité supportable doit être de permettre aux générations futures de ne plus mendier. La mendicité supportable doit également faire l'objet d'une reconnaissance locale. Elle sera reconnue ou tout du moins être tolérée par les différentes instances publiques locales. La mendicité supportable s'exerce sans intermédiaires, elle n'est pas sous-traitée. Cette mendicité doit également garantir un minimum de sécurité aux mendiants et reposer sur les compétences des mendiants. Finalement, la mendicité supportable est socialement acceptée. Elle ne fera pas l'objet d'une condamnation définitive à partir d'opinions et de préjugés. Les mendiants ne sont ni méprisés, ni la cible d'attitudes négatives pouvant leur porter préjudice.

Notre deuxième modèle est intitulé « modèle de la transition de la mendicité face au tourisme international ». Cette modélisation est fondamentale, car elle introduit l'idée d'une mendicité pédocentrée, les enfants devenant une variable d'ajustement de la mendicité face au tourisme international. Ce schéma de la transition de la mendicité s'articule autour de quatre différentes phases. Dans la première phase, identifiée comme celle de la mendicité traditionnelle, la mendicité est tournée vers la population locale et fait l'objet d'une acceptation sociale. La mendicité traditionnelle précède une phase de confrontation dans laquelle les mendiants sont à la fois confrontés à la population locale et aux touristes internationaux. Les mendiants chercheront dans un premier temps à mendier auprès des deux publics. Il s'agira alors d'essayer d'intégrer les touristes dans les schémas traditionnels de mendicité. Seuls les mendiants qui parviennent à faire preuve d'efficacité auprès des touristes internationaux se spécialiseront. Lorsque cette ressource touristique permet d'accroître leurs revenus des mendiants, ces derniers perdent leur statut de population vulnérable aux yeux de la population locale. Dans la troisième phase de la transition qualifiée d'ajustement, les mendiants modifient leurs approches de la mendicité afin de mieux cadrer avec les attentes des touristes. Cet ajustement passe souvent par la mise en avant des enfants qui peuvent plus facilement rentrer dans les interactions avec les touristes que les adultes. Les enfants vont servir de variable d'ajustement. Ils seront placés mis au premier rang alors que dans les formes traditionnelles de mendicité, leur rôle est secondaire. La dernière phase de la transition de la mendicité est celle de l'adaptation. Dans cette ultime phase, les nouvelles formes de mendicité se standardisent.

La dernière partie de cet ouvrage est consacrée au concept final de notre recherche que nous avons intitulé la pédodéterritorialisation de la mendicité. Dans les contextes internationaux que nous avons étudiés, l'enjeu des mendiants est de proposer un scénario pouvant captiver un public international. Notre travail ethnographique nous révèle que c'est autour de l'enfance que se construisent les nouveaux répertoires de mendicités. Dans cette rencontre entre la mendicité et le tourisme international, les enfants vont occuper une place centrale, car c'est sur eux que repose le lien avec les touristes. L'enfance est mise en scène dans la mendicité et devient une « fable » universelle pouvant captiver un public international hétérogène. Ces enfances « exotiques » se prêtent parfaitement à la théâtralisation exigée par la mendicité, car elles sont fortement chargées sur le plan émotionnel (Burman, 1994, 2001, 2012). La mendicité destinée aux touristes occidentaux est évaluée au regard des normes sociales occidentales de l'enfance. Les mendiants devront donc proposer une mendicité cadrant avec la conception occidentale de l'enfance. Les enfants vont construire une mise en scène locale qui correspond aux attentes des touristes vivant à des milliers de kilomètres. Nous nous trouvons donc dans une situation de déterritorialisation dans laquelle les enfances indiennes et thaïlandaises sont déclassées et libérées de leurs définitions habituelles pour être appréhendées selon des normes occidentales. La déterritorialisation que nous étudions concerne l'enfance, nous parlerons de « pédodéterritorialisation ». L'enfance va s'affranchir de sa définition habituelle dans un mouvement créatif en trouvant une réaffectation dans un nouveau territoire. Ce territoire, qui n'est pas uniquement géographique, va connaître un processus de reterritorialisation qui définira les nouveaux contours de l'enfance. Le touriste international va exiger que les nouveaux répertoires de mendicité ne se trouvent pas en contradiction avec sa vision de l'enfance idéale. Les enfants devront produire les preuves que dans leur contexte, ils aspirent d'une part à cette même notion d'enfance idéale et d'autre part, ils sont en mesure d'atteindre certains objectifs de cette enfance idéale. L'objectif des mendiants est donc d'afficher une certaine normalité pour montrer qu'un éventuel don n'aurait pas d'effets catastrophiques ; il s'agit pour eux de se pédodéterritorialiser.

La pédodéterritorialisation va relativiser le poids des interactions et des expériences locales. En adaptant leurs mendicités à un public occidental, les enfants vont être amenés à vivre sous l'influence d'expériences internationales. Les enfants devront parvenir à générer de la proximité avec des touristes internationaux et créer une distance avec leur environnement local. Cette pédodéterritorialisation s'inscrit dans le caractère dialectique de la mondialisation. Les communautés de mendiants ne sont pas reléguées au rang des exclus de la mondialisation. Ils parviennent à exploiter cette ressource touristique en levant un certain nombre d'obstacles. Cependant, ils peuvent perdre le bénéfice de solidarités locales. Si les mendiants parviennent à se détacher des images assignées par la population locale, ils ne se détachent pas pour autant de l'image d'une population vulnérable. Ils ne sont plus perçus par leur environnement local comme des mendiants, mais deviennent les mendiants du monde.

Bibliographie

Abebe, T. (2008). Earning a living on the margins : Begging, street work and the socio-spatial experiences of children in Addis Ababa. *Human Geography*, 90(3), 271–284.

Acioly-Régnier, N. M., & Régnier, J.-C. (2005). Repérage d'obstacles didactiques et socioculturels au travers de l'ASI des données issues d'un questionnaire. *Troisième Rencontre Internationale A.S.I.* Palerme : Analyse Statistique Implicative.

Adiaenssens, S. (2007). *La mendicité interrogée.* Bruxelles : Fonds spécial de la recherche de la KU Brussel.

Adler, P. (1985). *Wheeling and dealing : an ethnography of an upper-level drug dealing and smuggling community.* New York : Columbia University Press.

Agar, M. (1986). *Speaking of ethnography.* Beverly Hills : Sage Publications.

Airault, R. (2000). *Fous de l'Inde : Délires d'Occidentaux et sentiment océanique.* Paris : Payot.

Alderman, H., & King, E. (1998). Gender Differences in Parental Investment in Education. *Structural Change and Economic Dynamics*, 9, 453–468.

Alderson, P. (1995). *Listening to children : children, ethics, and social research.* Ilford: Barnardos.

Aldiabat, K., & Le Navenec, C.-L. (2011). Clarification of the Blurred Boundaries between Grounded Theory and Ethnography: Differences and Similarities. *Turkish Online Journal of Qualitative Inquiry*, 2(3).

Amirou, R. (2012). *L'imaginaire touristique.* Paris : CNRS Editions.

Amnesty-International. (1990). *Brazil : Torture and extrajudicial execution in urban Brazil.* London : Amnesty International.

Anadón, M. (2006). La recherche dite « qualitative » : de la dynamique de son évolution aux acquis indéniables et aux questionnements présents. *Recherches Qualitatitives*, 26(1), 5–31.

Anderson, E. (1990). *Streetwise.* Chicago : University of Chicago Press.

Anderson, L., Snow, D. A., & Cress, D. (1994). Neogtiating the public realm : Stigma mangment and collective action among the homeless. *Research in Community Sociology*, 1, 121_143.

Anderson, N. (1923). *The Hobo.* Chicago : Univ. Pr.

Aneci Rosa, C. S., Borba, E. S., & Ebrahim, G. J. (1992). The street children of Recife: a study of their background. *Journal Of Tropical Pediatrics*, 38(1), 34–40. Retrieved from http://search.ebscohost.com/login.aspx?direct=true&db=cmedm&AN=1573691&lang=fr&site=ehost-live

Anker, R. (2000). *Conceptual and Research Frameworks for the Economics of Child labour and its Elimination.* Genève : ILO/IPEC.

Annells, M. (1997). Grounded theory method, Part I: Within the five moments of qualitative research. *Nursing Inquiry*, 4(2), 120–129.

Anspach, R. (1993). *Deciding who lives : fateful choices in the intensive-care nursery.* Berkeley : University of California Press.

Appadurai, A. (1990). disjonction et Différence dans l'économie culturelle mondiale ». In M. Featherstone (Ed.), *Global Culture* (pp. 295–310). London : Sage.

Appadurai, A. (1996). *Modernity at large : Cultural dimensions of globalization* (Vol. 1). Minnesota : University of Minnesota Press.

Aptekar, L. (1988a). Street children of Colombia. *The Journal of Early Adolescence*, 8(3), 225–241.

Aptekar, L. (1988 b). Colombian street children: Their mental health and how they can be served. *International Journal of Mental Health*, 17(3), 81–104.

Aptekar, L., & Abebe, B. (1997). Conflict in the neighborhood: Street and working children in the public space. *Childhood : A Global Journal of Child Research*, 4(4), 477–490.

Ariès, P. (1960). *L'enfant et la vie familiale sous l'ancien regime.* Paris : Plon.

Askew, M. (2002). *Bangkok, place, practice and representation.* New York : Routledge.

Atkinson, P., & Coffey, A. (2003). Revisiting the Relationship Between Participant Observation and Interviewing. In J. F. Gubrium & J. A. Holstein (Eds.), *Handbook of interview research Context and method* (pp. 801–814). Sage Publications. Retrieved from http://srmo.sagepub.com/view/postmodern-interviewing_enhanced_v2/n6.xml

Atkinson, P., & Silverman, D. (1997). Kundera's Immortality : The Interview Society and the Invention of the Self . *Qualitative Inquiry* , 3 (3), 304–325. Retrieved from http://qix.sagepub.com/content/3/3/304.abstract

Axelrod, R. (1996). *Comment réussir dans un monde d'égoïstes : Théorie du comportement coopératif.* Paris : Odile Jacob.

Baker, D. J. (2009a). A Critical Evaluation of the Historical and Contemporary Justifications for Criminalising Begging. *Journal of Criminal Law*, 73(3), 212–240. doi:10.1350/jcla.2009.73.3.570

Baker, D. J. (2009 b). A Critical Evaluation of the Historical and Contemporary Justifications for Criminalising Begging. *Journal of Criminal Law*, 73(3), 212–240. doi:10.1350/jcla.2009.73.3.570

Baker, R. (2000). The Importance of Being Connected Perspectives from Nepali Street Children. *Cultural Survival Quarterly*, 24(2), 49–51.

Baland, J.-M., & Robinson, J. A. (2000). Is child labor inefficient? *Journal of political economy*, 108(4), 663–679. Retrieved from
http://search.ebscohost.com/login.aspx?direct=true&db=ioh &AN=2015409&lang=fr&site=ehost-live

Ballet, J., Bhukuth, A., Rakotonirinjanahary, F., & Rakotonirinjanahary, M. (2010). Les enfants mendiants à Antananarivo : quelles logiques familiales sont à l'œuvre ? *Population*, 65(4), 801–819.

Bamisaiye, A. (1974). Begging in Ibadan, Southern Nigeria. *Human Organization*, 33(2), 197. Retrieved from http://search.ebscohost.com/login.aspx?direct=true&db=hia&AN=5155674&lang=fr&site=ehost-live

Banks, M. (2007). *Using Visual Data in Qualitative Research. Qualitative Research Kit*. London : Sage.

Barbier, J.-C., & Letablier, M.-T. (2007). *Politiques sociales : enjeux méthodologiques et épistémologiques des comparaisons internationales*. Bruxelles : Peter Lang.

Barbier, P.-Y., & LeGresley, A. (2011). Pour faciliter la gestion de la validité interne de l'argumentation à l'occasion du processus décisionnel jalonnant le parcours de recherche et d'écriture. *Recherches qualitatives*, 11(Hors Série), 24–39.

Bass, L. E. (2004). *Child labor in Sub-Saharan Africa*. Boulder : Lynne Rienner.

Basu, K., & Van, P. H. (1998). The Economic of Child Labour. *American Economic Review*, 3, 412–127.

Bauman, Z. (1998). *Globalization : the human consequences*. New York : Columbia University Press.

Baumohl, J. (2004). Panhandling. (D. Levinson, Ed.)*Encyclopedia of Homelessness*. London : Sage.

Beaud, S., & Weber, F. (2003). *Guide de l'enquête de terrain : produire et analyser des données ethnographiques*. Paris : La Découverte.

Becker, H. (1963). *Outsiders ; studies in the sociology of deviance*. London : Free Press.

Becker, H. (1970). *Sociological work*. Chicago : Aldine Pub. Co.

Becker, H., & Geer, B. (1957). Participant observation and interviewing: a comparison. (G. McCall & J. L. Simmons, Eds.)*Human Organization*, 16(3), 28–32. Retrieved from http://www.metapress.com/content/K687822132323013

Berthier, P. (1996). *L'ethnographie de l'Ecole : Eloge critique*. Paris : Anthropos.

Bhalotra, S. (2000). *Is Child labour Necessary?* Cambridge : University of Cambridge.

BIT. (1993). Rapport de la Conférence, Rapport pour la XVème Conférence Internationale des Statisticiens du Travail. Genève : BIT.

Bledsoe, C. (1990). The politics od children : fosterage and the social management of fertility among the Mende of Sierra Leone. In W. P. Handwerker (Ed.), *Births and power : social change and the politics of reproduction* . Boulder : Westview Press.

Blomley, N. (2010). The Right to Pass Freely: Circulation, Begging, and The Bounded Self. *Social & Legal Studies*, 19(3), 331–350. doi : 10.1177/0964663910372183

Bochner, A., & Tillmann-Healy, L. (1998). Mucking Around Looking for Truth. In B. Montgomery & L. Baxter (Eds.), *Dialectical Approaches to Studying Personal Relationships.* Mahwah, N.J: Lawrence Erlbaum.

Bodenhorn, B. (1988). Whales, souls, children and other things that are "good to share" : core metaphors in a contemporary whailing society. *Cambridge Antthropology*, 13(1), 1–19.

Bommier, A., & Dubois, P. (2002). Rotten Parents and Child labour. *Journal of Labour Economics.*

Bonnet, M. (1999). *Le travail des enfants -- terrain de luttes.* Lausanne : Page deux.

Bonnet, M. (2006). *Enfants travailleurs. Repenser l'enfance.* Lausanne : Page 2.

Boumard, P. (1989). *Les Savants de l'intérieur : l'analyse de la société scolaire par ses acteurs.* Paris : A. Colin.

Bourdieu, P. (1978). Sur l'objectivation participante. Réponse à quelques objections. *Actes De La Recherche En Sciences Sociales*, 23(23), 67–69.

Bourdieu, P., & Passeron, J. C. (1970). *La reproduction ; éléments pour une théorie du système d'enseignement.* [Paris : Éditions de Minuit.

Bourdieu, P., & Passeron, J.-C. (1964). *Les héritiers les étudiants et la culture.* Paris : Les éd. de Minuit.

Bourdillon, M. (2006). Children and Work : A Review od current litterature and debates. *Development & Change*, 37(6), 1201–1226.

Bourdillon, M. (2009). Enfants et travail : examen des conceptions et débats actuels. *Alternatives Sud*, 16, 37–69.

Boyden, J. (1990). Childhood and the policy makers : a comparative perspectives on globalization of childhood. In A. James & A. Prout (Eds.), *Constructing and reconstructing childhood : contemporary issues in the sociological study of childhood.* London [u.a.] : Falmer Press.

Boyden, Jo, Ling, B., & Myers, W. (1998). *What works for working children.* Florence, Italy ; Stockholm, Sweden : Unicef, International Child Development ; Rädda Barnen.

Brougère, G., & VandenBroeck, M. (2007). *Repenser l'éducation des jeunes enfants.* Bruxelles : Peter Lang.

Browner, C., & Preloran, H. (2006). Entering the field : recruiting Latinos for ethnographic research. *Handbook of Fieldwork* (pp. 93–106). London : Sage.

Bruner, J. (1996). *L'Education, entrée dans la culture : les problèmes de l'école à la lumière de la psychologie culturelle.* Paris : Retz.

Bryant, A., & Charmaz, K. (2007). *The SAGE handbook of grounded theory.* Los Angeles ; London : SAGE.

Budhedeo, S. H. (2010). An Analysis of the Behavior and Composition of Savings in India. *IUP Journal of Managerial Economics,* 8(3), 7–25. Retrieved from http://search.ebscohost.com/login.aspx?direct=true&db=bth&AN=53337499&lang=fr&site=ehost-live

Burawoy, M. (1998). The Extended Case Method. (M. Burawoy, A. Burton, A. A. Feguson, & Et Al., Eds.)*Sociological Theory,* 16(1), 4–33. doi:10.1111/0735-2751.00040

Burawoy, M. (2000). *Global ethnography : forces, connections, and imaginations in a postmodern world.* Berkeley : University of California Press.

Burman, E. (1994). *Deconstructing developmental psychology.* London : Routledge.

Burman, E. (2001). Beyond the baby and the bathwater: Postdualistic developmental psychologies for diverse childhoods. *European Early Childhood Education Research Journal,* 9(1), 5–22.

Burman, E. (2012). Deconstructing neoliberal childhood: Towards a feminist antipsychological approach . *Childhood.*

Retrieved from http://chd.sagepub.com/content/early/2012/05/16/0907568211430767.abstract

Burr, R. (2002). Global and local approaches to children's rights in Vietnam. *Childhood*, 9(1), 49–61.

Cahill, C. (2000). Street Literacy: Urban Teenagers' Strategies for Negotiating their Neighbourhood. *Journal of Youth Studies*, 3(3), 251–277.

Cahoone, L. E. (2003). *From modernism to postmodernism : an anthology*. Malden: Blackwell.

Cannella, G. (1997). *Deconstructing early childhood education: social justice and revolution*. New York : Peter Lang.

Cannella, G., Anijar, K., & Kincheloe, J. (2002). *Global, Kidworld: Perspectives, cultural studies and education*. New York : Peter Lang.

Cannella, G., & Viruru, R. (2004). *Childhood and (post-colonization): power, education and contemporary practice*. New York : Routledge.

Cartani, S. (2004). *Les non-dits de l'anthropologie*. Paris : Puf.

Castells, M. (1983). *The City & the Grassroots: A Cross-cultural Theory of Urban Social Movements*. (Berkeley : University of California Press.

Chambers, R. [1997]. *Whose reality counts? putting the first last*. London : Intermediate Technology.

Charlot, B. [2008]. La recherche en Education entre savoirs, politiques et pratiques : spécificité et défis d'un champ de savoir. *Recherches & éducations*, 1[2e semestre].

Charmaz, K. [1995]. Grounded Theory. In J. Smith, R. Harré, & L. van Langenhove (Eds.), *Rethinking methods in psychology*. London ; Thousand Oaks, Calif. : Sage Publications.

Charmaz, K. [2000]. Grounded Theory. In N. Denzin & Y. Lincoln [Eds.], *Handbook of qualitative research*. Thousand Oaks, Calif. : Sage Publications.

Charmaz, K. [2001]. Qualitative interviewing and grounded theory analysis. In J. Gubrium & J. Holstein (Eds.), *Handbook of interview research: Context and method* (pp. 675–694)). Thousand Oaks, CA : Sage.

Charmaz, K. (2006). *Constructing grounded theory : a practical guide through qualitative analysis.* London ; Thousand Oaks, Calif. : Sage Publications.

Charmaz, K., & Mitchell, R. (2001). Grounded Theory in Ethnography. In P. Atkinson, S. Coffey, J. Delamont, & L. Lofland (Eds.), *Handbook of Ethnography* (pp. 160–174). London.

Childhope Asia. (1992). *Street children.* Childhope Asia, May-June 1992.

Chossudovsky, M. (2003). *The globalization of poverty and the new world order.* Pincourt, Québec : Global Research.

CIELA. (1993). *Primeiro relatorio da segunda pesquia realizada pelo CELA sobre meninos e meninas de rua do Recife : os que vivem e dormen na rua.* Olinda: Centro Interuniversitario de Estudos da America Latina, Africa e Asia.

Clark, C. (1997). *Misery and company : Sympathy in everday life.* Chicago : University of Chicago Press.

Clarke, A. (2005). *Situational Analysis: Grounded Theory After the Postmodern Turn.* Thousand Oaks, CA : Sage.

Cloward, R. A., & Ohlin, L. E. (1960). *Delinquency and opportunity : a theory of delinquent gangs.* Glencoe, Ill.: Free Press.

Cohen, D. (1981). *Faut-il brûler Piaget ?* Paris : Retz.

Colsoul, A. (2009). Observation du développement de la compétence de conduite de classe chez le futur enseignant d ' école primaire à partir d ' un dispositif centré sur l ' analyse qualitative. (François Guillemette, Ed.)*La formation des enseignants*, 28(2), 22–46. Retrieved from http://www.recherche-qualitative.qc.ca/numero28 (2)/colsoul (28) 2.pdf

Connolly, M., & Ennew, J. (1996). Introduction : Children Out of Place. *Childhood : A Global Journal of Child Research*, 3(2), 131–145. Retrieved from http://search.ebscohost.com/login.aspx?direct=true&db=eric &AN=EJ529889&lang=fr&site=ehost-live

Connolly, P. (2003). *Ethical Principals for Researching Vulnerable Groups.* University of Ulster. Office of the first Minister and Deputy First Minister.

Conticini, A., & Hulme, D. (2007). Escaping Violence, Seeking Freedom: Why Children in Bangladesh Migrate to the Street. *Development & Change*, 38(2), 201–227. doi:10.1111/j.1467-7660.2007.00409.x

Costantino, T. (2008). Constructivsm. In L. M. Given (Ed.), *The Sage encyclopedia of qualitative research methods* (Vol. 1& 2, p. 529). Sage Publications. Retrieved from http://www.amazon.com/SAGE-Encyclopedia-Qualitative-Research-Methods/dp/1412941636/ref=sr_1_1?s=books&ie=UTF8&qid=1323884572&sr=1-1

Coulon, A. (1987). *L'Ethno-méthodologie.* Paris : Presses universitaire de France.

Cox, S., & Gallois, C. (1996). Gay and lesbian identity development: A social identity perspective. *Journal of Homosexuality*, 30(4), 1–30. doi:10.1300/J082v30n04_01

Cressey, P. G. (1932). *The taxi dance-hall : a sociological study in commercial recreation & city life.* [S.l.] : Chicago U.

Creswell, J. W. (2007). *Qualitative inquiry and research design : choosing among five traditions.* Thousand Oaks : Sage.

Creuziger, C. G. K. (1997). Russia's Unwanted Children: A Cultural Anthropological Study of Marginalized Children in Moscow and St. Petersburg. *Childhood : A Global Journal of Child Research*, 4(3), 343–358. Retrieved from http://search.ebscohost.com/login.aspx?direct=true&db=eric&AN=EJ549533&lang=fr&site=ehost-live

Crewe, E., & Harrison, E. (1998). *Whose development?* London : Zed Books.

Crick, M. (1989). Representations of International Tourism in the Social Sciences: Sun, Sex, Sights, Savings, and Servility. *Annual Review of Anthropology*, 18, 307–344. Retrieved from http://search.ebscohost.com/login.aspx?direct=true&db=aph&AN=11267593&lang=fr&site=ehost-live

Cruz, V. (1992). *Field visit to Cambodia.* Unpublished research report.

Cunningham, H., & Viazzo, P. P. (1996). *Child labour in historical perspective : 1800-1985 : case studies from Europe, Japan, and Colombia.* Florence : UNICEF : Istituto degli Innocenti.

Cussiánovich, A. (2001). The Paradigm of Integral Protagonism Promotion. In M. Liebel, B. Overwien, & A. Recknagel (Eds.), *Working Children's Protagonism. Social Movements and Empowerment in Latin America, Africa and Asia,* (pp. 309–319). London : IKO.

Cussiánovich, A., & Márquez, A. (2002). *Toward a protagonist participation of boys, girls and teenagers. Lima : Save The Children.* Lima : Save the Children Regional Office Sweden.

Dahlberg, G., Moss, P., & Pence, A. R. (1999). *Beyond quality in early childhood education and care postmodern perspectives.* London : Falmer Press. Retrieved from http://www.ecu.eblib.com.au/EBLWeb/patron/?target=patron&extendedid=E_269093_0

Damon, J. (1998). *Vagabondage et mendicité.* Paris : Flammarion.

De Gaulejac, V. (2001). Sociologues en quête d'identité. *Cahiers internationaux de sociologie,* 111(2), 355–362. doi:10.3917/cis.111.0355

De Singly, F., & Commaille, J. (1997). Les règles de la méthode comparative dans le domaine de la famille. Le sens d'une comparaison. *La question familiale en Europe* (pp. 7–30). Paris : L'Harmattan.

Dean, H. (1999). *Begging questions : street-level economic activity and social policy failure.* Bristol, UK: Policy Press.

Dean, H., & Gale, K. (1999). Begging and the contradictions of citizenship. In H. Dean (Ed.), *Begging questions : Street-level economic activity and social policy failure* (pp. 13–26). Bristol : Policy Press.

Deleuze, G., & Guattari, F. (1973). *Capitalisme et schizophrénie.* Paris : Ed. de Minuit.

Deliège, R. (1993). *Le Système des castes.* Paris : Presses universitaires de france.

Dembour, M. (2001). Following the movement of a pendulum: between universalism and relativism. In J. Cowan, M. Dembour, & R. Wilson (Eds.), *Culture and rights: anthropological perspectives.* Cambridge : Cambridge University Press.

Denzin, N. (1978). *The research act: A theoretical introduction to sociological methods.* New York : McGraw-Hill.

Denzin, N. (2003). Reading and writing performance. *Qualitative Research*, 3(2), 243–268. Retrieved from 10.1177 /14 687 941 030 032 006

Denzin, N. (2010). *The qualitative manifesto : a call to arms.* Walnut Creek, Calif: Left Coast Press.

Denzin, N., & Lincoln, Y. S. (2005). *The SAGE handbook of qualitative research.* Thousand Oaks : Sage Publications.

Derouet, J.-L., Henriot van Zanten, A., & Sirota, R. (1990). Approches ethnographiques en sociologie de l'éducation : l'école et la communauté, l'établissement scolaire, la classe. In J.-C. Forquin (Ed.), *Sociologie de l'éducation. Dix ans de recherches.* Paris : INRP.

Detienne, M. (2000). *Comparer l'incomparable.* Paris : Seuil.

Devereux, G. (1980). *De l'angoisse à la méthode dans les sciences du comportement.* Paris : Flammarion.

Diouf-Kamara, S. (1995). Islam, mendicité et migration au Sénégal. *Hommes & migrations*, (1186), 37–40.

Dogan, M., & Pélassy, D. (1982). *Sociologie politique comparative : problèmes et perspectives.* Paris : Economica.

Donnelly, P. (1997). Child labour, sport labour. *International Review for the Sociology of Sport*, 32(4), 389–406.

Douglas, M. (1966). *Purity and danger; an analysis of concepts of pollution and taboo.* New York : Praeger.

Dubar, C., & Demazière, D. (1997). E. C. Hughes, initiateur et précurseur critique de la Grounded Theory. *Sociétés contemporaines*, 49–55. Retrieved from http://www.persee.fr/web/revues/home/prescript/article/socco_1150-1944_1997_num_27_1_1457

Dupre, M., Jacob, A., Lallement, M., Spurk, J., & Lefebvre, G. (2003). Les comparaisons internationales : intérêt et actualité d'une stratégie de recherche. In Michel. Lallement & J. Spurk (Eds.), *Stratégies de la comparaison internationale* (pp. 7–18). Paris : CNRS Editions.

Edmonds, E. V, & Pavcnik, N. (2005). Child Labor in the Global Economy. *Journal of Economic Perspectives*, 19(1), 199–220. doi:http://www.aeaweb.org/jep/

Ellickson, R. C. (1996). Controlling Chronic Misconduct in City Spaces: Of Panhandlers, Skid Rows, and Public-Space Zoning. *Yale Law Journal*, 105(5), 1165–1248. doi:http://www.yalelawjournal.org

Ellis, A. K. (2001). *Research on educational innovation.* Larchmont, NY: Eye on Education.

Ellis, C. (1997). Evocative autoethnography: Writing emotionally about our lives. In W. G. Tierney & Y. S. Lincoln (Eds.), *Representation and the text Reframing the narrative* (pp. 115–142). SUNY Press.

Ellis, C., & Bochner, A. (2003). Autoethnography, Personal Narrative, Reflexivity. In N. Denzin & Y. S. Lincoln (Eds.), *Collecting and Interpreting Qualitative Materials* (p. 199 258). Thousand Oaks, CA, : Sage.

Ellis, C., & Ellingson, L. L. (2000). Qualitative methods. In E. F. Borgatta & R. J. V Montgomery (Eds.), *Encyclopedia of sociology* (Vol. 2nd ed, pp. 2287–2296). New York : Macmillan Library Reference.

Emerson, R., Fretz, R., & Shaw, L. (1995). *Writing ethnographic fieldnotes. Chicago guides to writing editing and publishing* (Vol. 13, p. 254). University of Chicago Press. doi:10.1017/S1462399410001766

Ennew, J. (1995). Outside childhood : street children's rights. In B. Franklin (Ed.), *The handbook of children's rights : comparative policy and practice* . London ; New York : Routledge.

Ennew, J. (2000). *Street and working children : a guide to planning.* London : Save the Children.

Ennew, J., & et al. (2005). Defining child labor as if human rights really matter. *Weston BH (ed) Child labor and human rights: making children matter.* (pp. 28–54). London : Lynne Rienner Publisher.

Ennew, J., & Morrow, V. (1994). Out of the Mouths of Babes. In E. Verhellen & F. Spiesschaert (Eds.), *Children's Rights : Monitoring Issues* (pp. 61–84). Gent : Mys & Breesch.

Ennew, J., & Swart-Kruger, J. (2003). Introduction : Homes, Places and Spaces in the Construction of Street Children and Street Youth. *Children, Youth and Environments*, 13(1).

Erny, P. (1981). *Ethnologie de l'éducation.* Paris : Presses Universitaires de France ;

Erskine, A., & McIntosh, I. (1999). Why Begging Offends : Historical Perspectives and Continuities. In H Dean (Ed.), *Begging Questions : Street-level Economic Activity and Social Policiy Failure.* Bristol : The Policy Press.

Escobar, A. (2012). *Encountering development : the making and unmaking of the Third World.* Princeton, NJ : Princeton University Press.

Evans, R. (2006). Negotiating social identities: The influence of gender, age and ethnicity on young people's "street careers" in Tanzania. *Children's Geographies,* 4(1), 109–128. doi:10.1080/14733280600577533

F.A.O. (2009). *The State of Food and Agriculture.* Rome : Food and Agriculture Organization of the United Nations.

Fabrega, H. (1971). Begging in a Southeastern Mexican City. *Human Organization,* 30(3), 277. Retrieved from http://search.ebscohost.com/login.aspx?direct=true&db=hia&AN=5148451&lang=fr&site=ehost-live

Favret-Saada, J. (1977). *Les mots, la mort, les sorts.* Paris : Gallimard.

Fawole, O., Ogunkan, D., & Omoruan, A. (2010). The menace of begging in Nigerian cities : A sociological analysis. *International journal of sociology and anthropology*, 3(1), 9–14.

Felsman, K. (1981). Street Urchins of Colombia. *Natural History,* 90(4), 40. Retrieved from http://search.ebscohost.com/login.aspx?direct=true&db=aph&AN=5219178&lang=fr&site=ehost-live

Festinger, L. (1962). *A theory of cognitive dissonance.* Stanford, Calif.: Stanford University Press.

Fetterman, D. (2008). Ethnography. In L. Given (Ed.), *The Sage encyclopedia of qualitative research methods* (pp. 288–292). Thousand Oaks, CA : Sage.

Fine, G. A., & Sandstrom, K. L. (1988). *Knowing children : participant observation with minors.* Newbury Park, Calif. : Sage Publications.

Fine, G., & Deegan, J. (1996). Three principales of serendip : Insight, Chance, and Discovery in qualitative research. *Qualitative Studies in Edcuation*, 9(4).

Fletcher, C. (1992). The semiotics of survival: Street cops read the street. *Howard Journal of Communications*, 4(1/2), 141–150.

Foldvary, F. (2008). Universalism. In W. Darity (Ed.), *International Encyclopedia of Sciences, Social.* Farmington Hills, Mich: Macmillan Reference USA.

Freed, B. (1981). Foreigner talk, baby talk, native talk. *International Journal of the Sociology of Language*, 28, 19–39.

Freed, S. (1970). Caste ranking and the exchange of food and water in the north indian village. *Anthropological Quarterly*, 43(1), 1–13. Retrieved from http://search.ebscohost.com/login.aspx?direct=true&db=hia&AN=46435434&lang=fr&site=ehost-live

Freire-Medeiros, B. (2011). "I went to the City of God": Gringos, guns and the touristic favela. *Journal of Latin American Cultural Studies (13 569 325)*, 20(1), 21–34. Retrieved from 10.1080/13569325.2011.562631

Gardner, C. B. (1995). *Passing by : Gender and public harassment.* Berkeley : University of California Press.

Garraty, J. A. (1978). *Unemployment in history : economic thought and public policy.* New York : Harper & Row.

Garreau, L. (2012). La méthode enracinée. *Revue internationale de Psychosociologie, Année XVII* (44), 89–115. doi:10.3917/rips.044.0089

Geertz, C. (1973). Thick Description: Toward an Interpretive Theory of Culture. *The Interpretation of Cultures Selected Essays* (pp. 37–59). Basic Books. Retrieved from http://books.google.com/books?hl=en&amp ;lr=& amp ;id=ty43CYp_H0kC&amp ;oi=fnd & amp ;pg=PA173&amp ;dq=Thick+Description:+Toward+an+ Interpretive+Theory+of+Culture&amp ;ots=a2UkzIxguK&am p ;sig=lPrE3L7NRNeKahoI4VKwfgx1q4E

Gergen, K. J. (1994). *Realities and Relationships:Soundings in Social Construction.* Cambridge : Harvard University Press.

Germaine, C. (1986). Ethnography : the methid. In Munhall ; Patricia L ; Boyd ; Carolyn Oiler. (Ed.), *Nursing research : a qualitative perspective.* Norwalk, Conn. : Appleton-Century-Crofts.

Gibbs, S. (1994). Post-War social reconstruction in Mozambique : re-framing children's experience of trauma and healing. *Disasters*, 18(3), 268–276.

Gilliard, P. (2005). *L'extrême pauvreté au Niger : mendier ou mourir.* Paris : Karthala.

Glaser, B. (1978). *Theoretical sensitivity : advances in the methodology of grounded theory.* Mill Valley, Calif.: Sociology Press.

Glaser, B. (1992). *Emergence vs forcing : basics of grounded theory analysis.* Mill Valley, CA: Sociology Press.

Glaser, B. (2001). *The grounded theory perspective : conceptualization contrasted with description.* Mill Valley, Calif.: Sociology Press.

Glaser, B., & Strauss, A. (1965). *Awareness of Dying.* Chicago : Aldine.

Glaser, B., & Strauss, A. (1967). *The Discovery of Grounded Theory: Strategies or Qualitative Research.* Chicago : Aldine.

Glasersfeld, E. von. (1995). *Radical constructivism : a way of knowing and learning.* London ; Washington, D.C. : Falmer Press.

Glauser, B. (1990). Street children : deconstructing a construct. In A. James & A. Prout (Eds.), *Constructing and*

Reconstructiong Childhood : Contemporary issues in the sociological study of childhood . London : Farmer Press.

Gluckman, M. (1961). Ethnographic data in British social anthropology. *Sociological Review*, 9(1), 5–17. Retrieved from 10.1111/1467-954X.ep13628986

Goel, A. (2010). Indian Anti-Beggary Laws and their Constitutionality Through the Prism of Fundamental Rights, with Special Reference to Ram Lakhan V. State. *Asia-Pacific Journal on Human Rights & the Law*, 11(1), 23–38. doi:10.1163/157181510793468653

Goffman, E. (1963a). *Behavior in public places ; notes on the social organization of gatherings* (p. 248 p.). New York : Free Press of Glencoe.

Goffman, E. (1963 b). *Stigma ; notes on the management of spoiled identity. A Spectrum book* (p. 147 p.). Englewood Cliffs, N.J.,: Prentice-Hall.

Gopal, M. (2012). Caste, sexuality and labour: The troubled connection. *Current Sociology* , 60 (2), 222–238. doi:10.1177/0011392111429223

Goyal, O. P. (2005). *Anti-social patterns of begging and beggars.* Delhi : Isha Books.

Grahn-Farley, M. (2008). Neutral Law and Eurocentric Lawmaking: A Postcolonial Analysis of the UN Convention on the Rights of the Child. *Brooklyn Journal of International Law*, 34(1).

Grawitz, M. (1996). *Méthodes des sciences sociales.* Paris : Dalloz.

Gresham, F., & Elliott, S. (1990). *The Social Skills Rating System.* Circle Pines, MN: American Guidance Service.

Griffin, S. (2008). The spatial environments of street-involved youth: Can the streets be a therapeutic milieu. *Relational Child & Youth Care Practice*, 21(4).

Gross, R., Landfried, B., & Herman, S. (1996). Height and weight as a reflection of the nutritional situation of school-aged children working and living in the streets of Jakarta. *Social science & medicine (1982)*, 43(4), 453–458. Retrieved from http://search.ebscohost.com/login.aspx?direct=true&db=cmedm&AN=8844946&lang=fr&site=ehost-live

Guba, E., & Lincoln, Y. (1989). *Fourth Generation Evaluation*. Newbury Park, CA : Sage.

Guba, E., & Lincoln, Y. (2005). Paradigmatic controversies, contradictions, and emerging confluences. In N. K. Denzin & Y. S. Lincoln (Eds.), *The Sage Handbook of Qualitative Research* (Vol. 2, pp. 191–215). Sage. Retrieved from http://scholar.google.com/scholar?hl=en&btnG=Search&q=intitle:Paradigmatic+Controversies,+Contradictions,+and+Emerging+Confluences.#0

Guerrero, L., & Jones, S. (2003). Differences in One's Own and One's Partner's Perceptions of Social Skills as a Function of Attachment Style. *Communication Quarterly*, 51(3), 277 – 295.

Guillemette, F. (2006). L ' approche de la Grounded Theory ; pour innover ? (Stéphane Martineau, Ed.)*Recherches Qualitatives*, 26(1), 32–50. doi:10.4074/S0003503306003058

Guillemette, F, & Luckerhoff, J. (2009). L ' induction en méthodologie de la théorisation enracinée. (François Guillemette, Ed.)*RECHERCHES QUALITATIVES*, 28(2), 4–21.

Guillemin, M., & Gillam, L. (2004). Ethics, reflexivity and «ethically important moments». *Research. Qualitative Inquiry*, 10(2), 261–280.

Gupta, M.. (2002). Trade sanctions, adult unemployment and the supply of child Labour: a theoretical analysis. *Development Policy Review*, 20, 317–332.

Haim, H., & Hertzog, E. (2012). *Serendipity in anthropological research : the nomadic turn*. Farnham : Ashgate.

Hall, E. (1971). *La dimension cachée*. Paris : Seuil.

Hammad, S. (1999). The CRC: "Words on paper" or a reality for children? *The International Journal of Children's Rights*, 7, 215–235.

Hantrais, L., & Mangen, S. (1996). *Cross-national research methods in the social sciences*. New York : Pinter.

Harcourt, B. E. (1998). Reflecting on the subject: A critique of the social influence conception of deterrence, the broken windows theory, and order-maintenance policing New York style. *Michigan Law Review*, 97(2), 291. Retrieved from http://search.ebscohost.com/login.aspx?direct=true&db=bth&AN=1458976&lang=fr&site=ehost-live

Hartas, D. (2011). Children's language and behavioural, social and emotional difficulties and prosocial behaviour during the toddler years and at school entry. *British Journal of Special Education*, 38(2), 83–91. Retrieved from 10.1111/j.1467-8578.2011.00507.x

Hashizume, Y. (2010). Releasing From the Oppression: Caregiving for the Elderly Parents of Japanese Working Women. *Qualitative Health Research*, 20(6), 830–844. Retrieved from 10.1177 /1 049 732 310 362 399

Hatt, B. (2007). Street Smarts vs. Book Smarts: The Figured World of Smartness in the Lives of Marginalized, Urban Youth. *Urban Review*, 39(2), 145–166.

Heath, S. (1983). *Ways with words*. New York : Cambridge University Press.

Hecht, T. (1998). *At home in the street : street children of Northeast Brazil*. Cambridge, U.K. ; New York : Press Syndicate of the University of Cambridge ; Cambridge University Press.

Hecht, T. (2000). In search of Brazil's street children. In C. Panter-Brick & M. T. Smith (Eds.), *Abandoned children*. Cambridge, UK ; New York, NY, USA : Cambridge University Press.

Hefley, K. (2007). Stigma Management of Male and Female Customers to a Non-Urban Adult Novelty Store. *Deviant Behavior*, 28(1), 79–109. doi:10.1080/01639620600987491

Helleiner, J. (2003). The Politics of Traveller "Child Begging" in Ireland. *Critique of Anthropology*, 23(1), 17–33. doi:10.1177/0308275x03023001810

Hennebo, N. (2009a). Guide du bon usage de l'analyse par théorisation ancrée par les étudiants en médecine. *Sein.*

Université Lille 2. Retrieved from http://www.theorisationancree.fr/guide.pdf

Hennebo, N. (2009 b). Le cadre théorique du concept de Web triangulation. Une analyse par théorisation ancrée du dialogue médecin-patient lié à l'Internet durant la consultation.

Herrera, C. (2003). A clash of methodology and ethics in undercover social science. *Philosophy of the Social Scienes*, 33(3), 351–362. Retrieved from http://search.ebscohost.com/login.aspx?direct=true&db=fcs&AN=15115392&lang=fr&site=ehost-live

Hershkoff, H., & Cohen, A. (1991). Begging to differ : The first amendment and the right to beg . *Harvard Law Review*, 104(4), 896. Retrieved from http://search.ebscohost.com/login.aspx?direct=true&db=bth&AN=7736255&lang=fr&site=ehost-live

Hess, R. (1989). *Le lycée au jour le jour : ethnographie d'un établissement d'éducation.* Paris : Méridiens Klincksieck.

Hewitt, T. (1992). Child abondment and public action. In M. Wuyts, M. Mackintosh, & T. Hewitt (Eds.), *Development policy and public action* . Oxford : Oxford University Press in association with the Open University.

Hirsch, A. von, & Siemester, A. P. (2006). Incivilities : Regulationg Offensive Behaviour . Oxford : Hart Publishing.

Hiscock-Lageot, C. (2000). La dimension universelle de la liberté d'expression dans la déclaration des droits de l'homme de 1948. *Rev. trim. dr. h.*, 42, 229.

Hochschild, A. (1983). *The managed heart : Commercialization of human beings.* Berkeley : University of California Press.

Hoffman, E. P. (1984). The Deserving and the Non-deserving Poor. *Eastern Economic Journal*, 10(4), 432–440.

Holland, P. (1992). *What is a child? : popular images of childhood.* London : Virago.

Hudson, S., & Ritchie, J. R. B. (2006). Promoting Destinations via Film Tourism: An Empirical Identification of Supporting Marketing Initiatives. *Journal of Travel Research*, 44(4), 387–396. Retrieved from 10.1177/0047287506286720

Hussain, M. (1999). *"Child Labour Standard and Economic Growth: An Econometric Analysis »,*. Boulder : Department of Economics, University of Colorado.

Ianni, O. (1998). *La sociedad global.* Mexico : Siglo XXI.

Illich, I. (1971). *Une société sans école.* Paris : Éditions du Seuil.

ILO. (2004). *Child labour: a textbook for university students.* Genève : International Labour Office.

Institute of Education Sciences, W. D. C. (2003). Identifying and Implementing Educational Practices Supported by Rigorous Evidence: A User Friendly Guide. Retrieved from http://search.ebscohost.com/login.aspx?direct=true&db=eric&AN=ED477483&lang=fr&site=ehost-live

Invernizzi, A. (2003). Street-Working Children and Adolescents in Lima . *Childhood* , 10 (3), 319–341. Retrieved from http://chd.sagepub.com/content/10/3/319.abstract

Jackson, J. (1990). "I Am a Fieldnote": Fieldnotes as a symbol of professional Identity. In R. Sanjek (Ed.), *Fieldnotes The making of anthropology* (pp. 3–44). Cornell University Press.

James, A., Jenks, C., & Prout, A. (1998). *Theorizing childhood.* Cambridge, UK.

James, A., & Prout, A. (1997). *Constructing and reconstructing childhood: contemporary issues in the sociological study of childhood.* London ; Washington, D.C. : Falmer Press.

Jensen, P., & Nielsen, H. S. (1997). Child labour or school attendance? Evidence from Zambia. *Journal of population economics,* 10(4), 407–424. Retrieved from http://search.ebscohost.com/login.aspx?direct=true&db=ioh&AN=1559511&lang=fr&site=ehost-live

Joannides, V., & Berland, N. (2008). Grounded theory : quels usages dans les recherches en contrôle de gestion ? *Comptabilité Contrôle Audit, numéro thé* (supplement), 141–162.

Jobin, V., & Gauthier, C. (2008). Nature de la pédagogie différenciée et analyse des recherches portant sur l'efficacité de cette pratique pédagogique. *Brock Education Journal,* 18(1), 34–45.

Johnson, K. S. (2007). *The fear of beggars : stewardship and poverty in Christian ethics.* Grand Rapids, Mich. : William B. Eerdmans Pub.

Johnson, V., Ivan-Smith, E., Gordon, G., Pridmore, P., & Scott, P. (1998). *Stepping forward: children and young people's participation in the development process.* London : Intermediate Technology Publications.

Jones, G. (2005). Children and development: rights, globalization and poverty. *Progress in development studies*, 5(4), 336–342.

Jones, N., & Sumner, A. (2011). *Child poverty, evidence and policy : mainstreaming children in international development.* Bristol, UK ; Portland, OR : Policy Press.

Jordan, A. (2002). Human rights or wrongs? The struggle for a rights-based response to trafficking in human beings. *Gender and Development*, 10(1), 28–37.

Jordan, B. (1999). Begging: the global context and international comparisons. In H Dean (Ed.), *Begging questions : Street-level economic activity and social policy failure* (pp. 43–62). Bristol : The policy press.

Jucquois, G., & Vielle, C. (2000). *Le Comparatisme dans les sciences de l'homme : approches pluridisciplinaires.* Bruxelles : De Boeck Université.

Kassah, A. K. (2005). *Begging as a way of life.* Baltimore : PublishAmerica.

Kawewe, S., & Dibie, R. (1999). United Nations and the Problem of Women and Children Abuse in the third world nations. *Social Justice,*, 26(1), 78–98.

Keen, C. (1992). *Street girls - A Malaysian perspective. Proceedings of Regional Workshop on Intervention Programs for Street Girls, including Victims of Sexual Exploitation.* Manila: Childhope.

Kelle, U., Prein, G., & Bird, K. (1995). *Computer-aided qualitative analysis : theory, methods and practice.* London : Sage.

Kelling, G. (1998). Broken Windows : Zero Tolerance and Crime Control. In P. Francis & P. Fraser (Eds.), *Building Safer Communities.* London : Center for Crime and Justice Studies.

Kelling, G., & Wilson, J. (1982). Broken windows. *Atlantic Monthly*, 249(3), 29–38.

Kelly, J. (2008). Cultural Relativism. In W Darity (Ed.), *International Encyclopedia of the Social Sciences.* New York : Macmillan Reference USA.

Keltner, D., & Kring, A. M. (1998). Emotion, social function, and psychopathology. *Review of General Psychology*, 2(3), 320–342. Retrieved from 10.1037/1089-2680.2.3.320

Kilbride, P. L., & Kilbride, J. C. (1990). *Changing family life in East Africa : women and children at risk.* University Park: Pennsylvania State University Press.

Kobsak, Pootrakool Thammanoon, Sodsrichai Kiatipong, A. (2005). *Long-term Saving in Thailand: Are We Saving Enough and What are the Risks?* Bangkok : Bank of Thailand.

Kumar Sherma, R. (2004). *Urban Sociology.* Delhi : Atlantic Publishers & Dis.

Kwesi Kassah, A. (2008). *Begging as work: a study of people with mobility difficulties in Accra, Ghana. Disability & Society* (Vol. 23, pp. 163–170).

Lallart, M. J. (2004). Les enfants de la rue : leurs lois. *Savoirs et clinique*, (1), 59–65.

Lallement, M, & Spurk, J. (2003). *Stratégies de la comparaison internationales.* Paris : Éditions CNRS.

Langlois, A. (2002). Human rights: the globalisation and fragmentation of moral discourse. *Review of International Studies*, 28(3), 479–496.

Lankenau, S. E. (1999a). Panhandling repertoires and routines for overcoming the nonperson treatment. *Deviant Behavior*, 20(2), 183–206. doi:10.1080/016396299266551

Lankenau, S. E. (1999 b). Stronger than dirt: Public humiliation and status enhancement among panhandlers. *Journal of Contemporary Ethnography*, 28(3), 288–318. doi:10.1177/089124199129023451

Lapassade, G. (1990). La méthode ethnographique. *Pratiques de formation analyses*, 20.

Lapassade, Georges. (2002). Observation participante. *Hors collection*, 375–390. Retrieved from http://www.cairn.info/load_pdf.php?ID_ARTICLE=ERES_BARUS_2002_01_0375

Le Roux, J. (1996). The worldwide phenomenon of street children: Conceptual analysis. *Adolescence*, 31(124), 965. Retrieved from http://search.ebscohost.com/login.aspx?direct=true&db=s3h&AN=9706302314&lang=fr&site=ehost-live

Lee, B., & Farrell, C. (2003). Buddy, Can You Spare A Dime? *Urban Affairs Review*, 38(3), 299–324. doi:citeulike-article-id:7152514

Leonard, E. (1965). The History of the English Poor Relief. London : Frank Cass & Co. Ltd.

Leroy, A. (2009). *Contre le travail des enfants ? Présupposé à débattre*. Louvain-la-Neuve ; Paris : Centre tricontinental ; Ed. Syllepse.

Li, S.-J. (2009). New Poverty in the Era of Globalization: The Case of Taiwan. *Asia Pacific Journal of Social Work & Development*, 19(1), 6–21. Retrieved from http://search.ebscohost.com/login.aspx?direct=true&db=sih&AN=44704689&lang=fr&site=ehost-live

Liebel, M. (2001). A Right to Work for Children? Experiences from the Third World for the First World. In M. Liebel, B. Overwien, & A. Recknagel (Eds.), *Working Children's Protagonism: Social Movements and Empowerment in Latin America, Africa and India,* (pp. 221–31). London : IKO.

Liebel, M. (2003). Working Children as Social Subjects . *Childhood* , 10 (3), 265–285. Retrieved from http://chd.sagepub.com/content/10/3/265.abstract

Liebel, M. (2007). A will of their own: cross-cultural perspectives on working children. *International journal of comparative sociology*, 48(1), 83–85. Retrieved from http://search.ebscohost.com/login.aspx?direct=true&db=ioh&AN=3444162&lang=fr&site=ehost-live

Lieten, G. (2010). *Hazardous child labour in Latin America.* London : Springer Verlag.

Linard, M. (2004). La relation entre praticiens et chercheurs en Sciences de l'Education. *Recherches & éducations*, 8.

Lincoln, Y., & Guba, E. (1985). *Naturalistic inquiry.* Beverly Hills : Sage.

Lincoln, Y., & Guba, E. (2000). Paradigmatic Controversis Contradictions and Emerging Confluences. In N. K. Denzin & Y. S. Lincoln (Eds.), *Handbook of Qualitative Research* (Vol. Second, pp. 163–188). Sage Publications.

Lourau, R. (1988). *Le Journal de recherche matériaux d'une théorie de l'implication.* Paris : Méridiens Klincksieck.

Low, S. (1996). Spatializing culture. *American Ethnologist*, 23(4), 861–879.

Lucas. (1998). On the Mecanism of economic Development. *Journal of Monetary*, 22, 3–42.

Lucchini, R. (1993). *Enfant de la rue : identité, sociabilité, drogue.* Genève : Librairie Droz.

Lucchini, R. (1996). *Sociologie de la survie l'enfant dans la rue.* Paris : Presses Universitaires de France.

Lucchini, R. (2008). L'enfant en situation de rue n'est pas un fait social. Entre détermination et indétermination. In J. Zermatten & al (Eds.), *Enfants en situations de rue. Prévention, intervention, respect des droits.* Sion : Institut international des Droits de l'Enfant.

Lucchini, R., & Stöcklin, D. (1994). *The street-children of Montevideo and Rio de Janeiro : elements for a differentiation.* Fribourg/Switzerland: Institute for Economic and Social Sciences.

Lundy, L., & McEvoy, L. (2012). Children's rights and research processes: Assisting children to (in)formed views . *Childhood* , 19 (1), 129–144. Retrieved from http://chd.sagepub.com/content/19/1/129.abstract

Ma, B. (2010). A trip into the controversy: A study of slum tourism travel motivations. *Penn Humanities Forum on Connections,University of Pennsylvania Scholarly Commons*, 1 – 51.

Mabry, C. (1994). Brother, Can You Spare Some Change?-And Your Privacy, Too?: Avoiding a Fatal Collision Between Public Interests and Beggars' First Amendment Rights. *University of San Francisco Law Review*, 28(2), 310–341.

Macedo, D. (1999). Decolonizing indigenous knowledge. In L. Semali & J. Kincheloe (Eds.), *What is indigenous knowledge: voices from the academy*. New York : Falmer Press.

Makri-Tsilipakou, M. (1997). Gendered panhandling? *International Journal of the Sociology of Language*, 126, 123–143. Retrieved from http://search.ebscohost.com/login.aspx?direct=true&db=sih&AN=10516277&lang=fr&site=ehost-live

Mali, S., Devendra, P., & Manaspure, S. (2012). Sociodemographically , A Comparative study of the school Dropouts with a inhabitants, comparison group of urban slum Maharashtra. *International Journal of Biomedical and Advance Research*, 3(5).

Marchive, A. (2007). Le rituel, la règle et les savoirs. Ethnographie de l'ordre scolaire à l'école primaire. *Ethnologie Française*, 2007/4(XXXVII), 597–604.

Marchive, A. (2011). *Un collège ambition réussite : ethnographie d'une rentrée en classe de sixième*. Paris : Harmattan.

Marcus, R., Wilkinson, J., & Marshali, J. (2002). Poverty reduction strategy papers (PRSPs)—fulfilling their potential for children in poverty? *Journal of International Development*, 14(8), 1117–1128.

Marlowe, H. (1986). Social Intelligene: Evidence for Multidimensionality and Construct Independence. *Journal of Educational Psychology*, 78, 52–58.

Martineau, S. (2007). L'éthique en recherche qualitative : quelques pistes de réflexion. *RECHERCHES QUALITATIVES*, *Hors série* (5), 70–81.

Maykut, P. S., & Morehouse, R. (2003). *Beginning qualitative research : a philosophic and practical guide*. New York ; London : RoutledgeFalmer.

McLaren, P., & Farahmandpur, R. (2003). The globalization of capitalism and the new imperialism: notes towards a revolutionary critical pedagogy. In D. Carlson & G. Dimitriadis (Eds.), *Promises to keep : cultural studies, democratic education and public life* (pp. 39–76). London : Routledge Falmer.

Meirieu, P. (2011). *Faire l'école, faire la classe*. Paris : ESF.

Meirieu, P. (2012a). *Le choix d'éduquer-Éthique et pédagogie*. Paris : ESF.

Meirieu, P. (2012 b). *Le choix d'éduquer-Éthique et pédagogie*. Paris : ESF.

Meschkank, J. (2011). Investigations into slum tourism in Mumbai : poverty tourism and the tensions between different constructions of reality (English). *GeoJournal*, 76(1), 47–62. Retrieved from http://search.ebscohost.com/login.aspx?direct=true&db=fcs&AN=24026310&lang=fr&site=ehost-live

Messinger, D. S., Mattson, W. I., Mahoor, M. H., & Cohn, J. F. (2012). The eyes have it: Making positive expressions more positive and negative expressions more negative. *Emotion*, 12(3), 430–436. Retrieved from 10.1037/a0026498

Meyer-Bisch, P. (2009). *L'universalité des droits de l'homme, développée par les droits culturels Documents de synthèse*. Observatoire de la diversité et des droits culturels.

Miljeteig, P. (2000). *Creating partnerships with working children and youth*. Washington DC : Global Child Labor Program, World Bank.

Mitchell, R., & Charmaz, K. (1996). TELLING TALES, WRITING STORIES. *Journal of Contemporary Ethnography*, 25(1), 144–166. doi:10.1177/089124196025001008

Moignard, B. (2008). *L'école et la rue : fabriques de délinquance : recherches comparatives en France et au Brésil*. Paris : Presses universitaires de France.

Mongia, P. (1996). Introduction. In P. Mongia (Ed.), *Contemporary postcolonial theory* : London : Arnold.

Montgomery, H. (2009). Are child prostitutes child workers? A case study. *The International Journal of Sociology and Social Policy*, 29(3/4), 130–140. doi:10.1108/01443330910947507

Moon, R. (2000). Begging to Differ. *Constitutional Forum*, 11(2), 41–49.

Morch, J. (1984). Abandoned and street children. *Ideas Forum*, 1.

Morrow, V., & Richards, M. (1996). The Ethics of Social Research with Children: An Overview. *Children & Society*, 10(2), 90–105. Retrieved from http://search.ebscohost.com/login.aspx?direct=true&db=aph&AN=14142597&lang=fr&site=ehost-live

Morse, J. M., Stern, P. N., Corbin, J. M., Charmaz, K., Bowers, B., & Clarke, A. (2009). *Developing Grounded Theory: The Second Generation.* (J. Morse, P. Noerager Stern, J. Corbin, B. Bowers, K. Charmaz, & E. Clarke, Eds.) (pp. 127–149). Left Coast Press.

Mossin, H., & Landmark, B. T. (2011). Being present in hospital when the patient is dying - a grounded theory study of spouses experiences. *European Journal Of Oncology Nursing: The Official Journal Of European Oncology Nursing Society*, 15(5), 382–389. Retrieved from http://search.ebscohost.com/login.aspx?direct=true&db=cmedm&AN=21159554&lang=fr&site=ehost-live

Mukamurera, J., Lacourse, F., & Couturier, Y. (2006). Des avancées en analyse qualitative : pour une transparence et une systématisation des pratiques. *Recherches Qualitatitives*, 26(1), pp 110–138.

Mukherjee, D. (2008). Laws For Beggars, Justice for Whom : A Critical Review of the Bombay Prevention of Begging Act 1959. *The International Journal of Human Rights*, 12(2), 279–288.

Muller, S. (2008). *A l'abattoir : travail et relations professionnelles face au risque sanitaire.* Paris ; Versailles : Éditions de la Maison des sciences de l'homme.

Murove, M. (2008). Moving Beyond Dehumanisation and Greed in the Light of African Economic Ethics -- A Statement.

Religion & Theology, 15(1/2), 74–96. doi:10.1163/157430108x308163

Murphy, D. (1986). *Customers and thieves : an ethnography of shoplifting*. Aldershot, Hants, England; Brookfield, Vt., U.S.A. : Gower.

Murphy, E., & Dingwall, R. (2001). The Ethics of Ethnography. In P. Atkinson, A. Coffey, S. Delamont, J. Lofland, & L. Lofland (Eds.), *The Handbook of Ethnography* (pp. 339–351). Sage.

Murray, H. (1984). Time in the Streets. *Human Organization Lexington, Ky*, 43(2), 154–161. Retrieved from http://search.ebscohost.com/login.aspx?direct=true&db=fcs&AN=12257110&lang=fr&site=ehost-live

Myers, R. (1992). *The twelve who survive : strengthening programmes of early childhood development in the Third World*. New York : Routledge.

Myers, W. (1999). Considering child labour. *Childhood*, 6(1), 13–26.

Myers, W. (2001). Valuing diverse approaches to child labour. In G. Lieten & B. White (Eds.), *Child Labour : Policy Options* (pp. 27–48). Amsterdam : Aksant Academic Publishers.

Neisser, U., Boodoo, G., Bouchard, T., Boykin, A. W., Brody, N., Ceci, S. J., Halpern, D. F., et al. (1996). Intelligence : Knowns and unknowns. *American Psychologist*, 51(2), 77–101.

Nielsen, L. B. (2004). *License to harass : law, hierarchy, and offensive public speech*. Princeton, N.J. : Princeton University Press.

Nieuwenhuys, O. (1998). Global childhood and the politics of contempt. *Alternatives : Global, Local, Political*, 23(3), 267–289.

Nieuwenhuys, Olga. (2001). By the sweat of their brow? "Street children", Ngos and Children's rights in Addis Ababa . *Africa (Edinburgh University Press)*, 71(4), 539. Retrieved from http://search.ebscohost.com/login.aspx?direct=true&db=aph&AN=6656730&lang=fr&site=ehost-live

Nunes, T., Schliemann, A. D., & Carraher, D. W. (1993). *Street mathematics and school mathematics*. Cambridge [England] ; New York, NY, USA : Cambridge University Press.

Nyseth, H. (2008). I am not lazy : Panhandling in Urban Mexico. *UW-L Journal of Undergraduate Research*, 11, 1–11.

OCDE. (2008a). *OECD Glossary of Statistical Terms.* Éditions OCDE. Retrieved from/content/book/9789264055087-en

OCDE. (2008 b). Comparaison des taux d'épargne des ménages. *Cahiers statistiques de l'OCDE*, 8(Avril).

Okagaki, L. (2001). Parental beliefs, parenting style, and children's intel lectual development. In E. Grigorenko & R. Sternberg (Eds.), *Family environment and intellectual functioning: A life span.*

Olivier De Sardan, J.-P. (1995a). *Anthropologie et développement : essai en socio-anthropologie du changement social.* Paris : Karthala.

Olivier De Sardan, J.-P. (1995 b). La politique du terrain. Sur la production des données en anthropologie. *Enquête*, 1(1), 71–109. Retrieved from http://enquete.revues.org/document263.html

Osgood, C., Suci, G., & Tannenbaum, P. (1957). *The measurement of meaning.* Urbana : University of Illinois Press.

O'Connell Davidson, J. (2005). *Children in the global sex trade.* Cambridge : Polity Press.

O'Reilly, K. (2005). Ethnographic methods. London ; New York : Routledge. Retrieved from http://search.ebscohost.com/login.aspx?direct=true&scope=site&db=nlebk&db=nlabk&AN=115617

O'Reilly, K. (2009). *Key concepts in ethnography.* Los Angeles : SAGE.

Pagare, D., Meena, G. S., Jiloha, R. C., & Singh, M. M. (2005). Sexual abuse of street children brought to an observation home. *Indian Pediatrics*, 42(2), 134–1139.

Paillé, P. (1994). L'analyse par théorisation ancrée. *Cahiers de recherche sociologique*, 23(23), 147–181.

Paillé, P., & Mucchielli, A. (2003). *L'analyse qualitative en sciences humaines et sociales.* Paris : A. Colin.

Palmer, P. N. (2010). Globalisation and Africa's Youth: Leveraging the Entrepreneurial Gains of Globalisation. *International Journal of Diversity in Organisations, Communities &*

Nations, 10(2), 211–223. Retrieved from http://search.ebscohost.com/login.aspx?direct=true&db=sih&AN=65534343&lang=fr&site=ehost-live

Panter-Brick, C. (1998). *Biosocial perspectives on children.* New York : Cambridge University Press.

Panter-Brick, C. (2000). No body's children ? A reconsideration of child abandonment. In C. Panter-Brick & M. Smith (Eds.), *Abandoned children* (pp. 1–26). Cambridge : Cambridge University Press.

Panter-Brick, C., & Smith, M. T. (2000a). *Abandoned children.* Cambridge, UK: Cambridge University Press.

Panter-Brick, C., & Smith, M. T. (2000 b). *Abandoned children. Abandoned children.* New York, NY US : Cambridge University Press.

Panter-Brick, C., & Todd, A. (1996). Growth status of homeless Nepali boys: Do they differ from rural and urban controls? *Social Science & Medicine*, 43(4), 441. Retrieved from http://search.ebscohost.com/login.aspx?direct=true&db=p4h&AN=9704261812&lang=fr&site=ehost-live

Parsons, & Goldin. (1989). Parental Altruism and Self-Interest: Child Labour among Late Nineteenth-Century American Families ». *Economic Inquiry,*, 27(4), 637–659.

Patel, S. (1990). Street Children, hotel boys and children of pavement dwellers and construction workers in Bombay - how they meet their daily needs. *Environment and Urbanization*, 2(2), 9–26. doi : 10.1177/095624789000200203

Patton, M. Q. (2002). *Qualitative research & evaluation methods* (3rd ed.). Thousand Oaks, CA : Sage Publications.

Payet, J.-P. (1995). *Collèges de banlieue : ethnographie d'un monde scolaire.* Paris : Méridiens Klincksieck.

Pelaccia, T., & Paillé, P. (2011). La recherche qualitative en pédagogie médicale : histoire, pratique et légitimité. *Pédagogie Médicale*, 12(3), 179–192. Retrieved from http://dx.doi.org/10.1051/pmed/2011021

Penn, H., & Molteno, M. (1997). *Sustainability in early childhood development projects.* Research Paper: UNICEF, Innocenti Center.

Phillips, D. (2000). *Constructivism in education : opinions and second opinions on controversial issues.* Chicago, Ill. : National Society for the Study of Education : Distributed by the University of Chicago Press.

Popper, K. (1994). *The Myth of the Framework: In Defence of Science and Rationality.* London : Routledge.

Pourtois, J.-P., & Desmet, H. (1997a). *Epistémologie et instrumentation en sciences humaines.* Liège : Mardaga.

Pourtois, J.-P., & Desmet, H. (1997 b). *Épistémologie et instrumentation en sciences humaines* (2nd ed.). Liège : Mardaga.

Pousse, M., & Pitchaya, T. (1993). *L'Inde, études et images.* Paris : L'Harmattan.

Procter, M. (1993). Analysing other researchers data. In N. Gilbert (Ed.), *Researching Social Life.* London : Sage.

Prout, A. (2003). *The future of childhood : towards the interdisciplinary study of children.* London : Routledge Falmer.

Prout, A., & James, A. (1988). A New Paradigm for the Sociology of Childhood? Provenance, Promise and Problems. In A. James & A. Prout (Eds.), *Annual review of population law* (Vol. 15, p. 218). Falmer Press. Retrieved from http://www.ncbi.nlm.nih.gov/pubmed/10180297

Przeworski, A. (1987). Methods of Cross-National Research, 1970-83. An Overview. In M. Dierkes, H. N. Weiler, & A. B. Antal (Eds.), *Comparative Policy Research Learning from Experience* (pp. 31–49). Gower: Aldershot.

Punch, S. (2001). Household division of labour: generation, gender, age, birth order and sibling composition. *Work, Employment & Society,* 15(4), 803–823.

Punch, S. (2004). Negotiating Autonomy: Children's Use of Time and Space in Rural Bolivia. In V. Lewis & al (Eds.), *The reality of research with children and young people* . London : Sage in association with the Open University.

Pupavac, V. (2001). Misanthropy without borders: the international children's rights regime. *Disasters,* 25(2), 95–112.

Putnam, H. (1984). *Raison, vérité et histoire.* Paris : Les Éditions de Minuit.

Pétonnet, C. (1982). L'Observation flottante L'exemple d'un cimetière parisien. *L'homme*, 37–47.

Quilaqueo, D. (2008). Categorizacion de saberes mapuche mediante la teoria fundamentada, 151–168.

Quintard, M. (2011). Face au terrain : sensibilités plurielles et adaptations singulières. *@_migrinter*, 7.

Qvortrup, J. (2005). *Studies in modern childhood : society, agency, culture*. Houndmills, Basingstoke, Hampshire; New York : Palgrave Macmillan.

Ragin, C. (1987). *The comparative method : moving beyond qualitative and quantitative strategies*. Berkeley : University of California Press.

Rahman, S. A. (2010). High-caste Indians find low-caste cooks hard to swallow. *The National*. UAE.

Ranjan, P. (2001). Credit Constraints and The Phenomenon of Child labour. *Journal of Development Economics*, 64, 81–102.

Ray, R. (2000). Child Labour, Child Schooling, and Their Interaction with Adult labour: Empirical Evidence for Peru and Pakistan,. *The World Bank Economic Review*, 14(2), 347–367.

Reskin, B. (2000). Work and Occupations . (Edgar F Borgatta & R. J. V Montgomery, Eds.)*Encyclopedia of sociology*. New York : Macmillan Reference USA.

Richardson, L. (2000). Writing: A Method of Inquiry. In N. Denzin & Y. S. Lincoln (Eds.), *Handbook of Qualitative Research*, (2d ed., p. 923 48). Thousand Oaks, CA : Sage.

Richter, L. (1988). A psychological study of street children in Johannesburg: An investigation requested by" Street-Wise,". Johannesburg : Institute for Behavioural Science, University of South Africa.

Rimm-Kaufman, S., Pianta, R., & Cox, M. (2000). Teachers judgments of problems in the transition to kindergarten. *Early Childhood Research Quarterly*, 15, 147–166.

Rizzine, I., Rizzine, I., Munhoz, M., & Galeano, L. (1992). *Childhood and urban poverty in Brazil : street and working children and their families*. Florence, Italy : UNICEF International Child Development Centre.

Rock, P. (2001). Symbolic Interactionism and Ethnography. (P. Atkinson, A. Coffey, S. Delamont, J. Lofland, & L. Lofland, Eds.)*Handbook of Ethnography*.

Rolfes, M. (2010). Poverty tourism : theoretical reflections and empirical findings regarding an extraordinary form of tourism (English). *GeoJournal*, 75(5), 421–442. Retrieved from http://search.ebscohost.com/login.aspx?direct=true&db=fcs&AN=23594499&lang=fr&site=ehost-live

Rose, N. (1985). *The psychological complex: Psychology, politics, and society in England, 1869-1939*. London : Routledge.

Rosenhan, D. (1973). On being sane in insane places. *Science*, 179(4070), 250. Retrieved from http://www.sciencemag.org/content/179/4070/250.short

Roux, S. (2011). *No money, no honey : économies intimes du tourisme sexuel en Thaïlande*. Paris : La Découverte.

Royer, C. (2007). Peut-on fixer une typologie des méthodes qualitatives ? *Recherches qualitatives, Hors série* (5), 82–98. Retrieved from http://www.recherche-qualitative.qc.ca/hors_serie_v5/royer.pdf

Ruddick, S. (2003). The politics of aging : globalization and the restructuring of youth and childhood. *Antipode*, 35(2), 334–362. Retrieved from http://search.ebscohost.com/login.aspx?direct=true&db=fcs&AN=15427823&lang=fr&site=ehost-live

Sampson, R. J., & Raudenbush, S. W. (1999). Systematic social observation of public spaces: A new look at disorder in urban neighborhoods. *American Journal of Sociology*, 105(3), 603–651. doi:10.1086/210356

Sanselme, F. (2009). L'ethnicisation des rapports sociaux à l'école. *Ethnographie d'un lycée de banlieue*, 76(4), 121–147. doi:10.3917/soco.076.0121

Santaputra, S. Wathanavongs, A., & Thaiarry, S. (1990). *Street children in Thailand*. Baltimore : Unpublished research report.

Saragin, E. (1985). Positive deviance : an oxtmoron. *Deviant Behavior*, 6, 169–181.

Sartori, G. (1994). Bien comparer, mal comparer. *Revue internationale de politique comparée*, 1, 19–36.

Savignac, J., Lelandais, I., & Sagant, V. (2007). *Nuisances publiques liées aux drogues et à la prostitution. Manuel pratique pour l'action locale.* Montréal : Centre International Pour la Prévention de la Criminalité.

Savoie-Zajc, L. (2000). La recherche qualitative/interprétative en éducation. In T. Karsenti & L. Savoie-Zajc (Eds.), *Introduction à la recherche en éducation* (pp. 171–198). Sherbrooke : Éditions du CRP.

Scanlon, T. J., Tomkins, A., Lynch, M. A., & Scanlon, F. (1998). Street children in Latin America. *BMJ : British Medical Journal (International Edition)*, 316(7144), 1596–1600. Retrieved from http://search.ebscohost.com/login.aspx?direct=true&db=aph&AN=703610&lang=fr&site=ehost-live

Schalk, D. C. (1988). *A Chinese Beggars' Den: Poverty and Mobility in an Underclass Community.* Pittsburgh : University of Pittsburgh Press.

Segall, M., Dasen, P., Berry, J., & Poortinga, Y. (1990). *Human behavior in global perspective: An introduction to cross-cultural psychology.* New York : Pergamon press.

Serrano, C. E. G. (2004). Eu mendigo: alguns discursos da mendicância na cidade de São Paulo. *Instituto de Psicologia.* São Paulo : Universidad de São Paulo.

Seth, R., Kotwal, A., & Ganguly, K. K. (2005). Street and Working Children of Delhi, India, Misusing Toluene: An Ethnographic Exploration. *Substance use & misuse*, 40(11), 1659–1679.

Siddiqi, H., & Patrinos, H. (1995). Child Labour: Issues, Causes and Interventions. *HCO, Working Paper*, 56.

Simmel, G. (1971). Mental Life and the Metropolis. In D. N. Levine (Ed.), *On Individuality and Social Forms.* Chicago : University of Chicago Press .

Singelton, R. A., & Straits, B. C. (1999). *Appraches to Social Research* (3rd ed.). Oxford : Oxford University Press.

Sirota, R. (2006). *Eléments pour une sociologie de l'enfance.* Rennes : Presses univ. de Rennes.

Skogan, W. G. (1988). Disorder, Crime and Community Decline. In T. Hope & M. Shaw (Eds.), *Communities and Crime Reduction* . London : HMSO.

Skogan, W. G. (1990). *Disorder and Decline.* New York : Free Press.

Snow, D., & Anderson, L. (1993). *Down on their luck : A Study of homeless street people.* Berkeley : University of California Press.

Snyders, G. (1987). *Pédagogie progressiste.* Paris : PUF.

Sommerville, C. J. (1982). *The rise and fall of childhood.* Beverly Hills, Calif. : Sage Publications.

Soulé, B. (2007). Observation participante ou participation observante ? Usages et justifications de la notion de participation observante en sciences sociales. (François Guillemette, Ed.)*Recherches qualitatives*, 27(1), 127–140. Retrieved from http://www.recherche-qualitative.qc.ca/numero27(1)/soule.pdf

Spector, R. (1996). Vouchers for Panhandlers: Creative Solutions to an Old Problem . *Hybrid : A Journal of Law and Social Change at the University of Pennsylvania*, 3.

Stegeman, I. (2004). Child Labour in the Context of Globalisation. In G. Lieten (Ed.), *Working Children Around the World: Child Rights and Child Reality* (pp. 47–62). Amsterdam : IREWOC.

Stephens, S. (1995). *Children and the politics of culture.* Princeton, N.J. : Princeton University Press.

Sternberg, R. (1999). The theory of successful intelligence. *Review of General Psychology*, 3, 292–316.

Sternberg, R., & Detterman, D. (1986). *What is intelligence ? Contemporary viewpoints on its nature and definition.* Norwood, N.J: Ablex.

Stoecklin, D. (2000). *Enfants des rues en Chine : Une exploration sociologique.* Paris : Karthala.

Strauss, A. (1987). *Qualitative Analysis for Social Scientist.* Cambridge : Cambridge University Press.

Strauss, A., & Corbin, J. (1990). *Basics of qualitative research : grounded theory procedures and techniques.* Newbury Park, Calif. : Sage Publications.

Sullivan, E. (1990). *Critical psychology and pedagogy: Interpretation of the personal world.* New York : Bergin & Garvey.

Sullivan, W. M., & Rabinow, P. (1979). The Interpretive Turn: Emergence of an Approach. (P. Rabinow & W. M. Sullivan, Eds.)*Philosophy Today*, 23(1), 29.

Sun, Y., & Wu, X. (2011). Self-Regulation of Elite Atheletes in China. *Social Behavior & Personality : An International Journal*, 39(8), 1035–1044. Retrieved from org/10.2224/sbp.2011.39.8.1035

Swaan, A. de. (1988). *In care of the state : health care, education, and welfare in Europe and the USA in the modern era.* Cambridge, U.K. ; Oxford, U.K. : Polity Press ; In association with B. Blackwell.

Swanson, K. (2007a). "Bad Mothers" and "Delinquent Children": Unravelling anti-begging rhetoric in the Ecuadorian Andes. *Gender, Place & Culture : A Journal of Feminist Geography*, 14(6), 703–720. doi:10.1080/09663690701659150

Swanson, K. (2007 b). Revanchist Urbanism Heads South: The Regulation of Indigenous Beggars and Street Vendors in Ecuador. *Antipode*, 39(4), 708–728. doi:10.1111/j.1467-8330.2007.00548.x

Swanson, K. (2008). Witches, children and Kiva-the-research-dog: striking problems encountered in the field. *Area*, 40(1), 55–64. Retrieved from http://search.ebscohost.com/login.aspx?direct=true&db=s3h&AN=31424536&lang=fr&site=ehost-live

Swanson, K. (2010a). Revanchist urbanism heads south: The regulation of indigenous beggars and street vendors in ecuador. *Antipode*, 39(4), 708–728. Retrieved from http://eprints.gla.ac.uk/15317/

Swanson, K. (2010 b). *Begging as a path to progress : indigenous women and children and the struggle for Ecuador's urban spaces.* Athens: University of Georgia Press.

Swinnerton, K., & Rogers, C. (1998). The Economic of Child labour: Comments. *American Economic Review.*

Søftestad, S., & Toverud, R. (2012). Parenting conditions in the midst of suspicion of child sexual abuse (CSA). *Child & Family Social Work*, 17(1), 75–84. Retrieved from 10.1111/j.1365-2206.2011.00774.x

Tavory, I., & Timmermans, S. (2009). Two cases of ethnography: Grounded theory and the extended case method. *Ethnography*, 10(3), 243–263.

Taylor, J., & Woods, M. (2005). *Early childhood studies : an holistic introduction.* London : Arnold.

Taçon, P. (1984). Abandoned and street children. *Ideas Forum*, 18, 1–12.

Teir, R. (1993). Maintaining safety and civility in public spaces: a constitutional approach to aggressive begging. *Louisiana Law Review*, 54(285-338), 285.

Tellier, M., & Stam, G. (2010). *Découvrir le pouvoir de ses mains : La gestuelle des futurs enseignants de langue. Spécificités et diversité des interactions didactiques.* Lyon : HAL.

Temba, K., & De Waal, A. (2002). Implementing the Convention on the Rights of the Child in Africa. In A. DE Waal & N. Argenti (Eds.), *Young Africa : realising the rights of children and youth,* (pp. 207–232.). Trenton : Africa World Press.

Tesch, R. (1990). *Qualitative research : analysis types and software tools.* New York : Falmer Press.

Tessier, S. (1995). *L'enfant des rues et son univers : ville, socialisation et marginalité.* Paris : Syros.

Tessier, S. (1998). *A la recherche des enfants des rues.* Paris : Karthala.

Timmermans, S., & Tavory, I. (2007). Advancing Ethnographic Research through Grounded Theory Practice. In A. Bryant & K. Charmaz (Eds.), *The SAGE handbook of grounded theory.* Los Angeles ; London : SAGE.

Tine, N. D., & Ennew, J. (1998). *The African Contexts of Children's Rights: Seminar Report.* Global Gutter for Childwatch

International and CODESRIA. Retrieved from http://books.google.fr/books?id=wVUoHQAACAAJ

TNN. (2009). Caste-based food served at Muzaffarpur medical college. *Times of India.*

Tomlinson, J. (1999). *Globalization and culture.* Chicago : University of Chicago Press.

UNICEF. (1992). *Myanmar children in exceptionally difficult circumstances.* YANGON : Unpublished manuscript.

UNICEF. (2004). *Les générations orphelines d'Afrique.* New York : Fonds des Nations Unies pour l'enfance.

UNICEF. (2006). *Excluded and Invisible, The State of the World's Children. The United Nations Children's Fund.* New York : UNICEF.

Valentine, G. (1996). Children Should Be Seen and Not Heard: The Production and Transgression of Adults' Public Space. *Urban Geography*, 17(3), 205–220. Retrieved from http://search.ebscohost.com/login.aspx?direct=true&db=sih&AN=SN020569&lang=fr&site=ehost-live

Van der Maren, J.-M. (1999). *La recherche appliquée en pédagogie : des modèles pour l'enseignement.* Paris ; Bruxelles : De Boeck Université.

Van Der Voort, T. Y. G., Goossens, P. J. J., & Van Der Bijl, J. J. (2009). Alone together: A grounded theory study of experienced burden, coping, and support needs of spouses of persons with a bipolar disorder. *International Journal of Mental Health Nursing*, 18(6), 434–443. doi:10.1111/j.1447-0349.2009.00634.x

Van Houcke, F. (2005). Recherche d'une réponse sociale à la mendicité des mineurs. Bruxelles : CODE.

Van Velsen, J. (1967). The Extended-Case Method and Situational Analysis. In A. L. Epstein (Ed.), *The Craft of Social Anthropology* (pp. 129–149). Tavistock.

Vasquez-Bronfman, A., & Martinez, I. (1996). *La socialisation à l'école : approche ethnographique.* Paris : Presses universitaires de France.

Veale, A. (1992). Towards a conceptualisation of street children : the case fron Sudan and Ireland. *Trocaire Development Review*, 107–120.

Veale, A. (1997). An examonation of Self Concept and self esteem among ethiopian street children and children of the travelling community in Ireland. *Fifth European Congress of Psychology*. Dublin : Cambridge University Press.

Veale, A., & Adefrisew, A. (1993). a study of street children in four regional towns in ethiopia. Minstry for Labour and Social Affairs : UNICEF.

Veale, A., Taylor, M., & Linehan, C. (2000). Pyschological perspectives of "abandoned" and "abandoning" street children. In C. Panter-Brick & M. T. Smith (Eds.), *Abandoned children*. Cambridge, UK: Cambridge University Press.

Vigour, C. (2005). *La comparaison dans les sciences sociales*. Paris : La Découverte.

Viruru, R. (2001). *Early childhood education: Postcolonial perspectives from India*. New Delhi : Sage.

Viruru, R. (2002). Postcolonial ethnography: an Indian perspective on voice and young children. In G. Cannella, K. Anijar, & J. Kincheloe (Eds.), *Kidworld: global perspectives, cultural studies and education*. New York : Peter Lang.

Voynnet-Fourboull, C. (2002). *L'analyse de données qualitatives assistée par ordinateur*. Gallica-Bibliothèque Numérique : e-theque.

Wacquant, L. (2002). Scrutinizing the street: Poverty, morality, and the pitfalls of urban ethnography (English). *American journal of sociology*, 107(6), 1468–1532. Retrieved from http://search.ebscohost.com/login.aspx?direct=true&db=fcs&AN=13955887&lang=fr&site=ehost-live

Waitzkin, H. (1990). On Studying the Discourse of Medical Encounters: A Critique of Quantitative and Qualitative Methods and a Proposal for Reasonable Compromise. *Medical Care*, 28, 473–487.

Waldron, J. (2000). Homelessness and Community. *University of Toronto Law Journal*, 50.

Walkerdine, V. (1988). *The mastery of reason: cognitive development and the production of rationality*. London : Routledge.

Wallace, R. (2001). Human rights and responsibilities: the inextricable link. *Human Rights and UK Practice*, 2 (3), 9–12.

Walsh, J., & Maneepong, C. (2012). After the 1997 financial crisis in Bangkok: The behaviour and implications of a new cohort of street vendors. *Singapore Journal of Tropical Geography*, 33(2), 255–269.

Wardhaugh, J., & Jones, J. (1999a). Begging in time and space: "shadow work" and the rural context. In Hartley Dean (Ed.), *Begging Questions : Street-level Economic Activity and Social Policiy Failure*. Bristol : Policy Press.

Wardhaugh, J., & Jones, J. (1999 b). Begging in time and space: "shadow work" and the rural context. In Hartley Dean (Ed.), *Begging Questions : Street-level Economic Activity and Social Policiy Failure*. Bristol : Policy Press.

Webb, S., & Webb, B. (1963). *English Local Government, English Poor Law History, Part 1 : The Old Poor Law* (Vol. VII). London : Franck Cass.

Webster-Stratton, C., Reid, J., & Stoolmiller, M. (2008). Preventing conduct problems and improving school readiness: evaluation of the Incredible Years Teacher and Child Training Programs in high-risk schools. *Journal of Child Psychology and Psychiatry*, 49(5), 471–488.

Weisner, T. (1989). Cultural and universal aspects if social support for children: evidence from the Abaluyia of Kenya. In D. (Ed) Belle (Ed.), *Children's Social Networks and Social Supports,*. New York : Wiley.

Weithom, L., & Scherer, D. (1994). Children involment in research participation decisions. In M. Grodin & L. Glanz (Eds.), *Children as research subjects.* Oxford : Oxford University Press.

White, B. (2003). *A World Fit for Children? Children and youth in development studies and policy*. The Hague : ISS.

White, S. C. (2002). From the politics of poverty to the politics of identity? Child rights and working children in Bangladesh. *Journal of International Development*, 14(6), 725–735.

Whiting, B., & Edwards, C. (1992). *Children of different worlds: The formation of social behavior.* Cambridge : MA : Harvard Univ Press.

Whyte, W. (1981). *Street corner society : the social structure of an Italian slum.* Chicago : University of Chicago Press.

Wimmer, R. D., & Dominick, J. (1997). *Mass Media Research : An Introduction* (5 th ed.). Belmont,CA: Wadsworth.

Wolcott, H. (1995). *The Art of Fieldwork.* Walnut Creek, CA: AltaMira Press.

Wolcott, H. (2009). *Writing up qualitative research.* Thousand Oaks, Calif. : SAGE Publications.

Woodhead, M. (2005). Early childhood development: A question of rights. *International Journal of Early Childhood*, 37 (3), 79–98.

Woods, P. (1990). *L'Ethnographie de l'école.* Paris : Armand Colin.

World Commission On Environment And Development. (1987). *Our Common Future (The Brundtland Report).* (Brundtland, Ed.)*Medicine and War* (Vol. 4, pp. 17–25). Oxford University Press. doi : 10.1080/07488008808408783

Wright, J. D., Kaminsky, D., & Wittig, M. (1993). Health and social conditions of street children in Honduras. *American Journal Of Diseases Of Children (1960)*, 147(3), 279–283. Retrieved from http://search.ebscohost.com/login.aspx?direct=true&db=cmedm&AN=8438808&lang=fr&site=ehost-live

Yin, R. K. (2011). *Qualitative research from start to finish.* New York, NY : Guilford Press.

Young, R. (2001). *Postcolonialism : an historical introduction.* Oxford : Blackwell Publishers.

Zunigo, X. (2007). « Visiter les pauvres ». (French). *„Die Armen besuchen « . (German)*, (170), 102–109. Retrieved from http://search.ebscohost.com/login.aspx?direct=true&db=sih&AN=31886078&lang=fr&site=ehost-live

Liste des tableaux

Liste des figures

Table des matières

L'HARMATTAN ITALIA
Via Degli Artisti 15; 10124 Torino

L'HARMATTAN HONGRIE
Könyvesbolt ; Kossuth L. u. 14-16
1053 Budapest

L'HARMATTAN KINSHASA
185, avenue Nyangwe
Commune de Lingwala
Kinshasa, R.D. Congo
(00243) 998697603 ou (00243) 999229662

L'HARMATTAN CONGO
67, av. E. P. Lumumba
Bât. – Congo Pharmacie (Bib. Nat.)
BP2874 Brazzaville
harmattan.congo@yahoo.fr

L'HARMATTAN GUINÉE
Almamya Rue KA 028, en face du restaurant Le Cèdre
OKB agency BP 3470 Conakry
(00224) 60 20 85 08
harmattanguinee@yahoo.fr

L'HARMATTAN CAMEROUN
BP 11486
Face à la SNI, immeuble Don Bosco
Yaoundé
(00237) 99 76 61 66
harmattancam@yahoo.fr

L'HARMATTAN CÔTE D'IVOIRE
Résidence Karl / cité des arts
Abidjan-Cocody 03 BP 1588 Abidjan 03
(00225) 05 77 87 31
etien_nda@yahoo.fr

L'HARMATTAN MAURITANIE
Espace El Kettab du livre francophone
N° 472 avenue du Palais des Congrès
BP 316 Nouakchott
(00222) 63 25 980

L'HARMATTAN SÉNÉGAL
« Villa Rose », rue de Diourbel X G, Point E
BP 45034 Dakar FANN
(00221) 33 825 98 58 / 77 242 25 08
senharmattan@gmail.com

L'HARMATTAN BÉNIN
ISOR-BENIN
01 BP 359 COTONOU-RP
Quartier Gbèdjromèdé,
Rue Agbélenco, Lot 1247 I
Tél : 00 229 21 32 53 79
christian_dablaka123@yahoo.fr

Achevé d'imprimer par Corlet Numérique - 14110 Condé-sur-Noireau
N° d'Imprimeur : 110262 - Dépôt légal : juillet 2014 - *Imprimé en France*